Bill B.

Ich bin Bill und eßsüchtig

Band 4205

Das Buch

„Anscheinend haben mir schlanke Menschen mein ganzes Leben lang gesagt, wie ich abnehmen könnte. Alles, was erforderlich wäre, sei Willenskraft, meinten sie." Daß die Wirklichkeit ganz anders ist, davon handelt dieses spannende und ehrliche Buch: Vom Genuß zum Frust – wenn Essen zur Sucht wird. Der Teufelskreis von hemmungslosen Freßanfällen und nutzlosen Diäten zerbricht das Selbstwertgefühl und das Vertrauen in die Mitmenschen. Viele sind betroffen. Es gilt nur ein Ziel: Genesung. Dieser Erfahrungsbericht eines Mannes zeigt einen Weg anhand der „Zwölf Schritte", die sich auch bei anderen Suchtarten, wie zum Beispiel bei Alkoholismus, bewährt haben. Bill B.'s tiefe Überzeugung: Wer sich ernsthaft und engagiert auf das „Zwölf-Schritte-Programm" einläßt, kann dauerhaft geheilt werden, Angst und Depressionen überwinden und Beziehungen neu leben. Ein praktisches Selbsthilfeprogramm, das neben den körperlichen auch die geistig-seelischen Aspekte dieser weitverbreiteten Sucht mitberücksichtigt. Für alle Eßsüchtigen, die ihr Schicksal selbst in die Hand nehmen wollen, ein unentbehrlicher Ratgeber und bewährter Helfer.

Der Autor

Bill B., erfolgreicher Rechtsanwalt, international engagiert in der Bewegung Overeaters Anonymous, lebt in Los Angeles.

Bill B.

Ich bin Bill und eßsüchtig

Ein Weg zur Genesung mit den
„Zwölf Schritten"

Aus dem Amerikanischen
von Michael Eisenkopf und Rita B. Schumann

Herder
Freiburg · Basel · Wien

Alle Rechte vorbehalten – Printed in Germany
Verlag Herder Freiburg im Breisgau 1993
Die amerikanische Originalausgabe erschien unter dem Titel
„Compulsive Overeater – The Basic Text for Compulsive Overeaters"
bei dem Verlag CompCare Publications, Minneapolis, Minnesota, USA,
© 1981 by Bill B.
© für die deutsche Übersetzung: Rita B. Schumann,
Schritt-für-Schritt-Verlag, Burg Hohenstein 1990
Herstellung: Freiburger Graphische Betriebe 1993
Umschlaggestaltung: Joseph Pölzelbauer
Umschlagmotiv: C. Broutin, © C. Broutin, La Roche-Guyon 1993
ISBN 3-451-04205-3

Der Autor stellt in diesem Buch seine eigenen Interpretationen der Zwölf Schritte, wie sie zuerst von den „Anonymen Alkoholikern" und danach von einer Reihe anderer Gruppen adaptiert wurden, dar. Es handelt sich nicht um eine offizielle Auslegung durch die Anonymen Alkoholiker (AA) oder die Anonymen Eßsüchtigen (Overeaters Anonymous – OA). Das Buch wurde – sowohl in seiner amerikanischen als auch in seiner deutschen Fassung – unabhängig von AA und OA geschrieben und veröffentlicht.

Inhalt

Vorwort des Autors zur deutschen Ausgabe 9
Einführung 11
Meine Lebensgeschichte 21
Erster Schritt 35
Zweiter Schritt 48
Dritter Schritt 57
Vierter Schritt 68
Fünfter Schritt 76
Sechster Schritt 83
Siebter Schritt 90
Achter und Neunter Schritt 98
Zehnter Schritt 107
Elfter Schritt 112
Zwölfter Schritt 122
Warum Diäten nutzlos sind 134
Abstinenz 146
Sponsorschaft 155
Vertrauen 166
Worte sind nicht alles 178
Suchtverlagerung 183
Wut 194
Angst und Depression 200
Geld 211
Beziehungen 220
Genesung 230
Schlank und gesund ist nicht dasselbe 240
Die Zwölf Schritte 253
Danksagungen 255

Vorwort des Autors
zur deutschsprachigen Ausgabe

Vor mehr als zehn Jahren, ich meine, es war 1982, bekam ich einen Brief aus Deutschland. Er war von einem Mitglied der Overeaters Anonymous (OA) in Deutschland. Sie hatte mein Buch „Compulsive Overeater" (Originaltitel des vorliegenden Buches – Anm.d.Hrsgin.) in Englisch gelesen. Zu der Zeit wußte ich nicht einmal, daß es OA in Deutschland gab. Ich war überrascht, daß überhaupt jemand mein Buch gelesen hatte – ob nun in Amerika oder in Deutschland.

Ich hatte dieses Buch nicht geschrieben, weil ich damit Geld verdienen wollte. Ich schrieb es nicht einmal, um andere über OA zu informieren. Ich schrieb dieses Buch, weil ich meinen Kampf um Genesung beschreiben wollte – ohne irgendeinen Gedanken daran, daß jemand anderes das jemals lesen würde. Ich war daher überrascht, daß es überhaupt veröffentlicht wurde und noch erstaunter, als ich diesen Brief aus Deutschland bekam. Da hatte jemand doch tatsächlich mein Buch gelesen und es so bedeutsam für sich gefunden, daß sie mich treffen wollte!

Das taten wir – in Los Angeles/Kalifornien, wo ich lebe. Es war ein wunderbares Erlebnis für mich. Bis dahin hatte ich noch nie eine(n) Deutsche(n) kennengelernt. Sie lud mich ein, im darauf folgenden Jahr auf einem OA-Deutschlandtreffen zu sprechen.

So reiste ich nach Deutschland und sprach dort. Das war eine ungewohnte Erfahrung. Ich lernte junge Deutsche, alte Deutsche, reiche Deutsche, arme Deutsche kennen; ich traf Frauen und Männer, Alkoholiker und Eßsüchtige. Zwar waren es Deutsche, die ich kennenlernte – aber sie waren wie alle jene Amerikaner, die ich aus OA und AA kannte: Sie wollten Genesung, und ihnen war es egal, woher die Hilfe kam – ob aus Amerika oder aus Deutschland, ob von einem Mann oder von einer Frau. Sie wollten die Befreiung von den Qualen der Sucht. Ich versuchte, jenen Weg zu vermitteln, den ich zu meiner Genesung gegangen war.

Bei diesem ersten Treffen wurde ich von Dr. Walther H. Lechler eingeladen. Seitdem sind wir Freunde. Unsere unterschiedliche Herkunft und die Kulturunterschiede trennten uns nicht. Wir sind einander als Brüder verbunden. Von ihm und all den Tausenden anderen deutschen, französischen, englischen, holländischen, irischen, australischen, kanadischen und amerikanischen Mitgliedern von OA habe ich gelernt, daß Sucht keine nationalen Grenzen kennt und daß Genesung in jeder Sprache gelehrt werden kann.

Um es mit den Worten des Big Book der Anonymen Alkoholiker zu sagen: Liebe und Toleranz sind unser Kennwort.

Ich hoffe, daß meine deutschsprachigen FreundInnen die Herausgabe dieses Buches in ihrer Muttersprache hilfreich für ihre Genesung finden. Ich wünsche Euch, daß Ihr alles aus diesem Buch bekommt, was ich dadurch bekommen habe, daß ich es schrieb – eine Gelegenheit, uns erneut zu versichern, daß Genesung unser Ziel ist. Ich wollte mit diesem Buch versuchen, auch jenen Eßsüchtigen, die noch keine Erfahrung mit dem Programm der Anonymen Alkoholiker gemacht haben, Einblick in das Geheimnis des Zwölf-Schritte-Genesungsprogramms zu vermitteln. Insbesondere aber habe ich zu zeigen versucht, wie ich aus einem Leben voller Verzweiflung zu einem Leben voller Hoffnungen und Verheißungen gekommen bin; von Eßsucht zu Abstinenz; von Leere zu innerer Erfüllung. Es geht nicht um die Nahrungsmenge, die wir zu uns nehmen, sondern um die Qualität des Lebens, das wir leben.

Euch allen gilt die Verheißung von Liebe und Friede!

Bill B.
Los Angeles, Kalifornien/USA
März 1990

Einführung

Anscheinend haben mir schlanke Menschen mein ganzes Leben lang gesagt, wie ich abnehmen könnte. Alles, was erforderlich wäre, sei Willenskraft, meinten sie. Bemerkungen wie „Du siehst so gut aus, aber du solltest abnehmen" oder „Du hast doch so ein nettes Gesicht" sind übergewichtigen Menschen nur allzu vertraut und sollen sie anregen, durch Willenskraft abzunehmen. Leider haben mir diese „Anregungen" niemals die Kraft gegeben, irgend etwas zu unternehmen.

Langfristig gesehen war der ehrliche Erfahrungsaustausch mit anderen Eßsüchtigen das einzige, was mich jemals davon abhalten konnte, mich in einen Zustand des Vergessens hineinzuessen. Nur sie verstanden mein Dilemma wirklich: Ich brauchte Kraft, um abnehmen zu können; die hatte ich aber wenig oder gar nicht, um dem ersten Suchtbissen zu widerstehen.

Ich hatte immer geglaubt, Schlanksein würde mich glücklich machen, und daß ich nur unglücklich sei, weil ich dick war; wenn ich nur etwas Willenskraft aufbringen könnte, würde ich abnehmen und glücklich sein. Aber ich wußte nicht, daß ich innerlich kein glücklicher Mensch war – ob dick oder schlank. Glückliche Menschen mißbrauchen ihren Körper nicht durch zwanghaftes Überessen.

Wir Eßsüchtigen fühlen uns nicht schlecht, weil wir dick sind; wir benutzen unser Dicksein vor allem als Ausrede dafür, uns nicht wohlzufühlen. Wir sind darauf programmiert worden, uns schlechtzufühlen, und unsere gesamte Willenskraft wird dafür eingesetzt. Wir brauchen eine offensichtliche und logische Erklärung für diese schlechten Gefühle; Essen und Übergewicht sind willkommene und direkt greifbare Ausreden.

Viele Eßsüchtige untergraben ihre eigenen Anstrengungen

beim Abnehmen und dabei, ihr Gewicht zu halten. Das Abnehmen zwingt uns, die Realität wahrzunehmen, weil wir nicht länger die alte, verläßliche Ausrede haben, weshalb wir uns schlechtfühlen. Wir stellen fest, daß wir mit dem Glücklichsein überhaupt nicht umgehen können. Der Druck ist unerträglich, und deshalb ziehen wir die relative Sicherheit und Annehmlichkeit des Übergewichts und des Unglücklichseins vor.

Wir haben ein grundsätzliches Problem, das größer ist als die bloße Unfähigkeit, sinnvoll mit Nahrungsmitteln umzugehen. Es besteht in unserer Überzeugung, wir könnten das tun, was uns alle diese schlanken Leute raten, nämlich Willenskraft aufbringen. Dabei sind wir bezüglich Lebensmitteln völlig unfähig dazu. Wir sind machtlos. Deshalb versuchen wir es mit kurzfristig wirkenden Programmen, die für normale Menschen geeignet sein mögen, aber nicht für uns Eßsüchtige. Diese Programme nähren unser Selbstmitleid, erzeugen das Gefühl, verzichten zu müssen, und treiben uns auf schnellstem Weg in den Rückfall. Wir fühlen uns wieder als Versager.

Ich wurde diesen Kreislauf Diäten-Rückfall-Diäten leid und entschied schließlich, daß es nicht das war, was ich wollte. Ich wollte mein Leben leben und nicht nur zeitweise zurechtkommen, um mich dann wieder leer und deprimiert zu fühlen.

Für mich kam die Lösung aus unerwarteter Richtung: aus einer Gemeinschaft von Menschen, einem bedeutenden Buch und einem Programm für geistiges Wachstum, das mein Leben für immer verändert hat. Diese Dinge sind so wichtig in meinem Leben geworden, daß ich oft vergesse, daß nicht jeder damit vertraut ist. Deshalb eine kurze Einführung:

Overeaters Anonymous (OA; dt.: Anonyme Eßsüchtige; die Abkürzung OA ist im deutschen Sprachraum beibehalten worden – Anm.d.Ü.) ist eine Selbsthilfegruppe, die ihre Grundsätze von den Anonymen Alkoholikern übernommen hat. Sie ist eine Gemeinschaft von Männern und Frauen, die zusammenkommen und sich darüber austauschen, wie sie in einem Programm der Genesung arbeiten, um ihr gemeinsames Problem der Übergewichtigkeit und des Unglücks in ihrem Leben zu lösen. OA wurde 1960 von mehreren Leuten gegründet, die feststellten, daß die

Prinzipien des Zwölf-Schritte-Programms nicht nur bei Alkoholikern, sondern auch bei anderen Menschen wirkten. Was mit einer kleinen Gruppe begann, ist innerhalb von zwanzig Jahren auf mehr als 5.000 OA-Gruppen in 22 Ländern auf der ganzen Welt angewachsen.

„Anonyme Alkoholiker" ist ein Buch, das 1939 geschrieben wurde und liebevoll das Big Book (dt.: Blaues Buch) genannt wird.* Es wurde von genesenen Alkoholikern verfaßt und ist noch immer als Grundlagentext für die Anonymen Alkoholiker (AA) aber auch für andere Gruppen – einschließlich der OA – anerkannt; OA benutzt eine entsprechend abgeänderte Form des Zwölf-Schritte-Programms der AA. Diese genesenen Alkoholiker, die das Big Book geschrieben haben, wollten genau aufzeigen, wie sie genesen sind. Für mich ist diese geistig orientierte Gruppe von Menschen richtungsweisend. Der Zweck meines Buches ist es, anderen Eßsüchtigen ausführlich mitzuteilen, wie ich gesund geworden bin.

„Twelve Steps and Twelve Traditions" ist ein anderer „Klassiker" der Anonymen Alkoholiker. Darin wird das Zwölf-Schritte-Programm erklärt: Die Schritte werden als „Grundsätze geistiger/ spiritueller Art" beschrieben. „Werden sie im täglichen Leben verwirklicht, kann die Besessenheit beseitigt werden ... Sie befähigen den Leidenden, ein zufriedener und nützlicher Mensch zu werden" (S. 15). Das Zwölf-Schritte-Programm hat den einzigen Zweck, mit einer Krankheit fertigzuwerden, die auf drei Ebenen abläuft: auf der körperlichen, geistigen/spirituellen und der seelischen. Es ist jedoch zweifellos ein spirituelles Programm. Diese Schritte sind auch noch immer so inspiriert, so wirksam, so kompromißlos und so praktisch wie bei Ihrer Entstehung vor über fünfzig Jahren.

Im Programm arbeiten bedeutet, den Zwölf Schritten in allem, was du machst, zu folgen. Es gibt noch zwei weitere Begriffe, die eine besondere Bedeutung für Eßsüchtige haben, nämlich die Inventur und die Abstinenz.

Die Inventur, die im Big Book „gründliche und furchtlose mo-

---

* „Anonyme Alkoholiker" heißt auch die Gemeinschaft, nicht nur das Buch.

ralische Inventur" genannt wird, ist eine umfassende Selbstanalyse, ein Auflisten der verschiedenen Aspekte der Persönlichkeit.

Abstinenz bedeutet für den Alkoholiker natürlich, keinen Alkohol zu trinken (oder stimmungsverändernde Substanzen irgendwelcher Art zu sich zu nehmen). Da Eßsüchtige nicht völlig auf Nahrungsmittel verzichten können, ist die Abstinenz etwas, das für unterschiedliche Auslegungen offen ist. Für einige bedeutet das, drei ausgewogene Mahlzeiten pro Tag zu essen und auf Zucker und Mehl zu verzichten. Andere entwickeln ihre eigene Abstinenz, indem sie solche Nahrungsmittel weglassen, wodurch sie anscheinend zunehmen. Für mich bedeutet Abstinenz allerdings die Freiheit vom Essenszwang, das heißt, Freisein von dem Wunsch, zwanghaft zu essen.

Es gibt keinen Ersatz für das Big Book. Für mich ist es so, daß nichts anderes die Stelle dieses Leitfadens zur Genesung einnehmen kann. Als ich noch neu in OA war, fand ich es allerdings schwer, einen Zugang zu diesem Buch zu bekommen. Da ich kein Alkoholiker bin, fand ich den Text schwer verständlich und meinte, daß er kaum auf meine Probleme anwendbar sei, obwohl ich ihn sehr interessant fand. Erst nach Jahren des Schmerzes, spiritueller Not und nach gutem Zureden kam ich dahin, daß ich das Big Book besser verstand und es mich wirklich ansprach.

Ich hoffe, daß das Mitteilen meiner Erfahrungen mit dem Big Book anderen die Zeit verkürzt, die sie benötigen, um die Versprechen des Programms wahrzunehmen und wirklich zu spüren. „Ich bin Bill und eßsüchtig" soll in keiner Weise das Big Book ersetzen. Jeder von uns muß es auf seine Weise benutzen und darin das finden, was er braucht. Statt dessen ist mein Buch ein Bericht über meine Genesung vom zwanghaften Essen durch die Benutzung des Big Book und die Anwendung des Zwölf-Schritte-Programms. Ich habe den folgenden Text entsprechend den Zwölf Schritten und einigen bestimmten Themen von allgemeiner Bedeutung gegliedert. Es bleibt jedoch in allen Teilen eine Darstellung meiner eigenen Erlebnisse, Interpretationen und Schlußfolgerungen.

Als ich damit anfing, meine Erfahrungen für dieses Buch zusammenzustellen, dachte ich an mein erstes OA-Meeting im Jahre

1970 zurück. Dort hörte ich zum ersten Mal den Begriff eßsüchtig. Ich wehrte mich lange gegen diese Bezeichnung; ich wollte von einer Gruppe fremder Menschen nicht so genannt werden. Die Vorschläge, die ich in diesem ersten Meeting hörte, kamen mir eher wie Forderungen vor, und deshalb lehnte ich sie ab. Ich habe lange gebraucht, bis ich einsah, daß mir die anderen das Ergebnis ihrer Erfahrungen zugute kommen lassen wollten.

Anfangs wollte ich nur abnehmen, weil ich dachte, daß Dünnsein mich endlich glücklich machen würde. Ich war aufgebracht über den Vorschlag der Gruppe, daß ich meine Denkweise ändern müsse, und über die geäußerte Ansicht, daß eine Gewichtsabnahme allein weder meine Probleme lösen, noch mir das Glück bringen würde. Ich kam nur zu OA, weil ich abnehmen wollte; Kontakt zu einer Höheren Macht und das Zugehen auf andere interessierten mich nicht. Das einzige, was ich erreichen wollte, war Abnehmen, ein für allemal, und dann wieder gehen. Irgend etwas aber geschah mit mir in dieser Gruppe, und mein Leben wird nie mehr so sein wie vorher.

Für mich war das Lesen des Big Book das Wichtigste, was mir je geschehen ist. Zunächst empfand ich ein wenig Neugier auf dieses Buch, aber ich verstand die Menschen, die es geschrieben hatten, nicht wirklich. Ich war kein Alkoholiker, ihr Trinken betraf mich nicht, und ich war ganz bestimmt nicht bereit, eine „Höhere Macht" als den Weg zu Glück und Gewichtsverlust anzusehen.

Und doch kam die Zeit für mich, wo alles andere in meinem Leben schiefging und ich bereit wurde, einen neuen Weg zu finden, eine neue Richtung einzuschlagen, um meinem Leben einen Sinn zu geben. Immer und immer wieder wurde ich von anderen, die im Programm lebten, darauf hingewiesen, die Antworten im Big Book zu suchen. Also las ich die Geschichten ein ums andere Mal. Die Worte, die ich las, erreichten mich anscheinend. Ich war zu der Überzeugung gelangt, daß Glück für immer unerreichbar sei; sollte es doch erreichbar sein – ich hatte noch nie einen Beweis dafür gesehen. Aber durch ihre Geschichten erkannte ich, daß diese Alkoholiker hatten, was ich wollte. Ihr Trinken betraf mich zwar nicht, aber um so mehr ihre Nüchternheit. Sie hatten Ähnliches erlebt wie ich, auch wenn ihre Symptome andere waren. Sie zeigten mir, daß Glück möglich war. Ich brauchte nur das gleiche zu tun wie sie. Sie versprachen mir für immer Abstinenz vom zwanghaften Essen, wenn ich bereit wäre, das Programm täglich in allen meinen Belangen zu leben.

Spiritualität war kein leerer Begriff, sondern ein Wort, um die sonst unerklärliche und wunderbare Genesung zu erklären, die sie erfahren hatten und nach der ich mich so sehr sehnte. Sie sagten mir, daß der Gott meiner Wahl mir eine unglaubliche Veränderung meiner geistigen Verfassung ermöglichen würde, wenn ich diese Zwölf Grundsätze anwenden würde. Der Mensch, der ich gewesen war, würde nicht länger existieren; an seine Stelle würde ein geheilter, geistig gesunder und glücklicher Mann treten. Ich bin diesen Richtlinien gefolgt, habe im Programm gearbeitet und die Zwölf Schritte angewendet. Als Ergebnis davon ist die Qualität meines Lebens besser, als ich es in meinen kühnsten Träumen für möglich gehalten hätte.

Im Vorwort zu „Twelve Steps and Twelve Traditions" heißt es, daß die Prinzipien des AA-Programms für jeden wirken können. Ich glaube, daß der Sinn des AA-Programms darin liegt, die geistige Gesundheit wiederzugewinnen, indem man diesen Zwölf-Schritte-Weg geht, um eine Veränderung seiner geistigen Verfassung zu erreichen. Das ist ein Wunder und kann nur aus einer unerklärbaren Quelle kommen, die ich Gott nenne.

Es ist wichtig, sich daran zu erinnern, daß das Big Book von vielen genesenen Alkoholikern geschrieben wurde. Heilung hieß für sie, daß der Zwang zu trinken von ihnen genommen wurde. Das heißt nicht, daß diese Menschen niemals mehr ans Trinken gedacht hätten – einige taten es, einige nicht. Noch immer denke ich manchmal daran, zwanghaft zu essen. Der Unterschied ist, daß ich nicht mehr den hemmungslosen Drang habe, meine Gedanken über Nahrungsmittel auszuleben.

Glück ist ein Nebenprodukt, ein Geschenk, das indirekt durch unsere Gedanken und unser Tun zu uns kommt. Aber unsere geistige Krankheit äußert sich darin, daß sie uns drängt, dem Glück nachzujagen, und wir reagieren normalerweise mit irgendeiner Art von Unmäßigkeit. Wenn du entdeckst, daß du die eine Sucht nur überwunden hast, um auf eine andere umzusteigen, dann lebst du nicht im Programm. Wir müssen lernen, zwanghaftes Verhalten durch positives zu ersetzen. Das Zwölf-Schritte-Programm sagt uns genau, wie wir das tun können. Die Antwort ist hier in diesen Schritten, wenn wir nur bereit sind, sie anzunehmen und sich in unserem Leben auswirken zu lassen.

Die Zwölf Schritte garantieren mir geistige Gesundheit, wenn ich mich auf sie verpflichte. Wir sind geschaffen, um glücklich zu sein; wenn wir uns entscheiden, unglücklich zu sein, verhalten wir uns wirklich gegen unsere Natur. Das Fett, das man sehen kann, ist nur das Symptom unserer Funktionsstörung. Wir entstellen den Körper, den uns Gott gegeben hat, weil wir das Leben entstellen, das er uns gegeben hat. Der einzige Zweck des Zwölf-Schritte-Programms ist meiner Auffassung nach, einen spirituellen Kontakt mit Gott, wie ich ihn verstehe, herbeizuführen. Wenn das passiert, werde ich nicht nur abnehmen, sondern mein Verlangen nach Nahrungsmitteln wird von mir genommen werden.

Man kann das Zwölf-Schritte-Programm nicht nur teilweise leben. Entweder lebst du es ganz – alle Schritte – oder gar nicht. Nicht, daß die Anzahl der Schritte eine magische Bedeutung hätte, aber alle zusammen wirken sie. Die Zwölf Schritte geben mir in der Tat die Möglichkeit, „nein" zu sagen. Das ist für mich der Unterschied zwischen gestern und heute. Jetzt habe ich die bewußte Wahlmöglichkeit, die ich vor Jahren verloren hatte. Ich entscheide mich für Gottes Kraft statt für meine eigene und bekomme dafür meine Entscheidungskraft zurück. Der Schlüssel zu immerwährendem Glück kann genau hier, in diesem Zwölf-Schritte-Programm gefunden werden. Wenn du allerdings darauf bestehst, die Dinge auf deine Weise zu machen, wird das Programm nicht wirken. Denk' daran, daß dich deine Weise gerade hierher gebracht hat. Dies ist kein Diät-Programm, es ist ein Programm zur Lebensrettung.

Bill W., der Mitbegründer der AA, rief das Zwölf-Schritte-Programm ins Leben, weil er erkannte, daß er die Botschaft einem anderen Alkoholiker weitergeben mußte, um sich selbst zu retten. Glaube mir, das gleiche gilt auch für den Umgang mit anderen Süchten! Um uns selbst zu retten, müssen wir die Botschaft an andere Eßsüchtige weitergeben. Wir können nicht nur herumsitzen und darauf warten, daß das Telefon klingelt; wir helfen uns selbst, indem wir auf andere zugehen und ihnen helfen.

Im Vorwort zur zweiten Ausgabe des Big Book steht, daß die unermüdliche Arbeit eines Alkoholikers (Eßsüchtigen) mit einem anderen entscheidend für die Heilung ist. Ich bin dankbar dafür, daß ich diesen Abschnitt gelesen und verstanden habe, denn er machte mir unmißverständlich klar, worum es im Programm geht. Als ich zum ersten Mal hörte, daß dieses Programm nur vorgeschlagen wird, meinte ich, ich müsse nicht allzuviel tun. Natürlich besteht auch ein Unterschied darin, ob ich auf andere Menschen zugehe, oder ob ich Dinge für sie tue. Ich bin dafür, daß es sich um eine Hilfe handeln sollte, die es anderen ermöglicht, sich selbst zu helfen. Wir tragen die Botschaft weiter, nicht den Menschen.

Mache dich auf und lerne, jede Angst und Enttäuschung zu überwinden, die dich davon abhält, mit Menschen zu reden. Wenn du nicht auf andere zugehst, verschwendest du deine Zeit mit diesem Programm. Niemand ist perfekt. Wir müssen es riskieren, unsere einfache Botschaft mit anderen zu teilen. Das können wir tun, indem wir von uns erzählen. Dies ist ein Programm der Anziehung. Wer sich einem Programm zur geistigen Genesung direkt oder indirekt öffnet, dessen Leben wird nie mehr das gleiche sein.

Ich bin lieber schlank als dick. Aber Schlanksein ist nur ein Nebenprodukt dieses Programms, nicht die wichtigste Auswirkung. In einem Meeting bat ich die Leute, bereit zu sein, nur bereit dafür, dem Programm eine Chance zu geben und zu glauben, daß es bei ihnen wirkt. Ihre Antwort war: „Ja, aber wir sind dick, und wir wollen zuerst schlank werden!" Das erinnerte mich an ein Gedicht aus „Im Spiegel" von Lewis Carroll, der in diesem Text symbolische Bezüge zu seiner eigenen Drogenabhängigkeit herstellte. Ich wette, du erinnerst dich an den Anfang – vielleicht aber nicht an das Ende:

„Die Zeit ist gekommen" sagte das Walroß,
„über viele Dinge zu sprechen:
über Schuhe – und Schiffe – und Siegellack –

über Kohlköpfe – und Könige –
und warum das Meer überschäumt –
und ob Schweine Flügel haben."
„Warte noch ein wenig" riefen die Austern,
„bevor wir unseren Schwatz haben,
weil einigen noch die Puste fehlt,
und wir alle so dick sind!"

Ich glaube, daß das Walroß meint, daß die Zeit für uns gekommen ist, über unser Leben und darüber, wie wir leben, zu reden. Die Antwort der Auster lautet: „Nur eine Sekunde ... schließlich haben wir diese Willensschwäche, wir sind Eßsüchtige. Wir sind noch nicht bereit für das Leben, weil wir dick sind!"

Das ist das übliche Gejammer von Eßsüchtigen, die dazu neigen, das Leben bis zum Sankt Nimmerleinstag aufzuschieben – wenn sie ihr Übergewicht verloren haben. Die Wahrheit ist aber, daß wir genau an dem Tag unser Leben beginnen können, an dem wir bereit sind, das zwanghafte Überessen aufzugeben und in den Zwölf Schritten zu arbeiten.

Meine Lebensgeschichte

Nach mehr als 30 Jahren zwanghaften Überessens hatte ich mir schließlich eine Theorie über mich selbst zurechtgelegt, die noch immer wahr klingt: Das richtige Eßverhalten für mich liegt irgendwo zwischen „überhaupt nichts essen" und „essen, was immer ich will". Als ich diese Theorie auf mein Leben anwandte, brauchte ich noch weitere drei Jahre, um zu begreifen, daß nur Gott mein zwanghaftes Verhalten von mir nehmen kann.

Schon früh in meinem Leben wurde Essen sehr wichtig für mich. Ich lernte schnell, Essen mit Wohlgefühl in Verbindung zu bringen. Das System von Belohnung und Bestrafung, das sich in meiner Kindheit entwickelte, verstärkte diese Verbindung nur noch mehr: „Sei ein guter Junge und iß dein Abendessen auf." Als kleines Kind mußte ich so lange am Tisch sitzenbleiben, bis ich meinen Teller leergegessen hatte – egal, wie lange das dauerte. Bald schloß ich daraus, daß es gut für mich sei, zu essen, und außerdem, daß mich Leute mochten, wenn ich tat, was sie von mir wollten – essen. So entwickelte ich bald eine Vorliebe für bestimmte Nahrungsmittel als Patentlösung zum Wohlfühlen. Ich fand heraus, daß ich nicht auf andere Menschen angewiesen war, um mich gutzufühlen. Ich konnte mich mit diesen meinen Lieblingsspeisen belohnen und es mir sofort gutgehen lassen.

„Du hast ein Recht auf dieses Plätzchen" sagte ich mir oder „Na, komm schon, nimm dieses Bonbon". Die wirklich guten Dinge hielt meine Mutter unter Verschluß. Ich stahl den Schlüssel und perfektionierte damit ein spannendes, dreifaches Spiel: Süßigkeiten klauen, mir etwas Gutes tun und meiner Mutter eins auswischen. Damals war es für mich in Ordnung, zu lügen und zu betrügen, um mich gutzufühlen. Als ich älter wurde, achtete ich immer weniger auf die Folgen, wenn ich es mir „gutgehen" ließ.

Dieses Wohlgefühl, ob nun für eine Minute oder für einen Tag, war mir mehr wert als alles andere. Es verschaffte mir kurzfristige Erleichterung von dem sehr deutlichen und anhaltenden Gefühl, daß ich ein schlechter Mensch sei. Natürlich wurde ich bei meinen Schwindeleien meistens erwischt. Ich dachte mir immer noch raffinierte Möglichkeiten aus, um auch wirklich erwischt zu werden. Klar, nachdem das gute Gefühl vorbei war, paßte das schlechte Gefühl und das Erwischtwerden gut zu meinem schlechten Selbstwertgefühl. So begann ein Zusammenspiel von Verhalten und seinen Folgen, das mein Leben für Jahre unglücklich machte.

Außer in kurzen Momenten, während denen ich mich durch Nahrungsmittel und wegen meiner Betrügereien gutfühlte, hatte ich innerlich keinen Kontakt zum Leben. Als Kind baute ich mir ausgeklügelte Abwehrmechanismen auf, die mich vor den Prügeln meiner Mutter und der Ablehnung durch andere Kinder schützten. Gefühle wie Liebe, Trauer, Freude und Ärger waren mir völlig fremd. Erst vor kurzem habe ich zum ersten Mal geweint.

Kinder haben eine seltsame Art, es ihren Eltern heimzuzahlen: Nie gab ich meiner Mutter die Befriedigung, daß ich weinte, wenn sie mich schlug; ich saß einfach da und nahm es hin. Ich wurde auch zum Prügelknaben und Sündenbock für andere Kinder. Manchmal saß ich stundenlang auf einem Stuhl und weigerte mich, aufzustehen oder zu sprechen.

Wenn ich hingegen beschloß, aktiv zu handeln, statt passiv dazusitzen, reagierte ich meistens unpassend. Es kam vor, daß ich lachte, wenn jemand mich schlug; später hob ich dann einen Stein auf und warf ihn nach jemandem, normalerweise Unbeteiligten. Meine Lehrer dachten, ich sei zurückgeblieben, und auch ich dachte, irgend etwas mit mir wäre ganz furchtbar daneben. Schließlich wurde ich auf eine Sonderschule geschickt. Ich fand mich damit ab, daß ich weggeschickt wurde und auch mit dem Gefühl, bestraft worden zu sein – sowohl die Tatsache an sich als auch das Gefühl dabei bestätigten mir meine Minderwertigkeit.

Ich war ein unbeholfenes, rundliches Kind. Mit 13 Jahren war ich 1,85 m groß und über 90 kg schwer. Das war auch das Jahr, in dem ich zu Verwandten nach Kalifornien geschickt wurde, wo ich in Los Angeles eine normale Highschool besuchte. Ich schaffte es und bekam einen winzigen Schimmer davon, wie ich mich von der Welt abgekapselt hatte. Einige Zeit später zogen meine Eltern und meine beiden Schwestern auch nach Kalifornien, und wir lebten wieder als Familie zusammen. Mir kam es so vor, als würden meine Schwestern bevorzugt: Weil ich ein Junge war, war ich weniger vollkommen, weniger wichtig.

Obwohl ich immer noch davon überzeugt war, daß ich ein schlechter Mensch sei, hatte mein Erfolg in der Schule einen Teil meines Denkens total verändert. Wenn ich dort *ein* „sehr gut" bekommen konnte, dann konnte ich auch weitere bekommen. Das Wissen, daß ich tatsächlich die Fähigkeit hatte, meine Leistung zu verbessern, war eine sehr aufregende Aussicht. Ich hatte an einem bestimmten Extrem festgehalten, indem ich die Erwartungen anderer erfüllte, also lahm und desinteressiert war. Jetzt beschloß ich, das andere Extrem zu erforschen; ich plante, aufs College zu gehen und dort ein Zeugnis mit lauter „Einsern" zu haben. Und ich schaffte es! Zu Beginn eines jeden Semesters fragte ich meine Lehrer nach den Anforderungen für ein „sehr gut". Dann machte ich mich systematisch daran, diesen gerechtzuwerden, ja, sie sogar zu übertreffen. Ich war süchtig danach; eine Note außer einer „1" war für mich einfach nicht annehmbar.

Während meiner College-Zeit bekam ich zum ersten Mal Interesse an meinem Aussehen und probierte erstmals Diäten aus. Jedes Jahr nahm ich 50 Pfund zu und wieder ab – wie eine Art jährliches Ritual. Ich suchte mir den letzten Diätfimmel aus und befolgte ihn bis ins Kleinste – es gelang mir immer, abzunehmen. Ich habe nie eine Schlankheitskur gemacht, die nicht gewirkt hätte – ich aß weniger, also nahm ich ab, das ist klar. Was ich allerdings eine Diät nannte, war das, was schlanke Leute normalerweise essen.

Es wird Zeit zu heiraten, dachte ich mir. Schließlich war ich erpicht darauf, mein Elternhaus zu verlassen, und eine Heirat war offensichtlich die Fahrkarte nach draußen. Was ich trotz meines akademischen Abschlusses und meiner vermeintlichen Intelligenz nicht sehen konnte, war, daß ich einfach hätte ausziehen können, wenn ich von zu Hause fort wollte.

Ich war sicher, daß die Ehe mir das Glück schenken würde, nach dem ich suchte. Allerdings mußte ich hinsichtlich Beziehungen viel aufholen. Ich hatte nie eine Verabredung oder ein ernsthaftes Gespräch mit einer Frau gehabt, geschweige denn eine Beziehung. Schließlich heiratete ich die erste Frau, mit der ich ging. Wir hatten uns beim Tanzen kennengelernt, und als sie mich bat, sie mal anzurufen, hielt ich das für die wahre Liebe. Warum sonst sollte sie mich wieder treffen wollen? Ich schloß daraus, daß sie mich wohl liebte, und wer war ich schließlich, daß ich sie nicht „zurückliebte" – dieses hübsche Mädchen mit der netten, liebevollen Familie, wie ich sie immer schon gern selbst gehabt hätte. Davon abgesehen, daß Hochzeiten etwas Tolles sind – sie bereiten ein ungeheures Hochgefühl! Die Hochzeiten, auf denen ich gewesen war, waren großartige Feiern gewesen. Ich war mir sicher, daß ich genau das brauchte, um glücklich und erfüllt zu sein – eine wundervolle Hochzeit und danach eine großartige Ehe.

Ein Jurastudium war das nächste Ziel, das ich mir steckte. Das Jura-Examen würde nicht nur der Beweis sein, daß ich klug war, sondern auch das Geld, das ich als Rechtsanwalt verdienen würde, würde der Welt sicherlich meinen Wert bestätigen. Ich brauchte allerdings nicht lange, bis ich merkte, daß meine akademischen Abschlüsse und meine Rechtsanwaltskanzlei mich nicht glücklich machen würden.

Ungefähr sechs Monate nach der Hochzeit waren der Reiz des Neuen und der Spaß lange verflogen, und ich merkte, daß ich mit der Ehe überhaupt nicht gücklich war. Als nächstes wurde mir sonnenklar: Wenn deine Frau dich nicht glücklich machen kann – eine Familie wird es sicher schaffen. Also bekamen wir mehrere Kinder. Jetzt hatte ich wirklich alles: Titel, einen angesehenen Beruf, Frau, Kinder, ein schönes Haus und ein dickes Auto. Alle Anzeichen für Intelligenz und Reichtum waren vorhanden und für alle Welt gut sichtbar. Aber inmitten all dieser Symbole für Erfolg fühlte ich mich hundeelend.

Es mag seltsam klingen, aber über neue Hemden habe ich mich

damals mehr gefreut als über sonst irgend etwas. Meine neue, verfeinerte Patentlösung zum Wohlfühlen war nun, mir Hemden zu kaufen. Jedes neue Hemd machte mich für einen Moment glücklich und gab mir das großartige Gefühl eines Neuanfangs. Ich hatte einen ganzen Schrank voll davon, es müssen fast hundert gewesen sein; alles Erinnerungsstücke an eine unruhige, unglückliche Zeit in meinem Leben. Genau diese Zeit könnte Leuten als Beispiel dienen, die meinen, daß Glück sich einstellt, wenn man alles hat, was man sich wünscht – oder abgenommen hat. Ich besaß materielle Dinge in Hülle und Fülle, aber sie stellten sich nur als Symbole für Glück heraus, nicht als das Glück selbst.

Schließlich beschloß ich, daß ich mein Glück auf andere Weise finden müßte, wenn meine jetzigen Lebensumstände es mir nicht geben konnten. Also stürzte ich mich in eine Reihe von Affären mit anderen Frauen und warf eine Zeitlang total leichtsinnig mein Geld für Kleidung, Autos und ein neues Haus heraus. Und – wie immer – wurde ich erwischt. Aber das machte mir nichts aus, weil das Erwischtwerden nur aufs Neue bewies, daß ich zwanghaft und schlecht war. Es war fast eine Erleichterung, wieder diese vertrauten Gefühle von Wertlosigkeit zu spüren. Scheidung erschien mir die logische Konsequenz zu sein. Aber meine Frau kam mir zuvor, sie tat den entscheidenden Schritt: Sie warf mich aus dem Haus; ich hatte nur die Kleider, die ich auf dem Leib trug und mein Auto. Sie meinte, das sei alles, was ich noch verdiene. Es war eine Erleichterung für mich, von meiner Frau zurückgewiesen und geschieden zu werden. Genauso war es richtig, dachte ich; ich verdiente es nicht, daß mir im Leben Gutes widerfuhr. Ich war jetzt total frei, meine verantwortungslose Lebensweise, die ich die letzten drei Jahre verfolgt hatte, fortzuführen. Und jetzt lebte ich mich aus wie nie zuvor. Ich lebte meine Phantasien aus und kümmerte mich nicht mehr um meine Kinder. Ich legte mir eine schöne Wohnung zu, hatte die ganze Zeit aufregende Leute um mich und Zugang zu Drogen und den sofortigen Hochgefühlen, die sie bewirken.

Nach drei weiteren Jahren dieser gedankenlosen Lebensweise passierte etwas, was ich nur ein Gottesgeschenk nennen kann. Plötzlich hatte ich den überwältigenden Wunsch, mein Leben in

Ordnung zu bringen. Ich heiratete wieder, stieg aus meiner Phantasiewelt aus, nahm wieder Kontakt mit meinen Kindern auf und übernahm wieder einen Teil der Verantwortung für ihre Versorgung. Es sah so aus, als hätte ich die Zielrichtung meines Lebens vollständig umgekehrt. Ich nahm keine Drogen mehr, verdiente wieder Geld, machte viele Anschaffungen und gewann allmählich die Achtung meiner Kollegen zurück. In vielerlei Hinsicht bekam ich eine zweite Chance. Nicht so bei meiner Mutter und bei meiner älteren Schwester. Zu der Zeit, als meine Ehe in die Brüche gegangen war, hatten sich meine beiden Schwestern mit meiner Ex-Frau gegen mich verbündet. Weil meine Mutter nicht verstand, wie meine Schwestern ihr eigen Fleisch und Blut ablehnen konnten, weigerte sie sich, mit ihren Töchtern zu sprechen. Kurz darauf starb sie – an einem gebrochenen Herzen, das ist meine Überzeugung. Mein früheres Verhalten hatte das Verhältnis zwischen anderen Menschen zerstört und höchstwahrscheinlich das Leben meiner Mutter verkürzt. Wieder eine Bestätigung, daß ich schlecht, nichts wert und wahrscheinlich lebensunfähig war. Immer häufiger dachte ich an Selbstmord als einen möglichen Ausweg.

Zum zweiten Mal in meinem Leben hatte ich alles und fühlte mich dennoch so elend, daß ich bereit war, den Tod zu wählen. Dann verlagerte sich meine Besessenheit und konzentrierte sich wieder einmal auf mein Gewicht. Mit 1,85 m und fast 105 kg war ich nicht gerade fettleibig. Aber das, was zuviel war, kam mir wie fünf Tonnen vor. Mein Gewicht erdrückte mich. Jetzt war ich davon überzeugt, daß mich meine ganze Erscheinung, vor allem mein Übergewicht, all die Jahre daran gehindert hatte, glücklich zu sein. Ich hatte alle Methoden ausprobiert, um abzunehmen: Diäten, Spritzen, Pillen. Ich hatte immer abgenommen – und gleich wieder zugenommen. Immer wieder sagte ich mir: „Nur noch eine Schlankheitskur, nur noch eine Erkenntnis, dann bin ich wirklich bereit, wirklich in der Lage, es zu tun." Bisher war mein Leben eine Serie halbherziger Versuche gewesen, das Glück zu finden. Alles, was ich wirklich gelernt hatte, war, wie ich in meinem Wahnsinn noch raffinierter sein konnte. Ich fuhr in einer Einbahnstraße in der verkehrten Richtung und versuchte verzweifelt, die Verkehrsschilder so zu drehen, daß sie meinen Vorstellungen entsprachen.

Aber Gottes Wege sind sonderbar. Gerade, als meine Verzweiflung über mein Gewicht am größten war, traf ich zufällig eine meiner früheren Sekretärinnen. Als sie für mich arbeitete, war sie übergewichtig gewesen, aber jetzt sah sie blendend aus, schlank und gesund. Ich fragte sie, wie sie das geschafft habe. Sie sagte: „OA". Das war etwas Neues für mich. Sie sagte mir, wo die Meetings waren und bot mir sogar an, sich dort mit mir zu treffen. Sie war aber ganz schön schlau, diese Frau. Als sie mir nämlich die Adresse des Meetingsortes sagte, erwähnte sie das Gebäude mit keinem Wort. Die Adresse führte mich vor eine Kirche, und ich dachte, das müsse wohl ein Fehler sein. Nein, diese Frau hatte mich an der Nase herumgeführt. Sie wußte ganz genau, daß Kirchen, Gott und andere religiöse Dinge nicht nach meinem Geschmack waren.

Aus irgendeinem Grund ging ich dennoch hinein und nahm hinten im Raum Platz. War ich hier falsch – der einzige Mann in einem Raum, mit fünfzehn Frauen?! Das würde sehr unangenehm für mich werden, und so bald wie möglich wollte ich den Raum leise wieder verlassen. Dann fiel mir eine Frau in der Gruppe auf. Sie hatte eine Ausstrahlung von Glück und Gelassenheit, die mich faszinierte. Sie schien durch den Raum zu schweben, als sie vor der Gruppe Platz nahm und ihre Lebensgeschichte erzählte. Ich konnte einfach nicht glauben, was sie da sagte. Diese schöne und attraktive Frau war eine Prostituierte gewesen, Alkoholikerin, drogenabhängig und eßsüchtig. Nach dem Meeting sprach ich kurz mit ihr; ich war immer noch fasziniert. Sie spürte mein Interesse am Programm und wies mich auf die Literatur hin, die auf einem Tisch im Raum auslag. Ich nahm die Literatur. Ich wollte mit diesem Programm arbeiten, es zumindest versuchen.

Ich nahm sehr schnell ab und merkte, daß es eine Hilfe für mich war, Meetings zu besuchen – meistens ging ich drei- oder viermal in der Woche hin. Eines Abends stand ich schließlich auf und sprach im Meeting, hauptsächlich, weil es eine gute Möglichkeit war, Streicheleinheiten von anderen zu bekommen. Ich fing an, häufig in Meetings zu sprechen. Da war ich also und erzählte der Gruppe, wie ich innerhalb von drei Wochen, die ich im Programm war, so viel abgenommen hatte. Die Leute hörten mir tatsächlich zu und applaudierten mir. Sie hatten keine Ahnung, was für ein Mensch ich wirklich war. Ich kann ehrlich sagen, es war das erste Mal, daß ich glaubte, jemand wolle das haben, was ich hatte. Diese Leute da, die mir zuhörten und applaudierten, waren nicht daran interessiert, mein Ego zu nähren; sie wollten, daß ich ihnen Hoffnung gab. Wenn ich das konnte, konnten sie es vielleicht auch. Diese Art der Beziehung zu anderen vermittelte mir eine erste dunkle Ahnung davon, was das Programm überhaupt sollte. Ich ging weiterhin zu den Meetings und nahm weiterhin ab. Nach drei Monaten in OA hatte ich fast 35 kg abgenommen. Nie in meinem Leben war ich schlank gewesen; mein niedrigstes Gewicht als Erwachsener hatte bei 85 kg gelegen. Jetzt stand ich da, war schlank, bei 75 kg angelangt, und fühlte mich etwas unwohl angesichts des Unbekannten.

Bevor ich wirklich etwas über Sponsoren innerhalb des Programms wußte, dachte ich, sie seien so eine Art Ersatzeltern, die den Leuten sagen, was und wann etwas zu tun sei. Aber es ist ganz anders. Mein Sponsor half mir, damit aufzuhören, meinen Eltern und anderen die Verantwortung zuzuschieben, und statt dessen selbst die Verantwortung für mein Leben zu übernehmen. Er war schon einige Zeit im Programm, hatte eine wunderbare Nüchternheit und absolut nicht die Absicht, mein Leben auf irgendeine Weise zu kontrollieren. Er behauptete, ich hätte die Wahl, und was immer ich auch täte, läge allein in meiner Verantwortung. Mein Sponsor versuchte nie, mich im Programm mitzuschleifen, er trieb mich nie an, meine Inventur zu schreiben oder in Meetings zu sprechen. Statt dessen erzählte er mir, wie diese Dinge ihm geholfen hatten, innerhalb dieses Programms zu wachsen. Entscheidungen, die mich und mein Wachstum betrafen, überließ er ganz eindeutig mir. Mit der Hilfe meines Sponsors konnte ich mich mit der Zeit immer klarer sehen.

Als ich zum ersten Mal meine Inventur schrieb, hatte ich ernste Probleme mit der Vorstellung von Gott. Ich kam mit der Überzeugung ins Programm, daß es keinen Gott gebe, keine Höhere Macht. Alles, was für mich existierte, war ein ziemlich verrücktes Leben und die Gewißheit, daß ich eines Tages sterben würde. Als ich aber begann, mit Hilfe des Programms zu wachsen, hielt ich es jedoch für notwendig, wenigstens die Bereitschaft zu entwickeln, an eine Höhere Kraft zu glauben. Diese Bereitschaft ist von grundlegender Bedeutung für die Arbeit im Programm. Ich mußte gar nicht wirklich glauben, aber ich mußte bereit und offen für die *Möglichkeit* sein, daß sich ein Glauben entwickeln könnte.

Als ich im Programm arbeitete, machte ich alle möglichen Erfahrungen zum ersten Mal: Das Teilen mit anderen, Zuneigung zeigen und schließlich ein Gefühl von Glauben. Ich begann, mit Gottes Hilfe Gelassenheit zu finden und leitete sogar einige Besinnungswochenenden. Aber noch immer hatte ich erhebliche Schwierigkeiten damit und war immer noch nicht ganz ehrlich zu mir selbst. Die Menschen in OA kamen mir auf die Schliche. Anfangs zog sie meine Geschichte und das, was ich sagte, an; aber es gelang mir nicht, das Interesse wachzuhalten. Als Sponsor konnte ich eine helfende Verbindung nicht mehr als eine Woche oder zwei Wochen aufrechterhalten. Ich war mir sicher, daß mein Programm irgendwie fehlerhaft war.

Noch lange, nachdem ich schlank geworden war, hatten Nahrungsmittel eine große Bedeutung für mich. Da ich nicht riskieren wollte, wieder zuzunehmen, stellte ich mir Lebensmittel als Feind vor. So konnte ich meine Energie beim Kämpfen verbrauchen. Dieser Kampf machte mich starr in meinen Einstellungen. Ich schrieb den Leuten, die ich zu sponsern versuchte, einen Haufen Regeln und unrealistische Ziele vor. Aber so klappte es einfach nicht. Regeln und Ziele befreien Menschen nicht vom Essen, sie ersetzen lediglich den Zwang zu essen durch den Zwang, nicht zu essen. Das Unglück schleicht sich sofort wieder ein, um die Lücke zu füllen – die Zeit, die vorher zum Essen nötig war.

Schließlich schlug mir mein Sponsor vor, das Big Book um Rat zu fragen. Er war sicher, daß dort eine Antwort zu finden sei, und so war es auch. Ich hatte zwar die Zwölf Schritte verstanden und sie begeistert mit anderen geteilt, sie aber für mich selbst nicht ehrlich angenommen. Mein Ego, mein Stolz und der zugrundeliegende Wahnsinn hatten dieses Annehmen gründlich verhindert.

Zunächst einmal hielt ich es für lächerlich, daß ein intelligenter, erfolgreicher Mann sagt, er sei machtlos gegen eine einfache Eßsucht. Noch unmöglicher schien mir der Gedanke, daß ein Gott irgendwo da oben sich wirklich um mich kümmern würde. Außerdem, wie sollte ich meine Fehler zugeben? Andererseits war ich überglücklich, anderen Leuten dabei zu helfen, ihre eigenen zuzugeben. Die Inventuren, die ich schrieb, waren überhaupt nicht meine, sondern eine Mischung aus denen anderer Leute, Versuche, das zu sagen, was andere von mir erwarteten. Gott zu bitten, meine Charakterfehler von mir zu nehmen, schien mir vergeblich zu sein. Ich sah wirklich nicht, daß ich irgendwelche *echten* Fehler hatte. Oh ja, früher hatte ich mal ein Gewichtsproblem, aber das war erledigt. Vielleicht war ich nicht beliebt genug oder hatte zu wenig Geld, aber das waren kleine Fehler im Vergleich zu denen anderer. Ich hatte Erfahrungen mit Wiedergutmachungen, und so schien dieser Schritt ziemlich unerheblich zu sein. Leute aus dem Programm standen auf und erzählten, was sie mit acht Jahren angestellt, und daß sie sich neulich dafür entschuldigt hatten. Und das sei gut so gewesen, sagten sie; sie kamen nach Hause, nachdem sie sich entschuldigt hatten, und fanden eine unerwartete Rückzahlung vor oder etwas im Briefkasten, was ihnen die Zahlung der Miete ermöglichte, um die sie sich schon Sorgen gemacht hatten. Aber bei mir nicht – ich würde unter ähnlichen Umständen heimkommen und einen Räumungsbefehl vorfinden. Oder ich würde mich bei irgend jemand entschuldigen, und der würde ohne jedes Verständnis sagen:: „Das wurde aber auch Zeit!"

Aber trotz all dieser Zweifel und Widerstände biß ich meine Zähne zusammen und versuchte, in den Schritten zu arbeiten. Nun hatte ich keine Wahl mehr. Ich wußte nicht genau, was da vorging, aber eines war klar: Ich konnte nicht mehr zurück, ich konnte einfach nicht mehr dahin zurück, wo ich einmal gewesen war. Es wurde eine physische Angelegenheit. Ich fühlte mich körperlich krank, wenn ich versuchte, Dinge so wie früher zu tun.

Mein Sponsor fragte mich nach meiner Inventur. Ich meinte, warum ich denn eine schreiben solle. Er sagte einfach: „Ich weiß es nicht, aber so steht es im Big Book, und es wird sich auch für dich bewähren." „Ich schreibe sie aber nicht" sagte ich. Dann wurden Angst und körperlicher Schmerz größer, und ich schrieb doch lieber meine Inventur. Irgend etwas drängte mich und sagte mir, daß es keinen Ausweg gab. Heute weiß ich, daß diese Energie, die mich vorwärtstrieb, meine geistige Gesundheit war: Gottes Wille wirkte ich meinem Leben.

Manchmal tun wir etwas, weil man uns sagt, daß uns am Ende eine Belohnung erwartet. Oft ist es jedoch schon eine Belohnung, die Dinge überhaupt zu tun. Ich erhielt großartige Belohnungen, als ich begann, mein Verhalten zu ändern und mich sofort bei anderen Leuten zu entschuldigen. Z. B. fuhr ich eines Tages mit dem Auto und schnitt jemanden, den ich wegen des toten Winkels nicht im Außenspiegel gesehen hatte. Der Fahrer hupte und hupte und warf mir vernichtende Blicke zu, als er auf meiner Höhe fuhr. Wie Gottes Pfade nun einmal sind: Es kam eine rote Ampel, und ich mußte anhalten. Der Mann fing an, mich zu beschimpfen. Ich kurbelte meine Scheibe herunter und sagte: „Sie haben vollkommen recht, mein Herr. Ich habe Sie nicht gesehen und bitte Sie um Entschuldigung." Er sah mich an und meinte: „Oh, wenn das so ist, entschuldigen Sie bitte, daß ich gehupt habe." So also ging das! Das Einverständnis zwischen uns entstand beinahe automatisch. Außerdem – es mag lustig klingen –, brauchte ich mir nach dem Eingeständnis meines Fehlers und nach meiner Entschuldigung keine Gedanken mehr um mein Mittagessen zu machen.

Dreieinhalb Jahre lang hielt ich meinen Gewichtsverlust von fast 35 kg aufrecht. Aber dann war ich drauf und dran, das Programm aufzugeben, weil ich noch immer jeden Tag Eßdruck hatte. Ständig kämpfte ich darum, nicht zwanghaft zu essen. Dann las ich die Geschichte von Dr. Bob, dem Mitbegründer von AA. Es hatte zweieinhalb Jahre gedauert, bis die Gier nach Alkohol von ihm genommen wurde, obwohl er in dieser Zeit nicht trank. Dr. Bobs Geschichte bestärkte meinen Glauben und mein Vertrauen, daß irgendwann auch aus meinem Leben die Gier nach Essen verschwinden würde. Ich zwang mich dazu, mehr zu tun, als die Zwölf Schritte zu *lesen* – ich zwang mich zum *Handeln*. Es war gleichgültig, wie müde, faul oder unvorbereitet ich war, ich schrieb meine Inventur. Ich strengte mich wirklich an, zu glauben.

Als AA gegründet wurde, wollte Bill W. die Zwölf Schritte zur Verpflichtung machen. Man redete es ihm aus, und er ließ sich auf den Kompromiß ein, die Schritte zu Vorschlägen zu erklären. Später sagte er, das sei die beste Entscheidung gewesen, die er jemals getroffen habe; verbindliche Schritte hätten Millionen von Alkoholikern, die Hilfe brauchten, abgehalten. Er erkannte, daß Süchtige sich aus dem Staub machen, wenn sie zu etwas gezwungen werden sollen. Es kann sogar ein Schuß nach hinten sein und die Leute zu ihren alten Verhaltensweisen und Zwanghaftigkeiten bringen. Die Leute in AA glauben, daß es nur einen Weg gibt, wirklich mit dem Trinken aufhören zu können, und zwar, daß die Gier nach Alkohol von ihnen genommen wird. Genauso glaube ich, daß es für mich nur einen Weg gibt, wie ich aufhören kann, süchtig zu essen, und zwar, daß die Gier nach Nahrungsmitteln von mir genommen wird. Ich muß buchstäblich meinen Hunger verlieren. Wenn ich keinen Hunger auf Schokoladenkuchen habe, esse ich auch keinen. Vom Verstand her weiß ich, was ich essen kann und was nicht. Ich weiß, daß ich dick werde, wenn ich zuviel esse. Das Problem ist, daß das Wissen um diese Tatsachen keinem Eßsüchtigen dabei hilft, aufzuhören – nur der Verlust des Hungers kann das, und nur Gott kann ihn nehmen.

Zurück zum Schokoladenkuchen: Ich esse einfach keinen Schokoladenkuchen mehr und das nicht etwa, weil ich Angst davor habe. Wenn ich wollte, würde ich davon essen, aber ich habe kein Verlangen danach. Tatsächlich habe ich heute ungefähr soviel Appetit auf Schokoladenkuchen wie auf Rattengift. Er interessiert mich einfach nicht. Gott hat diesen Zwang von mir genommen.

Weder für mich noch für irgend jemand anderen strebe ich perfekte Abstinenz an. Ich glaube auch nicht, daß diese vollkommene Abstinenz menschenmöglich ist, zumindest nicht über längere Zeit. Das würde bedeuten, nicht mehr zu essen, als man sollte, keine „verbotenen" Lebensmittel zu essen, nicht zu schnell zu essen und nicht das Gefühl zu haben, zu bestimmten Tageszeiten essen zu müssen. Meine Abstinenz ist unvollkommen, ich muß noch vieles überwinden. Immer wieder gibt es Zeiten, in denen ich zuviel esse, oder ich nehme fast über Nacht ein oder zwei Kilogramm zu. Ab und zu falle ich in meine alten Geleise zurück und esse zu hastig oder werde „nach der Uhr" hungrig.

Bevor ich zum Programm kam, als ich noch so richtig zwanghaft mit Nahrungsmitteln umging, kam ich abends von der Arbeit nach Hause und aß bis zum Schlafengehen ständig irgendwelche Kleinigkeiten. Den ganzen Tag über malte ich mir aus, wie ich mir die Zeit mit Süßigkeiten und Fernsehen vertreiben würde. Was gab es auch sonst? Seitdem habe ich viele interessante und produktive Möglichkeiten gefunden, meine Abende zu füllen, ohne meinen Bauch zu füllen.

Ich hatte den Zwang zu essen, und er kommt immer wieder zu mir zurück. Gott nimmt ihn nur von mir, wenn ich im Programm arbeite. Früher brachte ich es nicht fertig, auch nur den kleinsten Bissen wegzuwerfen. Hast du schon mal versucht, ein Stück Kuchen wegzuwerfen? Es kann sich anfühlen, als würde dir jemand einen Arm herausreißen, es fühlt sich an wie der Tod. Manchmal kämpfe ich immer noch gegen dieses Gefühl.

Die Arbeit im Programm betrifft alle Bereiche meines Lebens. Insofern ist es für mich treffender, davon zu sprechen, daß ich das Programm *lebe*. Ich habe einen einfachen, aber zuverlässigen Weg, um zu wissen, wenn ich nicht in allen meinen Lebensbereichen das Programm anwende: Der Hunger kehrt zurück. Manchmal merke ich es nicht einmal sofort. Ich esse immer mehr und immer schneller – aber genau nach Plan. Dann wiege ich mich und sehe, daß ich ein oder zwei Pfund zugelegt habe. Das ist für mich eine deutliche Warnung. Oder ich merke am Ende einer Mahlzeit, daß ich das Essen gar nicht richtig geschmeckt habe. Das ist ein weiteres Zeichen für zwanghaftes Essen; darauf achte ich sorgfältig.

Je mehr ich im Programm vorankomme, desto mehr sehe ich Gott als das Wichtigste in meinem Leben an – ohne Ausnahme. Abstinenz oder die Freiheit von Zwängen werden mir von Gott geschenkt, und zwar genau in dem Maße, in dem ich im Programm lebe. Mit jedem Tag werde ich besser darin. Jeden Tag fühle ich mich in bewußterem Kontakt zu Gott. Jeden Tag mache ich geistige Erfahrungen, die einfach unbeschreiblich sind. Das sind keine schrecklich dramatischen Erlebnisse; eher warme Gefühle um mich herum, die mich mit Stärke erfüllen. Das Programm ist ein lebendiges Programm; sein Hauptziel ist, denen, die darin arbeiten, ein spirituell gutes Leben zu ermöglichen.

Als ich zum Programm kam, hatte ich mein zwanghaftes Essen schon unter Kontrolle. Das Programm führte mich um Wesentliches weiter und half mir, nicht mehr zwanghaft essen zu *wollen*. Und das war – weiß Gott – eine größere Schlacht und ein größerer Sieg.

Erster Schritt

*Wir gaben zu, daß wir unserem zwanghaften
Eßverhalten gegenüber machtlos waren und unser
Leben nicht mehr meistern konnten.*

Ich möchte meine Erfahrungen mit dem Ersten Schritt mit dir teilen. Er ist mir sehr schwergefallen, aber das geht sicherlich jedem so. Ich wollte nie zugeben, gegen irgend etwas machtlos zu sein. Vielleicht war das Leben anderer nicht zu meistern – sie machten mir mit ihren Launen und Fehlern einen Strich durch die Rechnung –, *ich* war sehr gut darin, mein Leben zu meistern. Wenn die Welt nur auf mich hören wollte – mein Leben und das von jedem anderen würde gut laufen.

Ich glaubte wirklich, mein Leben gut im Griff zu haben. Das einzige Problem war, daß ich nicht immer das bekam, was ich mir wünschte. Vielleicht fehlte mir auch nur ein wenig Glück hier und da. Wenn ich beispielsweise eine Diät machte, war ich immer überzeugt, daß ich ganz gewiß das erforderliche Übergewicht verloren hätte, wenn nicht die Umstände gewesen wären, die mich am Erreichen meines Zieles hinderten. Wenn ich noch fünf Pfund abzunehmen hatte, stand ausgerechnet ein Feiertag vor der Tür – ein bedauerlicher und unglücklicher Umstand.

Im Ersten Schritt des Programms steht, daß wir dem Essen gegenüber machtlos waren und unser Leben nicht mehr meistern konnten. Es steht aber nicht darin, daß wir dem Dicksein oder dem zwanghaften Essen gegenüber machtlos sind. Alkoholiker sagen auch nicht, daß sie dem Betrunkensein gegenüber machtlos seien, sondern daß sie der Substanz Alkohol gegenüber machtlos sind. *Wir* sind völlig machtlos demgegenüber, welche Auswirkung Nahrung auf unseren Körper hat. Hinsichtlich Lebensmitteln handeln wir verrückt. Wir haben keine Macht darüber. So einfach ist das. Als ich zum Programm kam, hatte ich das noch nie richtig akzeptiert. Aber nur darum geht es im Ersten Schritt.

Ich hatte immer nur dünn sein wollen und glaubte, dazu brauchte ich nichts anderes, als mich wie schlanke Menschen zu verhalten. Aber konnte ich so weiterleben wie bisher und schlank sein? Nein, das ging nicht.

Ich beobachtete, daß dünne Menschen nicht so essen, wie ich es tat. Schlanke, geistig gesunde Menschen essen nicht, wenn sie keinen Hunger haben. Wenn sie von der Arbeit kommen, essen sie auch nicht noch schnell ein Brot vor dem Abendessen. Sie verdrücken auch keine zwei oder drei Torten auf einmal. Aber ich habe alles das getan.

Ich habe meinen Körper und Nahrungsmittel mißbraucht. Das Kranke daran war weniger, daß ich mich so verhielt, als vielmehr die Tatsache, daß ich das als normal ansah. Nach Jahren des Leidens erkannte ich, was die Menschen im Programm meinten, wenn sie über den Ersten Schritt sprachen: Mein Eßverhalten war krankhaft.

Das Big Book beginnt mit der Geschichte von Bill W. Darin berichtet er, daß er einen Punkt erreichte, an dem er einsah, daß in seinem Leben nichts klappte. Nichts schien ihm das geben zu können, wonach er sich sehnte – inneren Frieden und Glück.

Ich möchte etwas über zwei unterschiedliche Gefühle sagen, nämlich darüber, mich „gut" beziehungsweise mich „glücklich" zu fühlen. Mich gutfühlen war früher gerade nur ein bißchen besser, als mich schlechtfühlen. Ein Tag, der nicht allzu schlimm war, konnte schon als guter Tag bezeichnet werden, sozusagen ein glücklicher Tag. An solchen Tagen dachte ich: „Ich habe genug zu essen, und es ist keine größere Katastrophe passiert." Das war schon ein glücklicher Tag. Ich hätte niemals gedacht, daß ich wirkliches Glück empfinden könnte. Nur, wenn ich aß, fühlte ich mich gut; danach spürte ich jedesmal ausschließlich Schmerz und Schuld.

„Nicht zu trinken ist weniger schmerzhaft, als es zu tun" erklärte mir einmal ein trockener Alkoholiker. So ist es auch weniger schmerzhaft, in einem Abstinenzprogramm zu arbeiten, als die Folgen des zwanghaften Essens zu ertragen. Das kurzzeitige gute Gefühl, das wir beim zwanghaften Überessen verspüren, ist die schlechten Gefühle nicht wert, die danach kommen. Wenn wir zwanghaft essen, fühlen wir uns schuldig, wütend und depressiv. Wir sind Masochisten: Wir machen uns nieder, weil wir uns überessen und sagen dann zu uns selbst: „Nun gut, jetzt hab' ich's schon wieder gemacht, und wo ich schon gerade dabei bin, kann ich auch gleich weitermachen."

Jeder von uns steht irgendwann einer riesigen Hürde gegenüber, und zwar dann, wenn wir *nicht* zwanghaft essen; wenn wir uns dem Schmerz stellen, indem wir Essen ablehnen und sagen: „Das esse ich nicht." Das alles fällt uns sehr schwer, und wir tun es nur dann, wenn die Qual des zwanghaften Essens größer ist als die, es nicht zu tun. Für jeden Eßsüchtigen kommt dieser Punkt – zu seiner Zeit und an seinem Ort.

Für mich wurden die Qualen des zwanghaften Essens so groß, daß ich bereit war, alles dafür zu tun, um sie loszuwerden. Genau das muß geschehen. Wir nennen das den „Tiefpunkt". Nichts in der Welt kann einen Menschen davon überzeugen, im Programm zu arbeiten, der seinen Tiefpunkt nicht erreicht hat.

Wenn jemand zu mir sagt, daß er bereit sei, alles zu tun, weil er es nicht mehr aushalte, frage ich ihn, ob er wirklich alles dafür tun wolle. „Natürlich!" lautet dann die Antwort. „Heißt das, daß du bereit bist, alles zu tun, was ich dir vorschlagen werde?" hake ich nach. Wenn derjenige dies bejaht, weiß ich, daß er bereit ist, etwas vom Programm zu erfahren.

Das Big Book wurde von Menschen geschrieben, die sich irgendwann entschieden hatten, lieber vor ein fahrendes Auto zu laufen, als weiter diese Qualen zu erdulden. Sie wären dazu bereit gewesen, weil nichts schlimmer sein konnte, als das Grauen, in dem sie sich befanden.

Als ich zum Programm kam, war ich bereit, es anzunehmen, weil ich genug gelitten hatte. Ich wußte, daß mich mein Gewicht an diesen Punkt gebracht hatte. Meine Lebensweise war dafür verantwortlich, niemand sonst hatte mich gedrängt oder beeinflußt; sie hatte mich dorthin geführt, wo ich war. Aber ich hatte noch nicht die Bereitschaft, das auch zuzugeben. Ich suchte ständig nach leichteren und einfacheren Bewältigungsformen und war überzeugt, daß es in irgendeinem Winkel meines Gehirns einen versteckten Weg gab, auf dem es mir möglich sein würde, die

Welt in den Griff zu bekommen. Aber diesbezüglich hatte ich mich immer verrechnet.

Vielleicht hatten die Menschen recht, die im Programm lebten, vielleicht auch nicht; möglicherweise wirkte der Weg von Bill W. oder auch nicht. Doch damit hatte ich jetzt wenigstens eine Chance. Der Weg eines jeden anderen Menschen konnte mir vielleicht eine Chance bieten – mein eigener jedenfalls hatte sich als eine Sackgasse erwiesen; ich hatte alle Chancen ausgeschöpft.

Ich war zum Programm gekommen, um abzunehmen. Ich wußte, daß ich zuviel aß und deswegen dick war, und ich war überzeugt davon, daß dies der Grund war, weswegen ich mich schlechtfühlte. Ich war sicher, nur abnehmen zu müssen, um mich wohlzufühlen. Also machte ich Schlankheitskuren. Ich nahm auch ab, aber wohlfühlen tat ich mich nicht. Später erst wurde mir ganz klar, daß ich mich schon immer in meinem Leben schlechtgefühlt hatte; ich war darauf programmiert, mich so zu fühlen und nach Begründungen dafür zu suchen. Gleichgültig, ob ich abnahm oder nicht, ich fühlte mich schlecht. Ich erkannte, daß ich daran arbeiten mußte, mich gutzufühlen.

Es kam mir seltsam vor, daß ich mich erst dann gutfühlen konnte, nachdem ich meine Machtlosigkeit und die Tatsache zugegeben hatte, daß ich mein Leben nicht meistern konnte. *Mir kam es überhaupt nicht so vor, als ob ich mein Leben nicht meistern könnte* – schließlich: Was hatte ich nicht alles erreicht! Und doch: Trotz aller meiner Leistungen hatte ich nicht das, was ich mir am sehnlichsten wünschte – Glück.

Wir sind bereit zuzugeben, daß wir dick sind – das ist ja unübersehbar – und begründen das damit, daß wir unsere Nahrungsaufnahme nicht kontrollieren können. Deshalb finden wir es logisch, daß wir zu dieser Kontrolle fähig werden sollten. Und was könnte uns mehr helfen, als jemanden zu haben, der uns dabei unterstützt? Die Beziehung zu einem solchen Menschen nähmen wir aber so wichtig, und unser Wunsch, zur Gruppe dazuzugehören, wäre so stark, daß wir die Disziplin für eine Diät aufbringen würden.

Im Big Book steht jedoch, daß wir nicht in der Lage sind, unsere zerstörerische Schwäche und alle ihre Folgen zu kontrollieren.

Eine dieser Konsequenzen ist, daß wir weder jetzt noch in Zukunft normale Menschen sind beziehungsweise sein werden. *Wir können unser Eßverhalten nicht kontrollieren.*

Eine Schlankheitskur ist eine Form von Kontrolle. Weil ich aber eßsüchtig bin, kann ich eine Diät nicht ehrlich einhalten. Ich mogele und lüge, weil ich nicht mit Nahrungsmitteln umgehen kann. Ich lüge lieber, als in Essensangelegenheiten ehrlich zu sein. Ich kann mit dem Essen nicht aufhören, und deshalb bezeichne ich mich als einen süchtigen Menschen. Ich kann weder den ersten noch den letzten Bissen liegenlassen; ich kann auch nicht mittendrin mit dem Essen aufhören. Ich leide an der Unfähigkeit, meinen Umgang mit Lebensmitteln kontrollieren zu können.

Manche Menschen nehmen zu und können zu jeder Zeit, wie es ihnen paßt, eine Diät machen (und einhalten). Für sie ist es kein großes Problem, weil sie normale Menschen sind. Die können das. Wir können das nicht. Für uns trifft zu: Unserer Eßsucht gegenüber sind wir machtlos.

Es gibt viele Leute, die abnehmen und dann gleich wieder zunehmen. Das ist nicht Ziel dieses Programms. Wir können lernen, wie wir uns selbst akzeptieren und uns mit uns selbst wohlfühlen können. Im Programm steht, daß Gott uns von unserer Eßsucht befreien wird. Wir werden ganz von selbst ab- und nie wieder zunehmen, *aber nicht durch Schlankheitskuren.*

Wenn wir zum Programm kommen, gehen wir davon aus, daß man uns dort beibringt, wie wir abnehmen können. *Aber damit hat das Programm überhaupt nichts zu tun.* Tatsache ist, daß sowohl dicke als auch schlanke Menschen von der Eßsucht betroffen sein können; unsere Krankheit hat nämlich nicht nur eine körperliche Seite. Körperliches Dicksein ist nur eines der Symptome für diese Krankheit, die eine gefühlsmäßige und spirituelle Ursache hat. *Wir sind nicht im Programm, um abzunehmen, sondern um mit dem zwanghaften Essen aufzuhören.* Das ist ein großer Unterschied.

Im Ersten Schritt werden wir aufgefordert, den Kampf um die Kontrolle über alles Äußere aufzugeben. Wenn ich damit aufhöre, durch Wünschen, Hoffen, Drängen, Beschwatzen und Manipulieren alles kontrollieren zu wollen, werde ich frei dafür, mich um mich selbst zu kümmern. Mir wurde gesagt, daß ich durch dieses Loslassen eines Tages in der Lage sein würde, mich mit mir selbst wohlzufühlen. Wenn das der Fall ist, wenn ich glücklich bin, ist es unmöglich, mich zu überessen. Ich bin heute wirklich überzeugt, daß ich nicht aus einem Stück Dreck erschaffen wurde und daß ich mich nicht länger selbst verletzen oder mißbrauchen muß, indem ich irgendwelchen Schrott in meinen Körper hineinstopfe. Ich muß nicht länger unglücklich sein.

Vielleicht sagen jetzt einige, daß das für andere ja zutreffen mag, aber nicht für sie. Du weist vielleicht auf dein unruhiges Leben, auf deine Familie oder deine Arbeit hin. Aber laß dir eindringlich gesagt sein: Deine Schwierigkeiten stammen aus deinem Inneren. Du bist, wer du bist, ob du das akzeptierst oder nicht. Du bekommst, was du willst – für welchen Preis auch immer. Dicksein war unser Preis. Doch das muß nicht länger so sein. Das Programm bietet eine Chance. Für jeden, dem das Abnehmen schwerfällt; und jeder, der wieder zugenommen hat, nachdem er schlank geworden war, kann Erleichterung in diesem Programm finden. Wie von selbst wirst auch du schlank werden.

Wir müssen uns von jenem Teil in uns trennen, der uns einreden will, daß wir nicht gut genug sind und nicht stimmen. Wenn wir erst einmal damit begonnen haben, uns so anzunehmen, wie wir sind – mit unseren Fehlern und Unvollkommenheiten – wird sich unser Leben verändern. Wir können zwar nach Liebe suchen, aber auf Dauer ist die einzig wichtige Liebe die, die wir uns selbst geben. Wenn wir uns selbst lieben, können wir *sein*, wozu wir geschaffen wurden. Wie können wir andere lieben, wenn wir uns in Unwürdigkeit hüllen? Wir müssen damit aufhören, die Launen und Meinungen anderer Leute widerzuspiegeln und müssen einfach wir selbst sein. Wir können weder andere Menschen kontrollieren, noch dürfen wir zulassen, daß sie es mit uns tun.

Dieses Programm ist das genaue Gegenteil von dem, was uns beigebracht worden ist, und das macht es uns so schwer, es zu verstehen und anzuwenden. Wir haben gelernt, stark und diszipliniert zu sein und unseren Willen einzusetzen. Und jetzt wird uns im Ersten Schritt gesagt, wir sollten alles das aufgeben; wir würden *dann* alle unsere Wünsche erfüllt bekommen, wenn wir unsere Kontrolle aufgäben.

Die meiste Zeit unseres Lebens haben wir damit verbracht, alles kontrollieren zu wollen. Wir versuchten, die Zukunft und – was noch lächerlicher ist – die Vergangenheit zu kontrollieren. Wie sollen wir etwas Neues aufnehmen können, wenn wir den Kopf mit vergangenen und zukünftigen Dingen vollhaben? Wie können wir sein, was wir sind, wenn wir versuchen, wie andere Menschen zu sein? Wir sind so sehr damit beschäftigt, uns den Kopf darüber zu zerbrechen, wie die Umstände sein und was die Menschen um uns herum tun oder sagen sollten, daß wir nicht in der Lage sind, im Hier und Jetzt zu leben. Wenn wir sagen, daß wir allem Äußeren gegenüber machtlos sind, und zugeben, daß wir unser Leben nicht mehr meistern können, werden wir zum erstenmal wirklich frei sein.

Wenn ich mit meinen Schwierigkeiten klarkommen will, muß ich an manchen Tagen buchstäblich hundertmal den Ersten Schritt machen. Die einzigen Probleme in meinem Leben sind die, die ich mir selbst aussuche und selbst schaffe, um mich schlechtzufühlen. Wenn ich erkenne, daß ich keinerlei Macht über Menschen, Aufgaben oder Dinge habe, lösen sich meine Schwierigkeiten in Luft auf.

Wenn ein trüber und regnerischer Tag war, dann war es für mich selbstverständlich, daß das ein mieser Tag sein müßte. Inzwischen habe ich herausgefunden, daß das Wetter nichts damit zu tun hat, ob ein Tag gut oder schlecht für mich ist. Früher überließ ich anderen Menschen oder den Umständen die Kontrolle über mein Leben. Das ist heute nicht mehr so. Was andere machen, ist ihre Sache. Ich habe keine Macht über meine Familie, meine Kinder, meinen Arbeitgeber, das Wetter, den Verkehr, über Geld oder über Beziehungen. Ich möchte jeden Tag in seiner ganzen Fülle erleben, weil alles, was ich habe, das Heute ist.

Ich hatte Angst vor dem Leben. Es war schwer für mich, in der Gegenwart zu leben, weil ich wie eine „wandelnde Leiche" war; ich lebte ständig in der Vergangenheit. Viele Menschen tun das. Sie leben wie Aufziehpuppen. Unsere Vergangenheit treibt uns jeden Tag an. Wenn mir Leute sagen, ich erinnere sie an jemanden, dann ist mir das egal, denn ich bin ich. Ich bin nicht derjenige, an den ich andere zu erinnern scheine. Ich kann heute nicht mehr in der Vergangenheit leben.

Im Kapitel über den Ersten Schritt in „Twelve Steps and Twelve Traditions" wird Alkohol (oder, wie in unserem Fall, die Eßsucht) als ein Tyrann bezeichnet, der ein zweischneidiges Schwert über uns schwingt. „Erst wurden wir von dem irrsinnigen Zwang befallen, weiterzutrinken (weiterzuessen), und schließlich würde uns die körperliche Allergie völlig zerstören" (S. 20).

Dies anzuerkennen, war sehr wichtig für mich. Schon beim ersten Lesen wußte ich, daß ich diese Gier in mir hatte (obwohl ich lange Zeit mein Gewicht gehalten hatte) und daß ich mich niemals ändern würde.

Normale Menschen können Schokoladenkuchen, Schokoladenbonbons oder belegte Brötchen essen. Ihr Körper reagiert nicht wie unserer auf diese Nahrungsmittel. Ich habe meinen Körper jedoch viele Jahre lang mißbraucht, so daß ich keinen Kuchen, keine Süßigkeiten und kein belegtes Brötchen mehr essen kann, ohne dabei zuzunehmen. Ob das eine Allergie ist, an meiner Veranlagung oder an der Vererbung liegt, weiß ich nicht. Im Grunde genommen spielt es auch keine Rolle. So bin ich. Das ist der springende Punkt: Nichts wird jemals die Wirkung dieser Nahrungsmittel auf meinen Körper verändern können. Sie beeinflussen mein Gehirn, meine Denkvorgänge – und ich werde dick davon. Ich möchte nicht dick sein, weil es unbequem und ungesund ist. Seit ich weiß, daß ich diesen Einfluß auf meinen Körper nicht verhindern kann, und seit ich nicht mehr dick sein will, ist mir klar, daß ich bestimmte Nahrungsmittel nicht mehr essen kann. So ist das nun einmal, und ich akzeptiere diese Tatsache.

Es kann uns unfair vorkommen, daß wir nicht mehr wie bisher essen können. Aber das ist so, als wenn wir sagen würden, es sei unfair, schwarze Haare zu haben. Als ich Kind war, wollte ich immer so aussehen wie die anderen Kinder aus unserem Haus, die Stupsnasen, Sommersprossen, blaue Augen und blonde Haare hatten. Ich war das dicke, braunäugige Kind mit schwarzen Haaren. Viele Jahre lang hätte ich fast alles dafür getan, wie diese anderen Kinder zu sein – aber keine Macht der Welt konnte mir blonde

Haare und blaue Augen verschaffen. Damals war das ein fürchterliches Problem für mich, heute ist das nicht mehr so. Ich bin, wie ich bin – und ich nehme mich so an. Sicher, ich möchte gern alles essen können, was ich will. Ich möchte Schokoladenkuchen, Bonbons oder belegte Brötchen im Restaurant bestellen können – am liebsten alles auf einmal. Aber so ist es nun einmal nicht.

Wir müssen den Unterschied zwischen Tatsachen und Problemen begreifen. Tatsachen, die uns betreffen, werden zu Problemen, wenn wir uns vormachen, daß sie keine Tatsachen seien. Wenn ich schwarze Haare und braune Augen habe, wird dies nur dann zu einem Problem für mich, wenn ich mir vormache, ich hätte schöne, blonde Haare und blaue Augen. Aber genau das tun wir, wenn wir darauf bestehen, wir könnten wie andere Menschen essen und behaupten: „Ich brauche doch bloß eine Diät zu machen, um wieder abzunehmen. Danach werde ich Pizza essen können, ohne wieder zuzunehmen." Ich erzählte der ganzen Welt, daß ich wie alle anderen Menschen wäre und essen könnte, was ich wollte. Ich war allerdings der einzige, der mir diese Lügen abkaufte; jeder außer mir schien die Wahrheit zu wissen.

Heute weiß ich, daß alles zu mir paßt, so, wie es ist: Ich habe ein bestimmtes Alter, eine bestimmte Größe, ein bestimmtes Gewicht und eine bestimmte Veranlagung. Ich entscheide mich heute dafür, ich selbst zu sein, ganz gleich, ob ich dick oder schlank bin.

Durch den Ersten Schritt können wir erkennen, wer wir sind, und anerkennen, daß wir niemals anders sein werden. Bevor ich diesen Schritt wirklich tat, hatte ich immer noch eine kleine Hoffnung im Hinterkopf, daß sich mein Körper auf irgendeine Weise verändern und ich ein Mensch wie alle anderen würde. Ich machte mir immer noch vor, heute ein klein wenig lügen und ein klein wenig mehr essen zu können.

Jemand sagte mir einmal: „Ich esse zwar nicht viel, aber es ist für mich in Ordnung, ab und zu Marihuana zu rauchen." Nun gut, für *mich* ist es nicht in Ordnung, immer das zu tun, was ich will. In meinem Programm leben, heißt für mich, angemessen mit meinem Leben umzugehen; das heißt, ich lüge nicht, betrüge nicht, stehle nicht, fahre nicht wie früher Auto und verstoße nicht gegen die Gesetze. Ich muß rund um die Uhr im Programm leben – nicht, weil ich perfekt bin, sondern weil es nur so für mich seine Wirkung entfaltet.

Anfangs habe ich das Programm lediglich wie eine andere Diät benutzt. Ich machte Gott zu meinem Essenssponsor, um einmal mehr mein Eßverhalten zu kontrollieren. Ein Eßplan ist nichts anderes als ein weiterer Versuch, Macht über mein Leben zu gewinnen. Wenn ich mich mächtig fühle, ist kein Platz mehr für Gottes Macht. Wir haben versucht, Schlankheitskuren zu machen. Aber im Ersten Schritt steht klipp und klar, daß wir keine Macht in diesem Bereich haben. Wir müssen mit dem Überessen schon aufhören, *bevor* wir überhaupt anfangen – denn wenn wir erst einmal damit begonnen haben, sind wir dieser kranken Gier gegenüber machtlos. Gott hat mich von dem Bedürfnis nach Kontrolle über mein Eßverhalten befreit, indem er dieses krankhafte Verlangen von mir genommen hat.

Im Programm steht, daß wir von selbst abnehmen. Das heißt, wir brauchen keine starre Disziplin. Ich kann nicht diszipliniert sein, und es widerstrebt mir auch. Es ist wichtig, daß ich alle Disziplinierungsversuche aufgebe und Gott für mich sorgen lasse. Sobald wir den Ersten Schritt tun, steht Gott uns bei.

Ich habe eine ganze Bibliothek voller interessanter Diätbücher. Früher war ich davon überzeugt, in einem von ihnen das entscheidende Wort und jene Eingebung zu finden, wodurch ich dann abnehmen könnte. Diese Wirkung hatten die Bücher immer – etwa einen Monat lang erzählte ich überall davon; aber schlußendlich nahm ich wieder zu. Diese ganzen Diäten zeitigen wahrscheinlich wirklich ihre Früchte – aber was machst du, wenn du keine machen willst? Du kannst mir von der tollsten Schlankheitskur erzählen. Für mich hat sie keinen Sinn; ich kann sie nicht durchhalten.

Mir war immer schon klar, daß es besser für mich gewesen wäre, bestimmte Nahrungsmittel nicht zu essen; aber ich wußte einfach nicht, wie ich das anstellen sollte, sie *nicht* zu essen. Die Zuwendung anderer Menschen half mir auch nicht dabei, mit dem Essen aufzuhören. Wenn ich zur Arbeit ging und mit der harten Realität konfrontiert war, war niemand mehr da, der meine

Hand hielt. Keiner von ihnen war da, wenn sich meine Probleme vor mir auftürmten, wenn ich überhaupt nicht mit ihnen umgehen konnte und etwas essen wollte. Es gab nichts in mir, was mich von diesem Wunsch hätte befreien können.

Wir sind alle sicher, daß wir normal sein wollen; wir beteuern immer wieder, daß wir das seien. Aber in Wirklichkeit haben wir Angst davor. Wir fürchten uns davor, ein Leben wie jeder Durchschnittsbürger zu haben: acht Stunden arbeiten, den Haushalt versorgen, durchschnittliche Noten in der Ausbildung bekommen. Das ist nichts für uns! Wir wollen Aufmerksamkeit; und ein dicker Mensch wird eher von anderen bemerkt als ein durchschnittlich aussehender Mensch. Niemand würde Notiz von uns nehmen, wenn wir nicht dick wären – und davor haben wir Angst. Und wir behaupten, wir wollten abnehmen!

Durch das Programm lernen wir, daß wir wie andere und doch einmalig sind. Aus diesem Bewußtsein heraus entsteht ein Gefühl der Wärme und des Glücks. Du weißt, daß es nur einen Menschen wie dich gibt – aber du mußt es keinem beweisen. Bisher hatten wir jedem zu zeigen versucht, daß wir etwas Besonderes sind: „Hey, hier bin ich, hier bin ich! Sieh mich an, wie schlecht ich bin! Sieh doch, wie großartig ich bin!"

Ich muß nicht mehr ständig beachtet werden. Es ist eher so, daß ich anderen in jeder Hinsicht den Vorrang lasse. Wenn auf der Autobahn jemand einscheren will, soll er es tun – wieso sollte ich deswegen ärgerlich sein? Wenn ich einkaufe und jemand hat es so eilig, daß er vorgelassen werden möchte, dann lasse ich ihn vor. Andere können mir jederzeit voraus sein, ich *lasse* den Vortritt. Wenn wir miteinander diskutieren, und du willst unbedingt rechthaben, dann kannst du es meinetwegen gern haben. Ich ärgere mich nicht, wenn ich dich gewinnen lasse. Ich habe keine Lust mehr zu diskutieren. Meine Lieblingssätze sind: „Na und?" und: „Ich lasse dir den Vortritt." Diese Haltung sollten wir anstreben.

Ich hielt mich für einen Gewinner, weil ich Geld und Ansehen hatte. In Wirklichkeit aber war ich ein Verlierer. Alles, was ich tat, ging schief. Ich war ein Verlierer, weil ich mich fühlte wie ein Verlierer. Du bist, wie du dich fühlst. Ich fühlte mich in allem wie ein Verlierer, und so sah ich auch aus. Meine Freunde waren Verlierer, meine Familienangehörigen waren Verlierer, und die Arbeit, die ich machte, paßte auch dazu. Ich habe unglaublich viel Zeit damit verbracht, anderen zu beweisen, daß ich der Beste oder der Schlechteste war. Heute muß ich das nicht mehr, und damit ist eine ungeheure Last von mir genommen.

Ich fühle mich mit mir und meiner Arbeit wirklich wohl, und die Leute, mit denen ich zusammenarbeite, bestätigen mir, daß ich mich geändert habe. Ich arbeite zuverlässiger, weil ich selbst zuverlässiger bin. Das alles konnte jedoch erst geschehen, nachdem ich bereit war, mich ohne Vorbehalte dem Programm auszusetzen.

Beobachte einmal Kinder: Sie rennen herum und haben ihren Spaß, wenn sie mit sich selbst im Einklang sind. Sie sind glücklich und nicht dick, denn glückliche Kinder werden nicht dick. Glückliche Kinder lügen nicht, sie stehlen und betrügen nicht und schlagen auch keine anderen Kinder. Sie spielen einfach nur und freuen sich ihres Lebens; sie fühlen sich wohl mit sich selbst. Wir essen süchtig, um uns weiter schlechtfühlen zu können – das ist der Nutzen, den wir aus der Zwanghaftigkeit ziehen. Wenn wir diesen Preis nicht wollten, würden wir nicht süchtig essen.

Durch das Programm wird uns klar, wie verhängnisvoll unsere Situation ist. Wir müssen erkennen, daß uns diese Krankheit genauso tötet, wie der Alkoholismus den Alkoholiker. Solange wir das nicht anerkennen, wird das Programm bei uns nicht seine Wirkung entfalten können. Mein Problem war meine Besessenheit, mit der ich mich auf Nahrung konzentrierte; es hätte genausogut irgend etwas anderes sein können. Ich konnte weder mit dem Essen aufhören noch damit, mich oder andere zu verletzen oder depressiv oder wütend zu sein. Andere sagten mir, wie schrecklich ich mich verhielt, und doch konnte ich nicht damit aufhören. Heute kann ich es verstehen, wenn jemand sagt: „Ich kann nicht aufhören."

Das erste, was wir machen müssen, wenn wir an das Programm herangehen, ist, unseren Schmerz einzugestehen und anzuerkennen, daß wir unserer Eßsucht gegenüber machtlos sind. Wir müssen wahrnehmen, daß wir unser Leben nicht mehr meistern können. Die *Bereitschaft*, den Ersten Schritt von nun an zu einem Teil unseres Lebens werden zu lassen, ist keine Last. Sie *befreit uns von unserer selbstgewählten Sklaverei.*

Zweiter Schritt

*Wir kamen zu dem Glauben, daß eine Macht,
größer als wir selbst, uns unsere geistige Gesundheit
wiedergeben kann.*

Dieser Schritt hat eine große Veränderung in meinem Leben bewirkt. Ich fragte mich: „Was hat es mit dieser Wiederherstellung der geistigen Gesundheit auf sich?" Das Programm fordert uns zunächst auf, unser Problem zuzugeben, und verspricht, Gott werde uns dann unsere geistige Gesundheit zurückgeben. Es ist nicht leicht, diesen Gedanken zu begreifen oder an seine Richtigkeit zu glauben. Es gibt Leute in diesem Programm, die behaupten, ich würde Unsinn erzählen. Sie sagen etwa: „Hör' nicht auf Bill. Er meint, er sei von seinem Zwang befreit, mit anderen Worten, er sei gesund." Sie beharren darauf, daß wir nicht gesund sein könnten, „denn wir sind wahnsinnig!"

Nun gut, wovon handelt der Zweite Schritt? Er handelt davon, daß Gott uns geistige Gesundheit wiedergeben wird, wenn wir dazu bereit sind. Gott *wird* unsere geistige Gesundheit wiederherstellen. Wenn du niemals an irgend etwas geglaubt hast – *das* solltest du glauben. Im Big Book wird dir – genau wie mir – versprochen, daß Gott den Zwang von dir nehmen wird. Du brauchst deine Sucht nicht mehr.

Als ich einmal die Frage, ob ich in den letzten Jahren zwanghaft gegessen hätte, mit „nein" beantwortete, bekam ich zur Antwort: „Also, was mich betrifft – ich will immer noch Eis essen." Das ist ganz normal. Die meisten Menschen haben Lust auf Eis oder auf das eine oder andere Nahrungsmittel. Na und?

Wir glorifizieren unsere Krankheit. „Ich bin eßsüchtig" sagen wir; und damit haben wir ein Etikett gefunden, das alle unsere früheren Verrücktheiten erklärt. Wir lieben es, krank zu sein – bis zu dem Tag, an dem wir sehen, wo wir stehen, und kapitulieren: „Ich halte es nicht mehr aus, ich will nicht mehr."

Ich habe diesen Punkt in meinem Leben erreicht, und ich

wollte es nicht mehr aushalten. Durch andere Menschen hatte ich vom Programm erfahren. Zwar gefiel mir nicht alles, was ich hörte, aber ich hatte keine andere Wahl mehr. Heute weiß ich, daß es keine Rolle spielt, ob mir das, was ich höre, angenehm ist, denn ich habe gelernt, daß stimmt, was im Programm steht. Wenn du verrückt bleiben willst und dieses Programm wie eine Diät benutzt, hoffe ich nur, daß es bei dir klappt. Ich möchte nicht auf dieser Ebene mit dem Programm arbeiten, ich möchte etwas anderes. Ich möchte mehr, als den Rest meines Lebens wie ein Wahnsinniger zu verbringen. Wenn es einen Gott gibt, kann ich nicht glauben, daß er will, daß ich unglücklich bin oder daß ich meine Eßsucht auslebe.

Nachdem ich seit Jahren in diesem Programm lebe, weiß ich: Die Welt um mich herum hat sich nicht verändert. Noch immer werde ich belogen, noch immer verliere ich Dinge, und noch immer habe ich Probleme. Aber irgendwie überstehe ich nun all das und fühle mich besser als je zuvor. Natürlich habe ich immer noch gute und schlechte Tage, manchmal bin ich depressiv und habe Groll in mir, manchmal werde ich auch wütend. Aber all das dauert nicht lange, und ich lebe diese Gefühle nur selten aus. Heute rufe ich meinen Sponsor an: „Du, ich hatte heute einen furchtbaren Tag. Ich habe eine Beule in mein Auto gefahren und meine Brieftasche verloren, aber ich hab's überstanden." Wenn früher die Dinge nicht so liefen, wie ich wollte, wurde ich wütend. Doch das war nur eine faule Ausrede. Ich wußte alles zu rechtfertigen, was ich tat, und wie ich allem und jedem die Schuld für meine Gefühle geben konnte. Ich beharrte darauf, daß ich immer nur aß, weil andere mich dazu veranlaßt hatten: „Wenn du das nicht getan hättest, müßte ich nicht essen! Wenn du das nicht getan hättest, wäre ich jetzt nicht wütend! Ich bin nur deinetwegen deprimiert!" Heute weiß ich, daß wir uns einen derart selbstgerechten Zorn und auch Groll nicht leisten können. Das Wichtigste aber: Wir *müssen* das auch nicht haben!

Gefühlsmäßig haben die meisten Eßsüchtigen ihr Leben in der Gosse verbracht. Wenn wir zu diesem Programm kommen und 50 kg abnehmen, dann liegen wir nicht mehr in der Gosse, dann stehen wir auf dem Bürgersteig. Von dort aus scheint die Gosse

Millionen von Kilometern entfernt zu sein, obwohl sie nur einen Schritt weit weg ist. Wenn ich dann daherkomme und die Leute frage, ob sie nicht mit mir zum Penthouse hinaufgehen wollen, sagen sie: „Bring' mich hier auf dem Bürgersteig nicht in Gefahr, Bill. Du gefährdest mein Programm. Du weißt, daß du blödes Zeugs erzählst. Du machst mir Angst. Ich will nicht versuchen, auf meinen eigenen Beinen zu stehen, weil ich dann wieder in der Gosse landen könnte."

Aber genau das mußt du riskieren! Ich war bereit dazu, genauso wie andere, die nicht bloß von der Gosse auf den Bürgersteig und dabei verrückt bleiben wollten, sondern die auch in die Dachterrassenwohnung wollen. Ich sag' dir eins: Wir sind dazu berechtigt! Ich bin berechtigt, dort oben zu sein! Da will ich hin! Und ich arbeite jeden Tag daran, nur für heute. Ich bin eßsüchtig, ich habe diese schreckliche Krankheit, aber ich möchte aufrecht gehen wie ein Mensch. Ich entscheide mich dafür, ins Meeting zu gehen und in den Schritten zu arbeiten, weil ich dort Unterstützung finde. *Wenn du in diesem Programm lebst, wirst du ohne Sucht leben können!*

Es gibt Leute, die im Programm arbeiten und nie wieder einen Rückfall haben, die nie wieder zunehmen. Sie haben sich vollständig vom zwanghaften Essen gelöst. Der Kühlschrank summt nicht mehr ständig in ihren Ohren; sie machen sich keine Sorgen mehr darum, was und wieviel sie essen. Seit meinem ersten Tag im Programm beschäftige ich mich nicht mehr mit dem Essen. Doch wenn jemand anderes eine Schlankheitskur machen will, soll er es ruhig tun. Das macht nichts, denn wenn wir im Programm arbeiten, geschieht ohnehin alles Weitere von selbst.

Neue fragen: „Weshalb macht man das so?", und ich antworte ihnen: „Gott wird deine geistige Gesundheit wiederherstellen – deshalb. Deine geistige Gesundheit kann allerdings nicht wiederhergestellt werden, wenn du nicht die Tatsache hinnimmst, daß du geistig *nicht* gesund bist – allerdings kannst du auch wieder gehen, wenn du meinst, daß das nicht stimmt. Du mußt nicht dableiben, denn der Sinn des Programms ist es, deine geistige Gesundheit *wieder*herzustellen."

Geistige Gesundheit bedeutet für mich, daß ich fähig bin, mein

Leben zu leben und zu genießen, ohne mir um Essen, Menschen oder Situationen Sorgen zu machen; ohne mich wegen irgendwelcher Dinge zu beunruhigen, nach ihnen zu gieren oder sonstwie einer Sache um mich herum die Kontrolle über mich zu geben. Geistige Gesundheit bedeutet für mich auch, normal zu essen – nicht mittels Disziplin, sondern weil ich mich so akzeptiere, wie ich bin. Geistig gesund sein heißt, Beziehungen zu haben, *obwohl* ich Angst davor habe; bereit sein, etwas zu riskieren und mein eigenes Leben zu führen, nicht das eines anderen Menschen; eher in der Gegenwart als in der Vergangenheit zu leben; mein Leben selbst in die Hand zu nehmen und nicht den Erwartungen anderer entsprechen zu wollen. Ohne es zu wissen, war geistige Gesundheit immer das gewesen, was ich mir gewünscht hatte.

Allerdings reden die Leute im Meeting mehr über Diäten als über geistige Gesundheit; die Gespräche drehen sich manchmal wirklich ausschließlich um *Krankheit*. Einige sagen sogar: „Ich danke Gott für meine Krankheit; ich danke Gott, daß ich eßsüchtig bin, weil ich sonst niemals zu diesem Programm gekommen wäre." Das mag stimmen, aber wenn ich das ohne die Qualen des zwanghaften Überessens, der Schuld, der Abhängigkeit und all dem anderen, was mit der Eßsucht einhergeht, hätte haben können ... nun, das wäre toll gewesen.

Als ich einmal in einem OA-Meeting sprach, fragte mich ein älterer Herr, der zum ersten Mal überhaupt in einem Meeting war, wie lange ich im Programm sei. Zu dieser Zeit waren es fünf Jahre. „Und du gehst immer noch in Meetings?" fragte er mich. „Ja" erwiderte ich ihm. „Wie oft?" „Nun, ein paarmal pro Woche." „Warum brauchst du denn solch eine Krücke?" „Ja, weißt du, nimm zum Beispiel meine Reise hierher. Ich lebe in Kalifornien und bin nach New York gekommen, um hier zu sprechen. Statt zu fliegen hätte ich auch laufen können, aber es war wesentlich einfacher zu fliegen."

Ich muß nicht in Meetings gehen. Ich muß meinen Sponsor nicht anrufen. Ich muß das Big Book nicht lesen. Aber alle diese Dinge machen mein Leben um einiges leichter. Wenn du schlecht siehst, kommst du mit einer Brille besser zurecht. Wir machen uns das Leben gern selbst schwer, nicht wahr? Es muß nicht so sein – Gott kann uns unsere geistige Gesundheit wiedergeben.

Gott hielt es für angebracht, mir etwas zu geben, was ich das Pinocchio-Syndrom nenne. Du erinnerst dich an Pinocchio – immer, wenn er log, wuchs seine Nase. Jedesmal, wenn ich eine *Lüge lebte, wuchs mein Körper*. Immer, wenn ich aufhöre, in diesem Programm zu arbeiten, wache ich morgens auf und *fühle mich dick*. Das hat nichts mit dem zu tun, was ich *gegessen* habe; es hat vielmehr damit zu tun, was in meinem Kopf vorgeht und an welchem Schritt ich am Tag vorher nicht gearbeitet habe. Wenn ich nicht im Programm lebe, fange ich an, mich dick und unwohl zu fühlen, und der Teufelskreis beginnt von vorn.

Im Zweiten Schritt wird uns das erste direkte Versprechen des Programms gegeben: Wenn wir uns dafür entscheiden, kann und wird Gott unsere geistige Gesundheit wiederherstellen. Das ist wichtig, denn welchen Sinn hätte es, im Programm zu arbeiten, wenn es keine Hoffnung machen würde? Gott gibt uns die geistige Gesundheit zurück, indem er das Verlangen nach Nahrung von uns nimmt – unsere Gier ist weg. Der Trinker, dessen Verlangen nach Alkohol von ihm genommen wurde, hat nichts dazu getan; Gott nahm die Gier von ihm und stellte seine geistige Gesundheit wieder her. Genau diese Art von Gesundsein möchte ich. Ich bin davon überzeugt, daß eine Macht, größer als ich selbst, meine geistige Gesundheit wiederherstellen kann und wird – und das auch tatsächlich getan *hat*. So ist es – und kann es auch für dich sein. Wenn du noch immer das Verlangen und die Sucht spürst, hast du noch nicht das bekommen, was das Programm verspricht; und wenn du das nicht bekommst, bist du zu kurz gekommen.

Der Zweite Schritt ist ein Schritt des Vertrauens. Wir müssen zum Glauben kommen. Ich sage *müssen*, weil wir nicht das bekommen werden, was uns das Programm in Aussicht stellt, wenn wir keinen Glauben haben. Das Programm verlangt nicht, daß wir irgend etwas tun. Die Zwölf Schritte sind Vorschläge, keine Forderungen – du brauchst aber Vertrauen, damit sie wirksam werden können und damit du daran glauben kannst, daß Gott unsere geistige Gesundheit wiederherstellen wird.

Vielleicht findest du es schwer, den Zweiten Schritt „in einem

Rutsch" zu vollziehen. Das ist in Ordnung. Zurückblickend kann ich feststellen, daß ich mir die Schritte ebenfalls stückweise angeeignet habe. Alles, was du in diesem Programm wirklich brauchst, ist der aufrichtige Wunsch, mit dem zwanghaften Essen aufzuhören, und Aufgeschlossenheit. Du brauchst über die Schritte nicht zu diskutieren – probiere sie einfach aus und sieh dir an, wie sie bei dir wirken.

In „Twelve Steps and Twelve Traditions" (S. 33) lesen wir folgendes:

Der Zweite Schritt ist für uns der gemeinsame Punkt. Ob Agnostiker, Atheist oder jemand, der seinen Glauben verloren hat – diesen Schritt können wir alle zusammen gehen. Wahre Demut und ein offener Geist können uns zum Glauben führen, und jedes Meeting ist eine Bestätigung für uns, daß Gott uns unsere geistige Gesundheit wiedergeben wird, wenn wir uns – ganz zu Recht – mit ihm verbinden.

Das ist das Versprechen des Programms: Gott wird das Verlangen von uns nehmen, wenn wir uns jetzt in der richtigen Weise mit ihm verbinden.

Wenn ihr ganz tief in eure Seele hineinschauen könntet und ehrlich mit euch wäret, bin ich sicher, daß einige von euch vielleicht sagen würden: „Ich höre, was er sagt, aber ich glaube einfach nicht daran, daß es eine solche Höhere Kraft gibt, die meinen Hunger wie von selbst von mir nimmt. Das glaube ich wirklich nicht." *Solange du nicht bereit bist zu glauben,* wird dieses Programm nicht mehr als ein Diätclub für dich sein. Du mußt genug gelitten haben, um zu sagen: „Ich weiß nicht, ob es stimmt oder nicht, aber ich bin *bereit*, es für möglich zu halten." Du mußt es glauben *wollen,* dann hast du den Zweiten Schritt gemacht.

Jahrelang ging ich in die Meetings und habe mir angehört, wie das Programm wirkt, und doch nahm ich es lange Zeit nicht *wirklich* wahr. Heute werde ich nicht müde zuzuhören. Ich glaube, daß Gott durch Menschen zu uns spricht. Ich hatte Menschen gehört, wenn sie über den Zweiten Schritt redeten, aber ich hatte nie wirklich aufgenommen, wenn sie sagten: „Wir kamen zu dem Glauben, daß eine Macht, größer als wir selbst, uns unsere geistige Gesundheit wiedergeben kann." Ich wollte mir wohl lange Zeit nicht eingestehen, daß mein Umgang mit Nahrungsmitteln geistig krank war. Um meine geistige Gesundheit wiederzuerlangen, mußte ich anerkennen, daß ich verrückt war.

Als ich das schließlich tat, wurde ich regelrecht depressiv. Ich sagte mir: „Mein Gott, in bezug aufs Essen bin ich geistig krank, ich komme mit meinem Leben nicht mehr klar." An diesem Punkt setzt der Zweite Schritt ein: Ich erhielt das Versprechen, daß eine Kraft, größer als ich selbst, meine *geistige Gesundheit* wiederherstellen würde, wenn ich meinen *Wahnsinn* anerkenne.

Wir intellektualisieren, wir versuchen, alles zu berechnen. „Warum sagt er das alles, und wer ist er denn überhaupt, daß er so redet?" Alles, was ich weiß, ist, daß das Programm bei mir wirkt – und bei ein paar Millionen anderer Alkoholiker und Eßsüchtiger auch. Bist du so einzigartig, daß es bei dir nicht klappt? Statt zu versuchen, die Gründe aufzuzählen, warum es bei dir nicht funktioniert, probiere es doch aus! Wir müssen offen bleiben, und das geht nur über Schmerzen. Wenn wir genug gelitten haben, machen wir den Ersten Schritt und können dann zum Zweiten weitergehen. Es ist zunächst wichtig, anzuerkennen, daß wir eine Krankheit haben, die Körper, Geist und Seele erfaßt hat.

Diese Schritte sind perfekt angeordnet. Zuerst ziehen sie uns den Boden unter den Füßen weg, und dann geben sie uns den Halt zurück. Und das ist nur der Anfang.

Ich hatte in der Schule nie das Fach „Glück". Zwar wurde ich in Geschichte und Erdkunde unterrichtet, nicht aber darin, wie man glücklich ist. Ich wußte buchstäblich nicht, wie das geht. Genausowenig wußte ich, was zu tun ist, wenn ich dünn bin. Ich war nie schlank gewesen, und niemand hatte mich „in Sachen Dünnsein" angeleitet: Wie ziehe ich mich an, wenn ich schlank bin? Wie sehe ich aus, und wie verhalte ich mich? Alles das wußte ich nicht. Hast du schon mal korpulente Leute beobachtet, wenn sie sich hinsetzen? – Sie plumpsen auf einen Stuhl. Schlanke Menschen sitzen anders, nämlich aufrecht; sie haben einen gewissen Stil, der auch wahrnehmbar ist. Kennst du die Eßgewohnheiten von schlanken Menschen? Was für uns eine Diät ist, ist für sie normal! Hast du schon mal mit einem schlanken Menschen gesprochen, der gerade aß? Er legt sein Besteck zur Seite und spricht mit dir! Ich hätte nie essen und mich gleichzeitig unterhalten können! Ich konnte keine zwei Dinge auf einmal tun, und meine Mahlzeiten hatten selbstverständlich Vorrang vor allem anderen. Wenn ich mich mit jemandem zum Essen traf, hatte ich vorher schon gegessen – sonst hätte ich mich nicht auf das Zusammensein konzentrieren können. Niemand wußte, daß ich schon gegessen hatte. Ich mußte auch immer alles restlos aufessen – schließlich bezahlte ich dafür. Gott hatte mir verboten, Nahrungsmittel verkommen zu lassen.

Mein Büro liegt im 26. Stock eines Hochhauses. Von dort aus hat man einen guten Überblick über die anderen Gebäude in dieser Gegend. Leute, die ich sponsere, besuchen mich manchmal dort. Ich bitte sie, einen Blick zum Fenster hinauszuwerfen und die vorübergehenden Menschen aufgrund ihrer Gangart in Gewinner und Verlierer einzuteilen. Unser Selbstwertgefühl durchdringt unser Leben. Wir sind nicht nur Verlierer, weil wir dick sind, sondern in allem, was wir tun – und das ist sichtbar. Das Verrückte ist, daß das nicht so sein muß! Wir können uns nicht vorstellen, daß es anders sein könnte, und deshalb kaufen wir uns das selbst ab. Ich hatte keine Ahnung, daß es überhaupt einen anderen Weg gibt. Vom Verstand her wußte ich, daß es schlanke Leute gab, die glücklich waren; aber innerlich hätte ich nie geglaubt, daß es eine Macht gibt, größer als ich, die auch *mir* meine geistige Gesundheit wiedergeben könnte.

Ein großer Philosoph faßte seine Lebensweisheit einmal so zusammen: „Ich sehe mir die Welt um mich herum an, und was gut ist, übernehme ich." Eines Nachts wachte ich auf und dachte: „Warum mache ich das nicht genauso?" Ich weiß, was eine glückliche Beziehung ausmacht. Warum sehe ich mir nicht die Menschen an, die eine glückliche Beziehung haben, und mache es so wie sie? Wenn ich dünn sein möchte, muß ich mir dünne Menschen ansehen und beobachten, wie sie wirklich leben und es ihnen nachmachen.

Manchmal sagen Leute: „Ich möchte mich nicht verändern, weil ich dann meine Spontaneität verliere und nicht mehr so umgänglich bin." Wir haben immer Angst davor, etwas zu verlieren, wenn wir uns verändern. Das einzige, was ich dabei verloren habe, waren mein Gewicht und meinen Wahnsinn; ich habe nie etwas *wirklich* Wertvolles verloren. Im Gegenteil: Das meiste, was ich verloren habe, hätte ich besser schon viel früher verloren.

Wir glauben immer, etwas *tun* zu müssen, um Gott in unserem Leben einen Platz zu geben. Viele Leute – und ich gehörte dazu – reden eine Menge über Gott und eine Höhere Macht, aber es sind nur Lippenbekenntnisse. Je mehr ich redete, um so weniger klappte etwas. Die Qualität des Vertrauens ist wichtiger als die Quantität. Je mehr ich einfach nur bereit war zu glauben, um so mehr geschah.

Das Programm setzt einen dreifachen Prozeß in Gang: Zuerst verstehst du, daß du bezüglich Essen und anderer Dinge wahnsinnig bist. Dann bekommst du allmählich Vertrauen, daß Gott dich wieder heilen wird, und schließlich lernst du durch zehn weitere Schritte, wie du eine Beziehung zu Gott leben kannst.

Heute weiß ich, daß dies ein geistiges Programm ist, das für mich ausschließlich durch die Gnade Gottes wirkt. Ich kenne eine Menge Leute, die aus dem Programm ganz andere Sachen für sich herausziehen. Das war für mich lange Jahre auch so. Ich habe das Programm mit meiner *Willenskraft* erarbeitet. *Doch es ist ein spirituelles Programm, und ich glaube, daß es nicht lohnt, über irgend etwas anderes zu reden.* Irgendwo steht im Big Book: „Darum geht es hier – um eine Höhere Kraft."

Durch dieses Programm habe ich gelernt, daß es bestimmte Dinge gibt, die ich nicht allein tun kann, wo meine menschliche Kraft versagt. Nur Gott kann für mich tun, was ich allein nicht tun konnte und/oder wollte. Das, was der Zweite Schritt verspricht, ist zu meiner Überzeugung geworden: Eine Höhere Macht kann mich heilen.

Dritter Schritt

Wir trafen die Entscheidung, unseren Willen und unser Leben der Sorge Gottes – wie wir Gott verstanden – anzuvertrauen.

Es ist mir sehr schwergefallen, mir eine neue Vorstellung von Gott zu machen. Ich dachte immer noch, Gott säße im Himmel, hätte einen großen Bart und würde mit erhobenem Zeigefinger auf mich deuten: „Du böses Kind!" So war mein Verständnis von Gott.

Als ich zum Programm kam, probierte ich verschiedene Vorstellungen aus. Zunächst aber mußte ich willens und offen sein: „Gut, ich glaube zwar nicht, daß es einen Gott gibt; sollte es aber doch so sein, dann wäre das toll. Zeigt ihn mir, ich bin bereit dafür." Ich hatte viele Zweifel, aber ich war bereitwillig und offen. Seitdem hat Gott sich mir oft auf seltsame Weise zu erkennen gegeben – und mein Gottesbild hat sich verändert.

Ich habe einen praktischen Weg gefunden, mir eine Vorstellung von Gott zu machen. Es ist ein einfacher Weg, der offensichtlich auch bei anderen Menschen seine Wirkung tut. Zuerst überlegte ich mir, welche Art Gott ich gerne hätte, *wenn* es wirklich einen gäbe. Dann wurde ich bereit, ihn anzuerkennen und für mich sorgen zu lassen.

An einem Freitag kam eine Frau, die ich sponsere, zu mir und meinte: „Alles klappt unglaublich gut in meinem Leben, außer die Sache mit Gott. Ich habe das Bild dieses schrecklichen, strafenden Gottes in mir, und das tut mir nicht gut." „Du kannst dir deinen Gott aussuchen" erwiderte ich. „Wie soll der Gott deiner Träume aussehen? Denk' einmal kurz darüber nach." Nach einer Weile lächelte sie. „Ich wünsche mir einen Gott wie die gute Fee aus dem Märchen ‚Der Zauberer von Oz', die mit dem Glitzer und dem Zauberstab."

Das gefiel mir sehr gut. Wer kann schon sagen, wie Gott aussieht? Schließlich haben wir alle nur Vorstellungen von ihm. Vielleicht ist Gott eine Frau oder ein kleiner Junge. Für diese Frau war Gott eben eine gute Fee mit Glitzer und einem Zauberstab. Ich schlug ihr vor, kurz die Augen zu schließen und sich vorzustellen, was ihr Gott zu ihr sagen würde. Nach kurzer Zeit meinte sie: „Du bist o.k. Du hast zwar gestern zuviel gegessen, aber mach' dir darüber keine Sorgen, es wird auch für dich gut sein. Du bist ein wundervoller Mensch." Daraufhin riet ich ihr: „Das ist eine wohltuende Vorstellung! Nimm sie mit ins Wochenende und schau', wie es dir damit geht. Wenn du ein Problem hast und darüber mit Gott sprechen willst, stell' ihn dir genauso vor und wende dich an ihn."

Am Montag rief sie mich an und erzählte, sie habe ein unglaublich schönes Wochenende verlebt. Mit jedem Problem hatte sie sich an ihren Gott gewandt, und es hatte wirklich funktioniert. Ich *weiß* nicht, ob es Gott gibt, das *weiß* niemand – es sei denn, er glaubt an ihn. Tu das – und er existiert. Probiere es aus. Es klappt.

Mein Gott sieht etwas anders aus als der dieser Frau. Auf einer meiner Schultern sitzt ein kleiner Gott, der einen Heiligenschein hat und aussieht wie ich. Dieser Gott sagt zu mir: „Mach' dir keine Sorgen, Bill, alles wird gut. Auch wenn du etwas Falsches tust, ich liebe dich trotzdem." Wenn ich ein Problem habe, vertraue ich mich diesem Gott an, der mir dann folgendes rät: „Du hast mehrere Möglichkeiten, Bill. Mit der einen wirst du dich vorübergehend wohlfühlen, aber der Preis, den du langfristig dafür zahlen mußt, ist zu hoch. Die andere Möglichkeit ist zunächst unbequem, weil es dir schwerfällt, dir etwas Gutes zu tun; aber langfristig wird es dir damit bessergehen. Warum willst du dich schlechtfühlen?" Wenn ich mich dennoch dafür entscheide, mich schlechtzufühlen, sagt mein Gott nie zu mir: „Siehst du, ich hab's dir doch gesagt!" Statt dessen muntert er mich auf: „So machen wir es aber nicht noch einmal, nicht wahr?"

Auf der anderen Schulter sitzt ein anderes Abbild von mir, nur mit dem Unterschied, daß es einen langen Schweif und spitze Ohren hat und eine Mistgabel trägt. Dieser kleine Teufel flüstert mir ins Ohr: „Mach's ruhig, Bill. Nimm einen Bissen davon. Du kannst auch mit 120 Sachen über die Landstraße brausen, mach' dir keine Sorgen darüber. Diesmal kommst du ungeschoren davon; schließlich bist du in Eile, und wie oft bist du zu schnell gefahren, ohne erwischt zu werden!" Manchmal höre ich noch auf dieses Teufelchen, aber viel häufiger tue ich es nicht mehr. Ich bin davon überzeugt, daß Gott ihn mir absichtlich geschickt hat, damit ich niemals vergesse, woher ich komme und wo ich jederzeit wieder landen kann.

Ich bin der Ansicht, daß es kein allgemeingültiges Gottesbild gibt, weil niemand weiß, wie Gott aussieht. Deine Vorstellung davon ist ebenso richtig wie die irgend eines anderen Menschen. Warum stellst du dir nicht *deinen* Gott vor? Du kannst sicher sein, daß es funktioniert. Gottes Existenz ist eine Sache von Glauben und Vertrauen.

Ich sehe Gott immer in den Gesichtern anderer Menschen. Wenn ich am Ende des Meetings das „Vaterunser" bete, schließe ich meine Augen nicht und sehe auch nicht unter mich. Ich schaue in die Gesichter der Menschen, weil ich dort Gott sehe. (Anm.d.Ü.: In den USA und in Kanada wird zu Beginn des Meetings der Gelassenheitsspruch und am Ende das „Vaterunser" gesprochen.)

Für jeden Menschen ist Gott anders. Willst du Gott als eine Frau, einen Mann, ein kleines Kind, ein kleines Etwas auf deiner Schulter oder als eine Märchenprinzessin – warum nicht? Es wird wirken, wenn du an diese Gottesvorstellung glaubst. Für mich geht es im Dritten Schritt genau darum: Ich habe den Entschluß gefaßt, meinen Willen und mein Leben der Sorge Gottes, *wie ich ihn verstehe,* anzuvertrauen.

Ich hatte so viele Jahre immer wieder in diesem Schritt gearbeitet, so daß ich schließlich sicher war, alles darüber zu wissen. Dann las ich eines Tages auf Seite 36 in „Twelve Steps and Twelve Traditions": „Wenn ich immer wieder mein Leben und meinen Willen an irgendeinen Jemand oder an irgendein Etwas übergebe, was wird dann aus *mir?*" Wir denken vielleicht, daß wir ein Nichts werden. Wenn wir im besagten Buch weiterlesen, merken wir, daß diese Denkweise eine bedeutende Wahrheit übersieht: „Die Abhängigkeit, die das Programm darstellt, ist in Wirklichkeit ein Mittel, wahre geistige Unabhängigkeit zu erreichen." Diese Worte waren der Schlüssel zur Freiheit, auch wenn ich sie zunächst nie verstand. Ich war mit der Vorstellung aufgewachsen, daß man von nichts und niemandem abhängig werden darf; ich brauchte keinerlei Hilfe. Heute *brauche* ich Beistand – von Menschen, vom Programm, von Gott. Ich schaffe es nicht allein.

Ich trage Kontaktlinsen, weil ich eine Sehhilfe brauche; ich brauche ein Flugzeug, wenn ich weiter weg irgendwohin will; wenn es kalt ist, brauche ich eine Jacke und Wärme. Ich brauche eine Menge an Unterstützung – warum kann ich dann nicht auch anerkennen, daß ich für mein geistiges Wachstum Hilfestellung benötige?

Im Big Book steht: „Wir waren nicht nur geistig und körperlich krank, wir waren es auch in spiritueller Hinsicht ... Wenn die *spirituelle Krankheit* überwunden ist, werden wir auch geistig und körperlich gesund" (S. 64).

Ich blieb lange bei der Auffassung, ich müsse abnehmen, um zufrieden mit mir zu sein, und dann könne ich auch ein geistig orientiertes Leben führen. Ich konnte mir nicht vorstellen, dick *und* spirituell zu sein. Das war genauso eine fehlgeleitete Geisteshaltung, wie wenn ich sagen würde: „Wenn ich einmal reich bin, werde ich lernen, das und das zu tun; jetzt geht das nicht." Ich zäumte mein Pferd immer von hinten auf. Wenn ich nur abnehmen würde, müßte ich mich gutfühlen – so war mein Denken. Ich wußte nicht, daß es genau umgekehrt ist: Glückliche Menschen werden nicht dick, weil sie ihren Körper nicht mißbrauchen.

Dem Big Book zufolge (S. 45) war unser Problem, „... daß uns eine Macht fehlte, die uns leben half; und es mußte eine Kraft sein, größer als wir selbst ... Genau darum geht es in diesem Buch." Und genau darum geht es auch in diesem Programm. Ich kann nicht „zwei Herren dienen": Wenn ich meinen Willen durchsetzen will, ist kein Raum mehr für Gottes Kraft. Wenn ich aber *meine* Macht, nämlich *meinen* Willen loslasse, erfüllt mich Gottes Kraft. Früher war ich nur jemand, der Wind machte und leere Reden von sich gab.

Dieses Buch, diese Schritte und dieses Programm haben den Zweck, dir dabei behilflich zu sein, „eine Macht zu finden, die größer ist als du selbst, und die dein Problem löst". Im Dritten

Schritt übergibst du dein Problem an eine Höhere Kraft, damit diese es löst. Sage einfach, daß es einen Gott gibt – und schon existiert er. Mir hat er alle Lasten abgenommen, so daß ich nun die Möglichkeit habe, mein Leben zu genießen.

Du siehst, daß wir die erforderliche eigene Kleinarbeit damit abdecken, daß wir das Programm leben. Wie aber können wir dies tun, wenn wir noch in ein Problem verstrickt sind? Im Big Book wird uns in Aussicht gestellt, daß Gott unsere geistige Gesundheit wiederherstellt. Für mich bedeutet das, daß Gott meine Sucht von mir nimmt und auch die Qual, selbst eine Lösung für meine Schwierigkeiten finden zu müssen.

Was meine Gefühle angeht, war ich wie eine zerbrochene Schallplatte, die einen Kratzer hat und ständig ableiert: „Ich muß essen, muß essen, muß essen, kann nicht ehrlich sein, nicht ehrlich sein, traue keinem Menschen, traue keinem Menschen ...". Ich hatte alle diese Botschaften, die ich irgendwo aufgeschnappt hatte, übernommen. Ich steckte fest und kam nicht weiter, bis diese Macht, größer als ich selbst, den Tonarm hochnahm und ihn weitersetzte. Warum hat sie das getan? Weil ich mit meinen Rechtfertigungen und Rationalisierungen aufgehört und Gott ans Steuer gelassen hatte.

Je abhängiger ich von einer Höheren Macht werde, um so unabhängiger werde ich, um so mehr Freiheit habe ich. Gott stellt meine geistige Gesundheit wieder her – so einfach ist das. Mir ging es so schlecht, daß ich die Bereitschaft zum Glauben aufbrachte. Ich glaubte wirklich und wurde schließlich frei.

Ich muß diesen Schritt immer und immer wieder machen, viele Male am Tag, immer dann, wenn ich mich unwohl fühle, oder wenn ich ein Problem habe. Es wirkt immer. Ich habe ein blindes, reines Vertrauen in diese meine Höhere Kraft. Manchmal passieren nur kleine Dinge; ich bekomme z. B. einen Parkplatz, wenn ich nicht damit rechne. Aber oft geschehen unglaubliche Dinge – sogar Wunder –, wenn wir den nötigen Glauben haben.

Entscheide dich, welchen Gott du haben willst! Lange Zeit waren dein(e) PartnerIn, deine Eltern oder deine Kinder „Gott" für dich; auch Nahrung hast du zu deinem Gott gemacht. Daher sollte es eigentlich kein Problem für dich sein, einen Gott anzunehmen. Warum läßt du nicht etwas Lohnendes dein Gott sein? Versuche es einfach, erfinde deinen eigenen, persönlichen Gott! Dann *kannst* du deinen Willen und dein Leben der Sorge dieses Gottes übergeben. Gott kann etwas unwahrscheinlich Wundervolles sein! Sei gewiß: Das ist der Weg.

Es gibt die Geschichte eines Bergsteigers, der kurz vor dem Gipfel ausrutscht, den Halt verliert und abstürzt. Er sieht hinunter, blickt in einen 1.500 Meter tiefen Abgrund und kann im Fallen gerade noch einen Ast ergreifen. Nun geht es um sein nacktes Leben. Alles hängt jetzt an diesem Ast, und der droht nachzugeben. Der Mann glaubt nicht an Gott, aber jetzt scheint ihm ein guter Zeitpunkt zu sein, damit anzufangen. Er ruft: „Ist da oben jemand?" Doch er hört nur den Wind und ein Knacken des Astes, der mehr und mehr abbricht. Er wiederholt: „Bitte, ist da oben jemand?" Plötzlich vernimmt er eine Stimme: „Ja, mein Sohn, ich bin hier." Der Bergsteiger ist entsetzt: „Mein Gott, ist das Gott?!" Die Stimme antwortet ihm. „Ja, hier ist Gott, mein Sohn. Ich werde mich um dich kümmern. Was möchtest du von mir?" „Ich werde hinunterstürzen, bitte hilf mir!" „Gut, mein Sohn" erwidert die Stimme, „laß' den Ast los!" Der Mann stammelt: „Was hast du gesagt?" „Laß' den Ast los!" Da fragt der Bergsteiger: „Ist dort oben vielleicht noch jemand?"

Genau darum geht es für uns auch: Wir sollen alles loslassen. Deswegen sagt man uns auch, daß wir wirklich verzweifelt sein müssen, damit wir das tun. Nur ein Mensch, der wirklich „fertig" ist, läßt den Ast los, an den er sich klammert. Alle anderen versuchen, Pläne zu schmieden und Wege zu suchen, um dort stehenbleiben zu können, wo sie sind; und genau das tun wir auch normalerweise. Wir kommen dann irgendwie klar. Nur wenn wir wirklich sehr leiden, machen wir diesen drastischen Schritt und entscheiden uns, absolutes Vertrauen zu haben.

Der Dritte Schritt lautet: „Wir trafen die Entscheidung, unseren Willen und unser Leben der Sorge Gottes, wie wir ihn verstanden, anzuvertrauen." Gerade unser Gottesverständnis ist jedoch oft Teil unseres Problems. Wer möchte seinen Willen und sein Leben schon der Sorge eines strafenden Gottes anvertrauen, einem zornigen Gott, dem Gott unserer Eltern? *Ich* möchte diesen Gott nicht!

Sogar Atheisten haben dieses Bild eines „strafenden Gottes" im Kopf. Wenn sie beteuern, überhaupt nicht an seine Existenz zu glauben, schlage ich ihnen vor, dieses „es gibt keinen Gott" und ihre alten Ideen zu vergessen, und sich einen gütigen Gott auszumalen. Ich fordere sie auf, nur einen Augenblick lang zu glauben, daß es Gott gibt. Wie würde er aussehen? Sie sollen sich einen ausdenken und dann abwarten, was passiert. Schließlich machen wir uns über so vieles unsere eigenen Vorstellungen. Wie unsere Höhere Macht letztendlich aussieht, ist unwichtig.

Wir können überhaupt nicht wissen, was uns die Zukunft bringen wird. Wir haben in der Vergangenheit Erfahrungen gemacht, und darauf stützen wir unsere Vermutungen bezüglich dessen, was uns in Zukunft erwarten könnte. Aber wir wissen es nicht, niemand weiß das. Mit Gott ist es genauso. Jahrelang haben wir mit oder ohne ein Gottesbild gelebt. Möglicherweise habe ich jedesmal, wenn ich Vertrauen zu Gott gefaßt hatte, eins „auf den Hut bekommen": Ich bin vielleicht nach Hause gekommen und habe den erwarteten Scheck nicht im Briefkasten gefunden, oder ich habe eine schlimme Nachricht erhalten. Daraus habe ich dann den Schluß gezogen, daß es immer so sein würde.

Als ich noch glaubte, es gäbe keinen Gott, bekam ich auch nichts von ihm. Seit ich an einen liebenden Gott glaube, der nichts anderes zu tun hat, als Bill überallhin zu folgen und seinen Eßdruck von ihm zu nehmen, habe ich genau das bekommen. Ich wollte einen Gott, dem ich vertrauen konnte, und ich wollte meinen Suchtdruck nicht mehr haben. Ich schrieb alle diese Dinge auf, die ich mir wünschte, auch wenn sie noch so lächerlich zu sein schienen. Daraufhin wurde ich bereit, diesen Gott in mein Leben hineinzulassen. Dieser Gott meiner Vorstellung schaffte in mir die Fähigkeit zur Heilung. Er hatte auch die Macht, mir all das zu schenken, wonach ich mich mein ganzes Leben lang gesehnt hatte und was mir guttat. Ich hatte nicht gewußt, daß er mich *zuerst* glücklich machen wollte und dann alle die anderen Dinge von selbst folgen würden. Das unglaublichste Wunder aber geschah dann, als ich mich entschieden hatte, mir einen liebenden

Gott zu schaffen. Indem ich an seine Existenz glaubte, hatte ich mit einem Mal die Chance, alles das zu bekommen, wovon ich geträumt hatte, und so zu sein, wie ich sein wollte. Und tatsächlich – ich bin der Mensch, der ich immer sein wollte. In jedem von uns steckt die gottgegebene Fähigkeit, uns unseren eigenen, persönlichen Gott vorzustellen.

Manchmal tritt noch das Bild eines strafenden Gottes bei mir auf. Ich sage dann jedesmal zu ihm: „Ich will nicht an dich glauben, ich will an einen guten Gott glauben." Ich zwinge mich, an einen angenehmen Gott zu denken; ich schaue in die Gesichter der Menschen, und dann glaube ich an ihn.

Es stellte eine ungeheure Erleichterung dar, als ich in den Spiegel sah und wußte, daß mein Gott so aussieht wie ich. Er war bei mir, wenn ich Angst hatte, er war bei mir, wenn ich Wut hatte, er war immer da, er war immer in irgendeiner Weise in jedem Menschen gewesen. Was mich außerdem erleichterte, war das Wissen, daß Gott mich nicht als „gut" oder „schlecht" bewertet. Es kann sein, daß er mal zu mir sagt: „Ich habe dir einen Weg gezeigt, aber du hast auf einem anderen bestanden. Warum machst du das, wo es doch eine andere Möglichkeit gibt?" Aber er tröstet mich auch gleichzeitig: „Es ist schon in Ordnung, ich liebe dich, und ich werde dich nicht bestrafen."

So faßte ich allmählich etwas Vertrauen. Dann kam ich zum zweiten Teil des Dritten Schrittes: „... unseren Willen und unser Leben der Sorge Gottes anvertrauen" – das war schwer. Obwohl wir eßsüchtig sind, sind wir der Überzeugung, wir könnten wie normale Menschen essen. Das ist genau jenes Problem, das wir Gott übergeben können – *wie*, das erfahren wir im Big Book. *Wir müssen bereit sein, unser krankes Verhalten abzugeben, statt es auszuleben.*

Das Leben wird *dann* problematisch, wenn wir weiterhin annehmen, daß es sich ändern wird, und wir uns verhalten, als sollte es das auch. Wenn dein Partner Alkoholiker ist, deine Kinder dich nicht achten, deine Eltern dich wie ein vierjähriges Kind behandeln oder du eine unterbezahlte Arbeit machst, dann mußt du dies als Tatsachen akzeptieren. Deine Frau oder dein Mann werden sich nicht ändern, ebensowenig werden es deine Kinder oder deine Eltern tun. Die Welt bleibt, wie sie ist, gleichgültig, ob du dick oder schlank bist. *Nichts* wird sich verändern, und das müssen wir hinnehmen. Der Verkehr wird nicht umgelenkt, damit wir vorbeikommen. Es werden keine Wunder passieren. Im Flugzeug werde ich keinen Platz in der ersten Klasse bekommen, weil jemand sagt: „Oh, da ist Bill, gebt ihm einen Platz in der ersten Klasse oder am besten direkt neben dem Piloten." Wenn ich nach Hause fahre, stehe ich im gleichen Stau wie alle anderen, die vom Flughafen kommen. Ich weiß auch, daß ich weder meine Frau noch meine Kinder, meine Eltern oder gar die Welt verändern kann. Endlich bin ich vom Zwang befreit, sie verändern zu *wollen.*

Ich bin frei. Ich weiß, daß ich an meinem Essen nichts mehr manipulieren muß. Wenn ein Stück Kuchen 500 Kalorien hat, dann hat es wirklich 500 und keine 300 – kein Problem mehr für mich. Ich muß auch keine magischen Kräfte mehr haben – dieser Anspruch lastet nicht mehr auf mir. Ich muß mir keine Sorgen mehr darüber machen, was ich esse, weil ich weiß, daß mir das nicht guttut. Warum sollte ich mich damit herumärgern? Ich lasse es, denn dieses Denken macht mich nur dick. Ich bin bereit, Gott bestimmen zu lassen, was ich esse, wie ich Auto fahre, wie ich mit Menschen rede, wie ich mich verhalte und wie ich reagiere. Ich bin bereit, Gott die Kontrolle zu überlassen. Ich muß nicht mehr spekulieren, was es zum Abendbrot gibt, wieviel ich essen sollte und ob nicht alle Menschen auf meinen Teller starren, damit sie wissen, wieviel ich esse.

Statt dessen fange ich an, über so banale Sachen nachzudenken, wie z. B., wie ich mein Leben genießen könnte – ich wußte doch nie, wie das geht. Vor allem hatte ich nie die Zeit dazu, weil ich meinen Kopf immer damit voll hatte, wie ich alles mögliche kontrollieren könnte. Ich manipulierte, ich wog ab und prüfte – aber es lief nie so, wie ich es mir vorstellte, weil die Welt nun mal so ist, wie sie ist. Welch eine Erleichterung, damit aufhören zu können, sie verändern zu wollen, und damit anzufangen, mein Leben zu leben! Ich bin unabhängig von meinen Problemen geworden, weil ich die Tatsachen so akzeptiere, wie sie sind. Und dies schließt auch ein, daß ich bin, was ich bin: eßsüchtig, 1,85 m groß mit braunen Augen – so ist es nun mal.

Das ist die Bedeutung des Dritten Schrittes: Es geht um die Bereitschaft, mit dem Kämpfen aufzuhören. Es wird nicht verlangt, daß du irgend etwas loslassen *mußt*. Wenn du willst, kannst du deine Probleme behalten und weiter versuchen, sie zu manipulieren. Niemand sagt dir, daß du damit aufhören mußt. Der Dritte Schritt fordert uns lediglich zu der Bereitschaft auf, dem Gott unserer Vorstellung zu erlauben, das Steuer unseres Lebens in die Hand zu nehmen.

Für mich bin ich selbst das größte Wunder. Wenn ich weiß, welcher Mensch ich war, und täglich sehen kann, wie ich heute bin, dann ist das für mich das größte Wunder seit der Erschaffung der Welt. Ich erkenne darin einen lebenden Beweis – und alles das geschah nur, weil ich die Bereitschaft dazu hatte.

Ein Abschnitt in „Twelve Steps and Twelve Traditions" handelt von dieser Bereitwilligkeit. Darin steht, daß wir die einzigen sind, die entscheiden können, ob wir uns anstrengen oder nicht – vorausgesetzt, wir haben erst einmal die Bereitschaft dazu. Das zu versuchen, ist lediglich eine Frage des eigenen Willens. In dieser Passage heißt es weiter:

Jeder der Zwölf Schritte erfordert ständigen, persönlichen Einsatz, um mit deren Grundsätzen übereinzustimmen und damit, wie wir hoffen, auch mit dem Willen Gottes. Erst dann, wenn wir uns bemühen, unseren Willen in Einklang mit dem Willen Gottes zu bringen, gebrauchen wir ihn richtig. Diese Entdeckung war für uns eine wunderbare Offenbarung. *Unser ganzes Problem bestand darin, daß wir unsere Willenskraft falsch eingesetzt hatten. Wir hatten versucht, unsere Schwierigkeiten mit unserem eigenen Willen zu bekämpfen, statt zu versuchen, unseren eigenen Willen in Einklang mit Gottes Absicht für uns zu bringen* (S. 40).

Der Dritte Schritt ist für mich wirklich ein Schritt des Vertrauens geworden. Es besteht ein großer Unterschied zwischen Glauben und Vertrauen. Ich weiß, daß viele Menschen an eine Art Höhere Macht glauben; sie glauben an den Gott ihrer Eltern, den Gott ihrer Religion, den Gott ihrer Kindheit. Vertrauen aber ist mehr, als nur Gottes Existenz anzuerkennen; es bedeutet, daß Gott das eigene Dasein liebend begleiten darf.

Ich habe genug Vertrauen, um den Ast, von dem in der oben erzählten Geschichte die Rede ist, loszulassen. Ich weiß, daß mein Gott mich nicht fallenläßt, daß ich in Sicherheit bin. Ich fühle mich immer sicher und geschützt; mir ist so, als läge ich die ganze Zeit über in Gottes Armen.

Selbstverständlich bekomme ich manchmal Angst und mache mir Sorgen, aber das passiert nur, wenn ich vergesse und kein Vertrauen mehr habe. *Der Akt des Loslassens ist in Wirklichkeit ein Akt des Vertrauens.* Wir dürfen darauf vertrauen, daß Gott uns die Erlaubnis gibt, uns wohlzufühlen und glücklichzusein, egal, was geschieht. Wir bekommen vielleicht nicht immer, was wir wollen, aber wir bekommen immer, was wir brauchen. Innerer Friede und Glück sind nämlich genau das, was wir wirklich suchen. Und das erhalten wir, wenn wir Gott vertrauen, ganz gleich, was um uns herum geschieht und wie reich oder wie dick wir sind. Vertraue und du wirst sehen! *Glaube an einen Gott, der deines Vertrauens würdig ist – dieser Gott wird dich niemals im Stich lassen.*

Vierter Schritt

*Wir machten eine gründliche und furchtlose
moralische Inventur in unserem Inneren*

Im Big Book steht, daß sich alle übrigen Probleme klären werden, wenn wir geistig/spirituell klar werden. Ein „Hausputz" ist das erste, was auf diesem Wege zu tun ist – wir machen eine Inventur unserer Vergangenheit.

Das Big Book empfiehlt uns, eine Liste der Dinge, Menschen und Institutionen aufzustellen, über die wir wütend sind, und uns dann zu fragen, warum das so ist. Gehe dein Leben durch und schreibe all das auf, worüber du dich früher aufgeregt hast. Dann hast du eine vollständige Auflistung deines Ärgers. Gehe diese Liste durch und sieh' nach, wie du in deinem Leben mit Menschen, Aufgaben und Dingen umgegangen bist. Wenn du ehrlich zu dir bist und dir in Erinnerung rufst, wie du dich in bestimmten Situationen verhalten hast, wirst du allmählich deine Charakterfehler erkennen. Schreibe alle diese Fehler auf. Du wirst Ärger, Größenwahn, Wut, Eifersucht und Schuldgefühle entdecken – um nur einige zu nennen. Die einzelnen Fehlhandlungen unterscheiden sich überhaupt nicht so sehr; die meisten können nämlich Ärger oder Größenwahn zugeordnet werden.

Niemand sagt, daß du diesen Schritt machen *mußt;* auch im Big Book wird nur von *vorgeschlagenen* Schritten gesprochen. Ich bin allerdings der Ansicht, daß „vorschlagen" in diesem Zusammenhang etwa soviel bedeutet wie der „Vorschlag", einen Fallschirm zu benutzen, wenn man aus dem Flugzeug springt. Du mußt es natürlich nicht, aber wenn du die nachfolgenden Schritte nicht tust, war der erste Schritt mörderisch.

Es gibt zwei Gründe, eine Inventur zu machen: Der eine ist der, daß wir Charakterfehler aufdecken; wir können uns nämlich nicht verändern, ohne unser Fehlverhalten zuzugeben und Gott zu bitten, es von uns zu nehmen. Wir beschäftigen uns mit diesen

Charaktermängeln in den Schritten Fünf, Sechs und Sieben. Der zweite Grund für eine Inventur ist, daß wir uns ansehen, wie wir in der Vergangenheit anderen Menschen geschadet haben. Im Big Book werden wir daran erinnert, daß dies eine Inventur von *uns selbst* sein soll, nicht von irgend jemandem sonst. Es spielt keine Rolle, was andere uns gesagt oder angetan haben, wir kümmern uns hier nur um das, was wir selbst getan haben. Die Schritte Acht und Neun des Programms werden uns helfen, unsere Schuldgefühle darüber abzulegen, daß wir anderen Schaden zugefügt haben.

Mir fiel es schwer, eine Inventur zu schreiben, ich hatte einige Schwierigkeiten damit. Wenn du bereit bist, deine Inventur zu schreiben, kannst du dich mit Papier und Stift hinsetzen. Schließe einfach mal deine Augen und kritzele zunächst ein wenig herum – du wirst erstaunt sein, was da alles kommt. Die Worte werden fließen, wenn du dazu bereit bist. Als ich versucht habe, meine Inventur zu schreiben, ging es mir so wie vielen anderen: Ich hatte Angst anzufangen, weil ich mich vor dem Ergebnis fürchtete; ich blendete manches aus, und mein Verstand war blockiert, mein Kopf war leer.

Mir hat dann sehr geholfen, etwas aufzuschreiben, was ich eine „vorgeburtliche Inventur" nenne. Es ist nur eine Vorstellung, die du dir machst. Sie nimmt dir die Ängste vor einer Inventur, weil du dich nicht davor fürchten mußt, daß schmerzvolle Erinnerungen hochkommen. Es ist nur eine Phantasie, ein Märchen. Nimm ein Blatt Papier, ziehe eine senkrechte Linie und fang' an, auf der rechten Seite des Blattes zu schreiben. Stelle dir vor, daß du im Bauch deiner Mutter bist, und schreibe alles auf, was dir in den Sinn kommt. Stelle es dir einfach einmal vor! Beschreibe die Gefühle deiner Mutter, die sie bei deiner Geburt hat, und auch, was dein Vater und deine Geschwister für dich empfinden. Vielleicht leben deine Großeltern ebenfalls in dem Haus, in dem du geboren wirst. Schließe alles mit ein, was du möchtest. Vielleicht liest sich das dann so:

Ich wurde gezeugt, als meine Eltern gerade leidenschaftlich ihren monatlichen Geschlechtsverkehr hatten. Sie taten ihre Pflicht, und meine Empfängnis geschah schnell und still. Ich wuchs und schwamm im Bauch meiner Mutter. Mein Vater machte sich Sorgen wegen meiner Geburt, weil gerade die Zeit der großen Wirtschaftskrise war. Meine Mutter hoffte, daß ich ein Mädchen sein würde, weil sie sich das so sehr wünschte. Aber mir ging es gut, ich fühlte mich wohl ...

Es muß kein langer Text werden, vielleicht eineinhalb oder zwei Seiten. Gehe alles durch, auch den Augenblick deiner Geburt: „Jetzt ist es soweit. Kalte Hände greifen nach mir und drehen mich herum. Dieser Typ zieht mich an den Ohren, und ich möchte lieber nicht geboren sein." Oder: „Ich möchte geboren werden." Solche Sätze kommen dir vielleicht in den Sinn. Was auch immer es sein mag – schreibe es einfach auf. Ob es wahr ist oder nicht, spielt dabei keine Rolle, weil das, was du aufschreibst, nur zeigt, wie du die Dinge *heute* beurteilst. Irgendwie, irgendwo hast du diese Botschaften mitbekommen. Du wirst feststellen, daß sich deine Charakterfehler bereits hier zeigen. Wenn du sie entdeckst, schreibe sie auf die andere, die linke Seite des Blattes. Ich habe meine pränatale Inventur immer und immer wieder geschrieben, und sie zeigte mir jedesmal, wo ich in dem Augenblick stand. Wenn ich gerade ärgerlich bin, taucht eine Menge Ärger in der Inventur auf. Wenn ich mich unzulänglich fühle, ist sie voller Minderwertigkeitsgefühle.

Was immer du auch aufschreibst – „sie waren zornig" oder „sie hatten Angst" – in Wirklichkeit ist es *deine* Wut oder *deine* Angst, um die es geht. Alles kommt zwangsläufig aus deinem Inneren, weil du derjenige bist, der diese Geschichte erzählt.

Nimm dies als Ausgangspunkt und schreibe dann über deine Kindheit, über die Zeit von deiner Geburt an bis zum Alter von fünf Jahren. Das meiste wird wieder Phantasie sein, weil wir uns an die ersten Lebensjahre meist nicht erinnern können. Etwa vom zweiten oder dritten Lebensjahr an haben wir die ersten Erinnerungen, mit vier Jahren noch mehr, und ab dem fünften Lebensjahr sind sie schon recht gut. Erfinde das, woran du dich nicht erinnern kannst, und setze an deinen Erinnerungen an, wenn sie sich einstellen. Schreibe ein paar Seiten, und wenn du Lust hast, auch ein paar mehr. Das wäre toll. Manchmal schreiben Leute ganze Abhandlungen über ihre Kindheit. Wenn du alles aufgeschrieben hast, mach' eine Pause und lies alles noch einmal durch. Schreibe deine dabei entdeckten Charakterfehler auf die linke Seite.

Danach mach' das gleiche für die Zeit vom sechsten bis zum 13. Lebensjahr, also für die spätere Kindheit. Das ist meist die Zeit der lebhaftesten Erinnerungen. Oftmals kannst du dich an Ereignisse aus dieser Zeit besser erinnern als an manches, was vor zwei Wochen geschehen ist. Viel Wut und Ärger stammen aus diesen Jahren. Die Grundlage für unsere Eßsucht oder für andere Süchte stammt vielfach aus dieser Zeit. Schreibe alles auf, was dir einfällt, und dann überprüfe, welches Fehlverhalten du dabei feststellen kannst.

Mache mit dem Aufschreiben und der Auflistung deiner grundlegenden Fehler weiter; gehe deine Teenager-Zeit (13 bis 19 Jahre), das frühe Erwachsenenalter (20 bis 29 Jahre) und das spätere (ab 30) durch. Wahrscheinlich fängst du irgendwann an, dich bei deiner Inventur zu langweilen – wenn du z. B. zum Teenager-Alter kommst –, weil nämlich immer wieder die gleichen Fehlhandlungen auftauchen. Zuallerletzt überlege dir eine Inschrift für deinen Grabstein. Schreibe deinen Namen auf und den Text, der darunterstehen soll. Du wirst feststellen, daß es dem ähnelt, was du zuvor aufgeschrieben hast. Ich habe mich gefragt: „Schnell – was würde ich draufschreiben?" Ich schrieb: „Hier liegt Bill. Puh, er hat's geschafft!" Mir kam mein Leben so qualvoll vor, daß ich sein Ende nicht erwarten konnte – und so war mein Leben tatsächlich.

Ich bin sicher, daß dir eine pränatale Inventur helfen wird. Mir hat sie jedenfalls mehr die Augen geöffnet als irgend etwas anderes in meinem Leben. Außerdem ist sie eine echte Hilfe, um die Angst vor dem Schreiben zu verlieren, weil sich niemand davor fürchtet, eine Phantasie zuzulassen. Wir scheuen uns vor einer Inventur, weil wir etwas aufdecken könnten, dem wir uns nicht stellen wollen. Dabei mußt du deine Charaktermängel nicht einmal niederschreiben – sie zeigen sich ohnehin. Die Phantasie nimmt uns lediglich die Angst und das unangenehme Gefühl, eine Fehlhandlung offenlegen zu müssen.

Beim Inventurschreiben zeigt sich, daß wir nie über die Vergangenheit schreiben; es handelt sich letztlich immer um die Gegenwart, über die wir schreiben. Es kümmert niemanden, ob mich meine Mutter geschlagen hat, als ich acht Jahre alt war. *Ich* habe mich darum zu kümmern, warum ich heute noch wütend deswegen bin. Wenn ich auf meine Mutter immer noch sauer bin wegen etwas, das nicht einmal jetzt geschieht – kannst du dir vorstellen, wie ich dann mit Dingen umgehe, die *heute* passieren? Wenn ich ein Mensch bin, der leicht grollt, dann zeigt sich dieses Gefühl in allem, was ich tue. Wenn ich mich für etwas schuldig fühle, was ich mit sechs oder acht Jahren gemacht habe, dann neige ich einfach zu Schuldgefühlen und werde mich für Dinge, die jetzt geschehen, ebenso schuldig fühlen wie für etwas, das nur in meiner *Vorstellung* geschieht. Die Gefühle, die sich auf Vergangenes beziehen, und mein früherer Umgang mit ihnen beeinflussen mich heute noch. Häufig sind meine jetzigen Charakterfehler damals entstanden.

Wenn wir alte Gefühle mit uns herumtragen, dann hat unser Verhalten in der Gegenwart selten etwas mit den „Tatsachen" zu tun. Eine Frau erzählte mir beispielsweise, was ihr in einem Kaufhaus passierte und worüber sie sehr ärgerlich war. Obwohl sie mir alles genau beschrieb, machte *mich* das keineswegs wütend. An der Situation selbst gab es nichts, was zwangsläufig hätte Ärger erzeugen müssen. Es lag an der Frau, daß sie aufgebracht war; sie war irgendwie darauf programmiert, auf solche Situationen in dieser Weise zu reagieren. Ich werde mich ebensowenig darüber aufregen, wenn dein Mann bis drei Uhr nachts ausbleibt – niemand außer dir wird darüber aufgebracht sein. Du denkst vielleicht, es sei das Selbstverständlichste von der Welt, dich so sehr darüber zu ärgern. Aber es ist keineswegs die *einzige* Möglichkeit zu reagieren. Du *mußt* nicht wütend werden. Du kannst lernen, anders damit umzugehen.

Wie kannst du das lernen? Zunächst mußt du beobachten, wie du dich in bestimmten Situationen verhältst. Dabei wird dir deine Inventur helfen. Alle meine Fehlhandlungen haben damit zu tun, wie ich mit Menschen, Aufgaben und Dingen umgehe. Ich weiß, daß es grundlegende Fehler sind, weil sie immer wieder meine Handlungen beeinflussen – und die basieren auf falschen Motiven.

Einer meiner größten Charaktermängel war die Eßsucht, andere Fehlhandlungen waren vielleicht Ärger und Groll – was wirklich gut zusammenpaßt. Depression gehört ebenfalls dazu, denn sie ist nach innen gekehrte Wut. Depression ist kein Gefühl, sie ist eher ein Denkvorgang, und unsere Aufgabe ist es, unser Denken zu ändern.

Es ist wichtig, den Unterschied zwischen einem Denkvorgang und einem Gefühl zu erkennen: Du bist wütend, weil dir jemand deinen Parkplatz weggenommen hat. Ich bin nicht wütend darüber, daß dir jemand den Parkplatz wegnimmt. Was heißt das? Es bedeutet, daß ein solcher Vorgang dich nicht *zwangsläufig* aufregen muß. *Du* bist es, der sich ärgert. Das Problem ist nicht der Parkplatz oder der Mensch, der ihn dir weggenommen hat. Das Problem bist *du*.

Wenn es irgend etwas gibt, woran man unsere Krankheit festmachen kann, dann ist es unser Größenwahn. Wir können zwar viel von unserer Willenlosigkeit erzählen und davon, wie sanftmütig wir waren – in Wirklichkeit aber haben wir mit unserer Schwäche sehr viel Macht ausgeübt. Größenwahn taucht in unserer Inventur immer wieder auf; du machst dir klar, wie mächtig du warst, wie sehr du auch auf deine Eltern und andere Menschen in deiner Umgebung Einfluß ausgeübt hast.

Die größten Feinde eines Eßsüchtigen sind Wut, Eifersucht, Frustration und Angst. *Wir* können uns diese Gefühle nicht mehr leisten! Jedesmal, wenn wir uns erlauben, sie auszuleben, wissen wir genau, was passiert; der Preis, den wir zahlen, ist einfach zu hoch. Wir müssen uns von diesen Gefühlen befreien. Deshalb ist es wichtig, unsere Einfälle dazu, was uns andere in der Vergangenheit gesagt oder angetan haben, aufzuschreiben. Ob sie Einbildung sind oder der Wirklichkeit entsprechen, spielt keine Rolle. So lange, wie wir von der Richtigkeit dieser Erinnerungen überzeugt sind und die damit verbundenen Gefühle mit uns herumtragen, werden wir in jeder Situation, die uns daran erinnert, entsprechend reagieren. Diese Gefühle haben Macht über uns und hindern uns daran zu leben. Ich will nicht länger Opfer sein! Ich will Gestalter meines Lebens sein!

Wenn jemand, den ich sponsere, seine Inventur schreibt, lesen wir sie gemeinsam durch. Häufig sage ich dann: „Nun geh' und schreibe *deine* Inventur", denn oft ist es die Inventur aller möglichen Leute, nur nicht die der betreffenden Person. Dann wird vielfach Dampf abgelassen: „Ich mag nicht ... da, nimm's ... behalt's, wenn du willst ... ich will es nicht." Unter alle diese Dinge aus unserer Vergangenheit können wir nur dann einen Schlußstrich ziehen, wenn wir uns klar darüber werden, weshalb *wir* an ihnen festhalten und die Gründe für dieses Festhalten dann loslassen. Anscheinend sind uns diese kleinen Geschichten darüber, wie schrecklich das Leben doch ist, wichtig. Was ist schlimm daran, wenn dein und mein Leben fürchterlich war? Das ist doch vorbei! Jetzt sind wir *hier!* Lassen wir's beiseite, es ist wirklich zu lächerlich!

Mit dem Vierten Schritt fängt der aktive Teil des Programms an. Der Erste, Zweite und Dritte Schritt sind Schritte des Glaubens. Im Ersten Schritt geht es um die Ehrlichkeit zu dir selbst; wir sehen uns, wie wir wirklich sind. Der Zweite Schritt gibt uns augenblicklich Hoffnung, und der Dritte Schritt ist ein Schritt des Vertrauens. Wir werden bereit, den Ast loszulassen und zu fallen. Im Vierten Schritt fangen wir an, aktiv etwas zu tun.

Viele Leute sagen, sie hätten beim Schreiben (der Inventur) eine Sperre. Ich kenne alle die Gründe, die dir einfallen werden, wenn du sie nicht schreiben willst: Du hast nicht genug Zeit, du weißt nicht, was du aufführen sollst usw. Was ich dabei heraushöre, ist, daß du Angst vor dem hast, was du entdecken könntest. Wir können Dinge ausblenden, wenn wir uns mit den wirklichen Problemen nicht auseinandersetzen wollen. Auch ich hatte Angst: Angst, ich könnte herausfinden, daß ich Probleme bewältigen kann; Angst, ich könnte entdecken, daß ich auch scheitern kann; Angst vor allem möglichen. Als ich mich allmählich selber immer mehr mochte, verschwand die Angst. Unsere Inventur muß nicht perfekt sein, und wir müssen auch kein gewaltiges Werk vorweisen. Wichtig ist das Schreiben selbst; wichtig ist, daß wir es *überhaupt tun*.

Auch wenn die Angst ein Teil des Problems ist, so glaube ich doch, daß die meisten von uns deshalb keine Inventur schreiben, weil wir faul sind und zaudern. Das ist Teil unserer Krankheit.

Wenn wir heute zu etwas keine Lust haben, verschieben wir es auf morgen, vielleicht sogar in der leisen Hoffnung, daß sich die Sache bis dahin in Luft aufgelöst haben könnte.

Wir machen eine Inventur, damit wir feststellen können, wo wir *heute* stehen. Manchmal ist es schmerzlich, unser Fehlverhalten zu erkennen und die Botschaften zu entdecken, die wir schon früh in unserem Leben erhalten haben und bis heute noch mit uns herumtragen. Das macht sehr traurig. Das Inventurschreiben kann ein Durchbruch sein – und der Beginn eines völlig neuen Lebens.

Fünfter Schritt

*Wir gaben Gott, uns selbst und einem anderen
Menschen gegenüber die genaue Art unserer
Fehlhandlungen zu.*

Der Fünfte Schritt ist eine Möglichkeit, uns mit unseren Fehlhandlungen zu befassen. Wir sprechen davon, sie wegzugeben, indem wir „Gott, uns selbst und einem anderen Menschen gegenüber die genaue Art unserer Fehlhandlungen zugeben".

Ich erinnere mich daran, wie ich das erste Mal meine Inventur schrieb. Vor dem Kamin überreichte ich sie meinem Sponsor, und wir weinten. Ich weinte, weil ich andere Menschen beim Abgeben der Inventur hatte weinen sehen und dachte, das müsse so sein. Was taugte eine Inventur schon, wenn man nicht weinte? Also tat ich es, zerriß das Geschriebene und warf es ins Feuer. Dann sagte mein Sponsor zu mir: „Nun geh, und schreibe eine Inventur!" Ich hatte versucht, ihn mit meinen Fehlern zu beeindrucken, aber in Wirklichkeit war es die Inventur von irgend jemandem, nur nicht meine eigene.

Letztendlich habe ich durch die Arbeit an meinen Inventuren gelernt, daß das Wichtige daran ist, mich mit den Augen eines anderen zu sehen. Indem ich meine Inventur mit jemandem teile, komme ich dazu, mich selbst so zu sehen, wie andere mich sehen – und kann mich allmählich selbst klar wahrnehmen.

Der Fünfte Schritt beginnt mit: „Wir gaben Gott, uns selbst und einem anderen Menschen gegenüber ... zu". Ich kann dir von mir sagen: Der härteste Teil dieses Schrittes war nicht, meine Fehler Gott oder einem anderen Menschen einzugestehen, sondern die Ehrlichkeit mir selbst gegenüber. Es war schwierig, mich hinzusetzen, mir selbst in die Augen zu sehen und zu sagen: „Du bist wirklich so, Bill. Du tust Dinge, die dir und anderen wehtun." Als ich mir meine Charaktermängel ansah, dachte ich, daß sie in Wirklichkeit gar nicht *meine* Fehler seien, weil meine Mutter sie doch verursacht hatte! Ich schrieb zwar eine Inventur, aber ich war noch immer davon überzeugt, daß meine Mutter an meinem Verhalten die Schuld trage – oder mein Vater oder ein Lehrer ...

Für meine Probleme mit Grammatik machte ich früher einen ehemaligen Lehrer verantwortlich. Als ich zum ersten Mal in seine Klasse kam, war mir mein schlechter Ruf vorausgeeilt. „Oh" sagte er, „ich weiß, wer du bist. Du setzt dich in die letzte Reihe und gibst keinen Ton mehr von dir!" Bis heute habe ich bezüglich Grammatik eine ungeheure Sperre. Ich pflegte immer zu sagen, *daß dieser Lehrer* meine Gedankenblockade verursacht habe, und damit rechtfertigte ich sie. Heute sage ich: „Der Lehrer hat sich zwar so verhalten, aber *ich* habe diese Gedankensperre." Na und? Ich könnte sie jederzeit abbauen, wenn ich wollte. Aber weil sie mich nicht sonderlich behindert und es mich viel Anstrengung kosten würde, jetzt noch Grammatik zu lernen, setze ich meine Kraft lieber dafür ein, Spaß zu haben, und behalte eben meine Blockierung.

Der Grund, weshalb die Schritte Vier und Fünf getrennt sind, ist, daß wir so besser erkennen können, wie wir wirklich sind. Für viele von uns ist das Schreiben einer Inventur schlimm genug; sie jemandem mitzuteilen, ist noch schwerer und erniedrigender. Am einfachsten scheint es zu sein, das Pferd von hinten aufzuzäumen und unsere Fehler zuerst einem anderen Menschen gegenüber zuzugeben. Dann gestehen wir vielleicht noch einige wenige Gott ein und uns selbst schließlich fast keine mehr.

Manche Leute fragen mich, ob sie nicht auch von ihren guten Seiten eine Inventur machen können. Die Antwort ist „nein", denn dafür hast du noch genug Zeit. Du willst ja deine Fehler loswerden, Gott soll dich nicht von deinen guten Eigenschaften befreien. Der ganze Sinn einer Inventur besteht darin, diese Charaktermängel wirklich loszuwerden, und nicht etwa darin, Gründe für sie zu finden oder unangemessenes Verhalten rechtfertigen zu können.

Geben wir uns selbst gegenüber wirklich unser Fehlverhalten zu? Es ist sehr wichtig, uns damit zu beschäftigen und bereit zu sein, uns in der Inventur so darzustellen, wie wir wirklich sind. Ich muß Gott, mir selbst und einem anderen Menschen gegenüber die genaue Art *meiner* Fehler eingestehen. Durch die Inventur soll nicht der Anteil anderer Menschen an meinen Fehlern herausgefunden werden. Es ist unnötig, Namen zu erwähnen oder die Anonymität anderer zu mißachten.

Andere fragen, ob die Inventur in schriftlicher Form gemacht werden muß. Wir *müssen* in diesem Programm nichts tun. Nirgendwo wird vorgeschrieben, daß du etwas tun mußt, was du nicht tun willst. Obwohl viele Gründe für die Schritte sprechen, sind diese dennoch nur Vorschläge.

Ein Grund, weshalb wir uns über die Inventur mit einem anderen Menschen austauschen sollten, ist der, daß wir uns selbst nicht richtig einschätzen können. Wir brauchen einen anderen Menschen, der uns hilft, uns selbst so zu sehen, wie wir sind. Der Kern des Fünften Schrittes ist *Demut*. Oft verstehen wir dieses Wort im Sinne von *Demütigung*. Seine wahre Bedeutung aber ist, einfach und bescheiden zu sein und keine Angst davor zu haben, unser Leben ehrlich einem anderen mitzuteilen. Unser Programm zur Genesung gibt uns vor allem Hoffnung. Das Beispiel anderer zeigt uns, daß wir nicht allein sind und daß auch andere unsere tiefsten und dunkelsten Geheimnisse kennen. Wir stehen mit unseren Ängsten und Phantasien nicht allein da – und das ist tröstlich.

Von dem Augenblick an, wo ich in mein erstes Meeting kam, war mir eines bewußt: Mit meinem Problem des zwanghaften Überessens würde ich nie mehr allein sein! Da saßen Menschen aus allen Schichten und Berufen und teilten ihre Geheimnisse mit – und ihre Geheimnisse waren auch die meinen.

Wir müssen einem anderen Menschen gegenüber ehrlich sein, wenn wir diesen Fünften Schritt machen. Es ist wichtig, daß derjenige, dem wir alles über unser Leben mitteilen wollen, vertraulich damit umgehen kann. Eine solche Bestandsaufnahme unseres Inneren weiterzugeben, ist eine Sache von Leben und Tod. Im Big Book werden diese Worte benutzt, um die Bedeutsamkeit des Schrittes hervorzuheben. Der Mensch, der seine Inventur mit einem anderen austauschen will, muß klarmachen, daß es eine Sache von Leben und Tod für ihn *ist*, denn ansonsten wäre dieses Mit-teilen völlig wertlos. Dein Leben hängt buchstäblich davon ab, daß du jemandem Anteil an deiner Inventur gibst. Das heißt nicht, daß du sterben wirst, wenn du es nicht tust, aber du entscheidest dich, ob du wirklich *leben* willst. Bevor du deine Inventur nicht jemandem mitgeteilt hast, lebst du nicht wirklich, sondern gehörst zu denen, die bei lebendigem Leib begraben sind. Wir haben die Wahl, ob wir leben oder sterben wollen. Bevor ich das Programm kannte, war ich tot. Als ich es schließlich fand, trödelte ich drei Jahre lang damit herum – und dann war ich nicht mehr tot. Ich habe mich für das Leben entschieden, indem ich jemandem meine Inventur mitgeteilt habe.

Der Mensch, den du bittest, sich deine Inventur anzuhören, sollte jemand sein, dem du vertraust und der auch fähig ist, sachlich mit dem umzugehen, was du ihm sagst. Manche gehen zu einem Arzt oder zu einem Pfarrer, andere bitten ihren Sponsor. Deshalb möchte ich an dieser Stelle kurz auf die Sponsorschaft eingehen.

In diesem Programm hat jeder einen Sponsor, und jeder kann andere sponsern. Die Rolle eines Sponsors ist sehr einfach. Bevor ich dazu jedoch Näheres sage, möchte ich erwähnen, daß ich nichts von Essenssponsoren halte. Ich glaube, daß eine solche Beziehung für beide Beteiligten zerstörerisch ist, und ich persönlich bin überzeugt davon, daß Essenssponsorschaft einem Gewichtsverlust entgegenwirkt; sie hat nichts mit unserem Programm zu tun. Immer wieder sehe ich, daß dabei sowohl SponsorIn als auch Gesponserte(r) lediglich zu dem Glauben verleitet werden, daß Diäten etwas ausrichten könnten. Das ist nur scheinbar so, in Wirklichkeit tun sie es nicht.

Ich glaube, daß ein Sponsor nur eine einzige Aufgabe hat, nämlich die, den Menschen, die er sponsert, dadurch zu helfen, daß er sie durch die Schritte führt. Darum geht es. Wenn mich jemand bei einem Problem um Hilfe bittet, höre ich zu und unterstütze ihn. Es mag sein, daß ich dabei auf etwas hinweise, aber ich gebe niemals einen Ratschlag. Dafür bin ich nicht da. Ich *bin* da, um andere zu den Schritten des Programms zu führen. Ich rate niemandem, sich von seinem Partner oder seiner Partnerin zu trennen oder eine Arbeitsstelle aufzugeben – das ist nicht meine Sache. Meine einzige Aufgabe als Sponsor ist, dich zu unterstützen, ganz gleich, was du auch tust. Verlasse deine(n) PartnerIn oder auch nicht ... für mich macht das keinen Unterschied. Das Wichtigste ist, dir zu helfen, daß du damit aufhören kannst, dich schlechtzufühlen und nur darüber nachzudenken, ob etwas richtig oder falsch ist. Für mich geht es nicht mehr so sehr um „richtig" oder „falsch", sondern darum, ob etwas hilfreich ist oder nicht. Was du oder ich früher getan haben, war nicht falsch, es hat uns einfach nicht gutgetan; bei anderen kann das durchaus anders gewesen sein. Wir müssen lernen, das zu tun, was *gut* für uns *ist*.

Wie gehst du damit um, wenn du dir die Inventur eines anderen anhörst? Wenn Menschen mir ihre Inventur geben wollen, setzen wir uns hin und lesen sie zusammen. Ich bemerke vielleicht: „Das klingt wie Größenwahn", sage jedoch nie, daß sie dieses oder jenes *sind;* ich weise nur vorsichtig auf das hin, was mir als Charakterfehler erscheint. Es ist ja wirklich nicht meine Aufgabe, ihre Fehlhandlungen herauszufinden. Ich bin da, damit sie sich mir mitteilen können. Es ist wichtig, daß sich diese Menschen mitteilen, und es ist wichtig, daß sie sich selbst begegnen. Du kannst es nicht zulassen, daß sie ihre Inventur nur überfliegen. Ein Sponsor soll helfen, mit der Vergangenheit umzugehen und sie anzunehmen; er soll dazu beitragen, daß der jeweilige andere sein Fehlverhalten als zu ihm gehörig anerkennt. Der Gesponserte muß dann bereit sein, es einer Höheren Macht zu übergeben.

Es ist nicht leicht, ein guter Sponsor zu sein. Es ist sogar eine der schwierigsten Beziehungen überhaupt. Für den Sponsor bedeutet sie, ein Freund zu sein – und noch mehr als das. Er muß offen dafür sein, daß auch Schmerz auftauchen kann. Ich bin der Ansicht, daß wir uns zu oft gegenseitig das Recht absprechen, uns unwohl fühlen zu dürfen und Schmerz zu erfahren. Dabei ist es doch in Ordnung, sich nicht wohlzufühlen oder traurig zu sein; falsch ist nur, wie wir oft damit umgehen. Eltern erlauben ihren Kindern häufig nicht, weinen zu dürfen. Kinder wachsen mit der Erwartung auf, daß ihnen ihre Eltern jegliches Unglück und alle Unannehmlichkeiten abnehmen – was sie natürlich nicht können. Wir bekommen dadurch die Vorstellung, daß etwas nicht in Ordnung ist, wenn wir Schmerz fühlen, und sprechen uns dann auch als Erwachsene gegenseitig das Recht darauf ab.

Als Sponsor überrede ich niemanden dazu, eine Inventur zu schreiben; wer diesen Punkt erreicht hat, *macht* den Vierten Schritt. Wenn jemand nicht dazu bereit ist, dann ist es sein Problem. Immer dann, wenn jemand bereit ist, sein Leben zu verändern, dann geht es auch.

Wenn Freunde ihre Inventur geschrieben haben, rufen sie mich manchmal an und sagen so etwas wie: „Wenn du Zeit hast, würde ich dir gern meine Inventur geben." Und wenn ich dann sage, daß ich keine Zeit habe, haut es sie um. „Was meinst du damit, daß du keine Zeit hast? Du sprichst doch ständig über die Inventur." „Ich habe sehr viel zu tun." „Soll ich sie jemand anderem geben?" „Das ist deine Sache." Sie sind dann sehr verwirrt und fragen mich, wie sie mir eigentlich ihre Inventur geben können, wenn ich gar keine Zeit habe. Ich fordere sie auf, im Big Book nachzulesen, was dort über den Fünften Schritt steht. Es ist nicht meine Aufgabe, jemanden dazu zu bringen, etwas Bestimmtes zu tun. Doch wenn jemand zu mir sagt: „Hör' mal zu, Bill, ich muß dir jetzt meine Inventur geben, gib mir die Zeit, die ich brauche; mein Leben hängt nämlich davon ab", dann werde ich die Zeit dafür haben und bin bereit zuzuhören – es könnte ja ein Leben davon abhängen. *Mein* Leben hing davon ab, mich mit einem anderen über meine Inventur auszutauschen, und du mußt bereit sein, die Tatsache hinzunehmen, daß es bei dir auch so ist.

Manche meinen, ich hätte einen schlechten Wortschatz, weil ich immer sage, daß man Menschen, die hingefallen sind, am meisten damit hilft, wenn man ihnen noch zusätzlich einen Tritt versetzt. Meine Erfahrung ist nämlich, daß *ich* immer einen Tritt bekam, wenn ich mich bückte, um jemandem aufzuhelfen – *und der andere machte keine Fortschritte*. Wenn ich mich bücke, um jemandem aufzuhelfen, dann ist es, als wenn ich sagen würde: „Du Dummkopf, du kannst ohne meine Hilfe nicht aufstehen." Und, weißt du was? Sie *können* ohne meine Hilfe aufstehen! Niemand in diesem Programm braucht meine konkrete Hilfe; ich bin als Gottes Werkzeug da, aber ich kann ausschließlich nur *mir selbst* helfen. Ich kann niemanden heilen, und ich will auch niemanden heilen – ich will nur mir selbst helfen.

Indem du jemanden im Programm bittest, sich deine Inventur

anzuhören oder über ein Problem zu sprechen, gibst du diesem Menschen wirklich eine Chance, das weiterzugeben, was er über und durch die Zwölf Schritte gelernt hat. Der Sponsor sagt: „Mensch, was bin ich glücklich. Dieser Mensch hat ein Problem, das ich auch immer hatte. Ich habe mich damit herumgeschlagen, und wenn ich mich darüber austausche, erkenne ich, wie sehr ich schon gewachsen bin, weil ich mich damit nicht mehr so sehr beschäftigen muß." Und der Gesponserte sagt: „Mensch, wenn er es kann, dann kann ich es auch." Und genauso wirkt Sponsorschaft.

Sechster Schritt

*Wir waren völlig bereit, alle diese Charakterfehler
von Gott beseitigen zu lassen.*

Ich habe den Sechsten Schritt wörtlich genommen. Es heißt dort, daß „wir völlig bereit waren" – *bereit*, also nicht aktiv, nicht *handelnd*. Wenn du den Sechsten Schritt machst, wirst du merken, daß du viele von deinen Charakterfehlern gar nicht aufgeben willst, obwohl du meinst, du seiest ganz bereit dazu, daß Gott sie alle beseitigt.

Wenn wir unser Fehlverhalten aufgeben und geistig gesund werden, fühlen wir uns sehr verletzbar. Viele von uns möchten lieber ein elendes Leben führen als überhaupt keins. Wir ziehen eine unglückliche Liebe einem Leben ohne Liebe vor und bleiben lieber in einer ungesunden Beziehung, als zu riskieren, überhaupt keine Beziehung zu haben. Wir behalten lieber unsere schlechten Gefühle, als gar nichts zu spüren. Auch wenn es so aussieht, als seien wir bereit, unsere grundlegenden Mängel von Gott beseitigen zu lassen, sträuben wir uns doch immer noch dagegen.

Wir haben beispielsweise Schwierigkeiten, unseren Ärger zu fühlen und mit ihm umzugehen; es ist schwer, ihn zu fühlen, uns mit ihm auseinanderzusetzen und ihn trotzdem nicht überschwappen zu lassen.

Ich kannte immer nur zwei Möglichkeiten, mit Ärger umzugehen: Entweder lebte ich ihn aus – wurde vielleicht sogar handgreiflich –, oder ich unterdrückte ihn. In meiner Jugend prügelte ich mich mit anderen, bis mir klar wurde, daß ich dafür ins Gefängnis kommen konnte. Von da an – bis ich zum Programm kam – hielt ich meinen Ärger nieder, ich staute ihn in mir auf. Heute weiß ich, daß es eine dritte Möglichkeit gibt: Ich kann mich entscheiden, nicht ärgerlich zu sein. Ich habe herausgefunden, daß ein Gefühl vorbeigeht, wenn ich es einfach zulasse. Indem ich sie unterdrückte oder auf jemanden losging, gab ich der Wut viel

Macht über mich. Sie wurde zu einer Art Gott, sie kontrollierte mich, weil ich ihr eine solche Macht gab.

Das Wort „angemessen" ist eines meiner Lieblingswörter. Es ist völlig unangemessen, verrückt zu sein; es ist auch völlig unangemessen, dick oder betrunken zu sein beziehungsweise Haschisch zu rauchen. Wir Eßsüchtigen sind insofern in einer glücklichen Lage, als wir unser unangemessenes Verhalten sehen können – unser Körperumfang nimmt zu, und unser Kopf wird immer voller. Das ist unangemessen.

Wir müssen wirklich bereit sein, daß Gott unsere Sucht nach Nahrung, nach Zorn, nach Ärger, nach Schuldgefühlen und nach Feindseligkeit von uns nimmt – eine nach der anderen. Ich habe nie gewußt, daß ich wirklich einfach nur mit dem Essen aufzuhören brauchte; ich glaubte, essen zu *müssen,* wenn ich hungrig war und erst recht, wenn Nahrungsmittel vor mir standen. Ich wußte einfach nicht, daß ich damit aufhören konnte. Um das zu lernen, bekam ich von meinem Sponsor eine leichte Aufgabe. Sie hat mir so sehr geholfen, daß ich dir davon erzählen und sie an dich weitergeben will:

Mein Sponsor fragte mich: „Warum ißt du alles auf, was auf deinem Teller liegt? Laß eine Bohne liegen." „Das ist doch lächerlich" erwiderte ich. Egal, ob ich hungrig war oder nicht, ich würde sie ja doch essen, oder? „Probiere aus, wie es ist, wenn du nur eine einzige Bohne liegenläßt" wiederholte er, „auch wenn du es dumm findest – tu's einfach!"

Nun gut, ich ließ also eine einzige Bohne liegen. Ich kann dir sagen: Das war die Härte! Noch nie hatte ich irgend etwas auf meinem Teller zurückgelassen! Ich war mir auch sicher: Das bringe ich sowieso nicht fertig. Aber ich konnte – ich ließ diese eine Bohne liegen. Am nächsten Tag fragte mich mein Sponsor, was ich zum Abendbrot essen wolle. „Fleisch, Salat und Gemüse" antwortete ich, und er schlug mir vor, an diesem Tag ein wenig Gemüse und ein kleines Stückchen Fleisch übrigzulassen.

Genau so geht es: Du mußt dich zwingen, buchstäblich vom Essen weggehen. Von da an ließ ich jedesmal irgend etwas übrig. Und weißt du was: Ich hatte nicht mehr und nicht weniger Hunger als vorher! Ich habe auch dadurch weder ab- noch zugenommen. Es war ein Symbol, und ich fühlte mich zunehmend wohler dabei, immer etwas auf dem Teller liegenzulassen. Dadurch habe ich gelernt, nach jedem Bissen innezuhalten und mich zu fragen, ob ich wirklich noch Hunger habe und noch etwas essen will. Manchmal merkte ich, daß ich nichts mehr brauchte. Ich kann wirklich *ohne* den nächsten Bissen leben. Bis heute lasse ich fast immer von allem etwas liegen. Wenn ich sehe, daß ich nichts übriggelassen habe, weiß ich, daß ich nicht im Programm lebe.

Wie kannst auch du das hinkriegen? Ganz einfach – indem du es tust! Das ist alles. Fange mit *einer* Bohne, *einer* Erbse, *einem* Möhrenstückchen an – von allem ein wenig. Laß einfach *etwas* liegen. Das ist der Anfang. Ich kann mitten im Essen innehalten und mich fragen, ob ich noch hungrig bin, ob ich den nächsten Bissen wirklich noch brauche. Wenn ich an einen bestimmten Punkt komme, kann ich aufhören. *Diese Macht ist mir gegeben worden.*

So fängt es an – mit einer einzigen Bohne. Meiner Meinung nach ist es die praktikabelste Methode überhaupt, zwanghaftes Verhalten zu stoppen. Durch sie gewann ich Abstand von dem kleinen Jungen in mir, der sagte: „Ich kann das nicht, und ich will das auch nicht." Jeder von uns hat dieses kleine Kind in sich, das jammert: „Ich kann das nicht." Solange wir davon überzeugt sind, etwas nicht zu können, ist es auch so. Manchmal brauchen wir einen kleinen Beweis. Tu' einfach mal etwas, von dem du glaubst, du seiest dazu nicht in der Lage. Auf diese Weise trennst du dich von dem kleinen Kind in dir, das sagt: „Ich bin hilflos." Glaube mir: Nichts kannst du so einfach loswerden wie deine Nahrungsbesessenheit.

Als ich von meinem Eßproblem befreit war, tauchten plötzlich andere Schwierigkeiten auf. Ich mußte mich mit meinen Beziehungen auseinandersetzen, mit meiner Ehrlichkeit, sogar damit, das Wetter hinzunehmen. Es war, als hätte ich einen Stein hochgehoben, und darunter kamen nun all die anderen Dinge zutage. Manchmal würde ich ihn am liebsten wieder zurückrollen. Jetzt, wo ich mich auch um alle diese anderen Probleme kümmere, ist mein Leben zunehmend schwieriger geworden, zu einer Art

Deich: Wenn ich das eine Loch gestopft habe, tun sich vier andere Löcher auf.

Als ich zum Programm kam, hatte ich ein Problem; man sagte mir, ich sei eßsüchtig. Daraus entnahm ich, daß ich dick sei, eine Diät machen und abnehmen müsse – und dann würde alles wundervoll sein. Ich glaubte, man würde mich heilen. Aber so ist es nun einmal nicht. Als ich nicht mehr von meiner Eßsucht geplagt wurde, entdeckte ich, daß es noch mehr Probleme bei mir gab, mit denen ich mich beschäftigen mußte.

Wir gehen dieses Programm wie ein junger Architekt an, dessen erster Auftrag darin besteht, einen Anbau für ein Haus zu planen. Er übt das, bis er es beherrscht, um dann andere Aufgaben zu übernehmen – vielleicht ein Wohnhaus planen, dann ein Krankenhaus, später einen Wohnblock, ein Hochhaus und schließlich eine ganze Stadt. Durch dieses Programm verringern sich nicht unsere Probleme; doch unsere Fähigkeit, mit ihnen umzugehen, wächst ins Unermeßliche.

Solange, wie du noch nicht von dem Zwang zur körperlichen Selbstzerstörung befreit bist, spielst du nur ein Spiel. Manche genehmigen sich Rückfälle, andere halten ihr Gewicht, weichen aber auf eine andere Sucht aus. Du kannst dich hinsetzen und sagen, daß du seit zehn Jahren schlank bist; aber solange die Gier nach Essen nicht verschwunden ist, spielst du auf die eine oder andere Weise ein Spiel. Zwanghaftes Verhalten zerstört mich. Ich kann nicht zwanghaft leben und gleichzeitig behaupten, ich sei genesen. Wenn ich dazu bereit bin, nimmt Gott das Problem der Sucht von mir. Ich bin zu einem Menschen geworden, der sich von Gott seine Schwierigkeiten abnehmen läßt, und ich habe völliges Vertrauen.

Ich kenne eine Menge Leute, die mit dem zwanghaften Essen oder Trinken aufgehört haben – das war's: sie haben lediglich aufgehört. Natürlich ist es eine Leistung, mit Überessen oder zwanghaftem Trinken aufzuhören, aber das Leben hält mehr für uns bereit als nur das! Jemand, der mit seinem süchtigen Verhalten aufhört, ohne sein Leben mit dem Programm zu bereichern, ist noch immer verkrüppelt und nicht gesund. Ein wirklich glücklicher Mensch ist frei – frei von Ärger, Wut, Depressionen und

Angst. Wir kommen nicht umhin, uns mit den Fehlhandlungen auseinanderzusetzen, die durch das zwanghafte Eßverhalten verdeckt werden.

Ich bin davon überzeugt, daß du nie mehr der/die gleiche sein wirst, wenn du einmal angefangen hast, in diesem Programm zu leben. Manchmal wünsche ich mir meine Krankheit zurück, weil sie mein Leben auch erleichtert hat. Für alles lieferte sie mir eine Ausrede: Ich war dick, und meine Mutter war schuld daran; bekam ich ein Strafmandat, dann nur, weil ich zu dick war, und das hatte meine Mutter schließlich verursacht. Der Grund für meine Scheidung war ebenfalls nur mein Dicksein und ging daher auch auf das Konto meiner Mutter. Was auch immer geschah, ich hatte stets eine einfache Erklärung dafür.

Heute geht das nicht mehr. Wenn ich ein Strafmandat bekomme, muß ich eingestehen, daß es mein Fehler war und daß ich mich so verhalten habe, weil ich diesen noch nicht von Gott habe beseitigen lassen. Wenn ich weiter versuche, mich selbst davon zu befreien, würde ich ihn wohl nie loswerden. Das Programm sagt uns: „Warum läßt du nicht einfach los und läßt Gott sorgen?"

Ich wollte nie abnehmen, ich dachte nur immer, daß ich es wollte – aber ich war nie aufrichtig *bereit* dazu. Wenn wir uns nicht weiterentwickeln, entschuldigen wir uns manchmal damit, wir hätten unser Leben nicht im Griff. Aber wie willst du das wissen? Glaubst du, daß ein Blitz vom Himmel fährt, der dir ein Zeichen gibt? Wenn du nur die *Bereitschaft* hast, dich zu verändern, dann hast du dein Leben genug in der Hand.

Ein anderer Grundgedanke des Programms ist auch noch wichtig. Wir müssen verstehen, daß *wir* überhaupt nichts gegen unsere Charakterfehler machen können. Und wir müssen verstehen, was das wirklich bedeutet, wenn wir das sagen. Wenn jemand zu mir kommt und erzählt, daß er sich ständig fürchterlich ärgert, und mich als seinen Sponsor fragt, was er denn dagegen tun könne, dann gebe ich ihm nur zur Antwort: „Gar nichts!"

Wenn wir das Big Book auf uns übertragen, dann steht da, daß wir eßsüchtig sind, daß wir unser Leben nicht meistern können, und daß uns wahrscheinlich keine menschliche Macht von unserer Eßsucht befreien kann. Verstehst du? *Keine menschliche Macht kann uns von der Eßsucht befreien.* Es gibt wirklich nichts, wodurch du damit aufhören kannst, zwanghaft zu essen, zu lügen, Angst zu haben, wütend zu sein, Depressionen zu haben oder was auch immer. Alle deine Versuche in dieser Richtung kannst du getrost einstellen.

Ich dachte, ich könnte meinen Groll dadurch loswerden, daß ich mich dafür fertigmachte, ihn überhaupt zu haben. Also ging ich zu jemandem hin, über den ich mich geärgert hatte, und entschuldigte mich. Dann bekam ich vielleicht zu hören: „Das wurde aber auch langsam Zeit" – und ich ärgerte mich noch mehr als vorher. Ich hatte dieses Fehlverhalten noch nicht losgelassen, und ganz gleich, was ich tat, es war noch da.

Ich habe mein ganzes Leben damit verbracht, mich zu verändern. Zuerst war meine Devise: „Unterdrücke deinen Ärger"; später dann: „Nein, laß deine Wut raus und zeige deinen Groll!", und schließlich: „Gehe ehrlich mit deinem Groll um!" Ich habe mich mit meinem Groll, meinem Ärger, meinen Depressionen und mit meinem zwanghaften Eßverhalten abgemüht. Ich habe versucht, all dies loszuwerden, und manchmal schien es eine kurze Zeit lang zu glücken. Aber letztendlich konnte ich nichts tun, um auch nur einen dieser Fehler loszuwerden. Entweder legte ich mir einen neuen zu, oder ich machte mit dem alten weiter.

Je größer unsere Bereitschaft ist, von Gott unsere Fehler beseitigen zu lassen, desto eher macht er das auch – und genau das ist damit gemeint, wenn wir sagen, daß wir sie Gott übergeben. Heißt das etwa, daß wir uns zurücklehnen und sagen: „Gott, ich habe mich so geärgert. Bist du bitte so nett und nimmst mir dieses Gefühl ab?" Ja, für mich hat es genau diese Bedeutung! Nimmt Gott den Ärger immer von mir? Jedesmal! Das geschieht *stets in dem Maße, wie ich bereit bin, sie von mir nehmen zu lassen.* Das Problem ist, daß ich oft *nicht* dazu bereit bin. Es sind zwei verschiedene Paar Schuhe, nicht mehr ärgerlich sein zu wollen oder aber zu erkennen, daß ich das manchmal *gern* bin. Das ist ganz besonders dann der Fall, wenn ich ihn gerechtfertigt finde und deswegen selbstgerecht sein kann.

Ich war auch gerne depressiv, denn dann erkundigten sich andere bei mir: „Was ist denn los, Bill? Du siehst so niedergeschlagen aus." Auf diese Weise habe ich viel Aufmerksamkeit bekommen und mich hinter meinen Depressionen versteckt. Wie wir alle habe ich meine Fehlhandlungen dazu benutzt, vieles zu erklären, vor allem, warum ich mich nicht gutfühlte.

Wenn demnächst jemand zu dir sagt, du seiest schlampig, dann antworte: „Stimmt – ich kann nichts daran ändern. Es ist einer meiner Charakterfehler, und ich kann nichts tun, außer Gott zu erlauben, ihn von mir zu nehmen; ich bin bereit dazu." Du wirst mit einem Mal stolz darauf sein, daß du Sachen anders anpackst, und natürlich wird Gott dein Fehlverhalten von dir nehmen.

Denk' doch mal nach – ich habe dir gerade in diesem Augenblick erspart, dich dein Leben lang mit allen diesen Mängeln abmühen zu müssen. Du brauchst dich nur zurückzulehnen und zu sagen: „Ich kann nichts tun, außer daß ich die Bereitschaft aufbringe, sie alle von mir nehmen zu lassen."

Ich sagte immer: Ich kann Gott doch nicht *alle* meine Fehler beseitigen lassen. Doch das war nur eine andere Art von Rechtfertigung. Aus meiner Überzeugung heraus, daß ich nicht perfekt sein könne, riet mir mein Verstand, es auch gar nicht erst zu versuchen. So weigerte ich mich, daß Gott meine Probleme von mir nehmen sollte.

Der Sechste Schritt ist jener Teil des Programms, wo wir unsere Fehlhandlungen ansehen und erkennen, welche Auswirkungen sie auf unser eigenes Leben und das unserer Mitmenschen haben. Wir müssen bereit werden, ohne diesen zerstörerischen Nervenkitzel wegen unserer schlechten Gefühle zu leben und ohne die negative Aufregung, die daraus resultiert. Ansonsten zerstören wir uns und alle, mit denen wir zu tun haben – und das sind gewöhnlich diejenigen, die wir am meisten lieben.

In „Twelve Steps and Twelve Traditions" lesen wir: „Bereitschaft ist der Schlüssel – Vertrauen ist der Weg."

Siebter Schritt

Demütig baten wir ihn, unsere Mängel von uns zu nehmen.

In diesem Schritt geht es um Demut. Der Wunsch, Gottes Willen zu suchen und ihn zu tun – ein wichtiger Teil von Demut –, hat den meisten von uns gefehlt. Ich hatte ihn ganz bestimmt nicht.

Einer der Fehler, der mich am meisten davon abhielt, demütig zu sein, war meine ichbezogene Angst. Sie ist einer unserer größten Feinde. Allerdings gibt es Menschen, die eine sogenannte „gute Angst" für wichtig halten. Für mich gibt es so etwas nicht. Ich möchte vor nichts Angst haben, und ich habe auch keine Angst mehr vor Nahrungsmitteln, vor Menschen, Aufgaben oder Dingen. Ich habe mein Leben mit anderen Gefühlen bereichert.

Im Kapitel über den Siebten Schritt in „Twelve Steps and Twelve Traditions" (vgl. 76) werden wir darauf hingewiesen, daß wir durch Demut die Gnade bekommen können, von unserer stärksten Besessenheit befreit zu werden. Deshalb haben wir allen Grund zu der Hoffnung, daß Demut uns auch helfen kann, möglicherweise vorhandene andere Schwierigkeiten zu lösen. Wir *können* unseren Problemen den Garaus machen, wenn wir demütig sind.

Demut ist schwer zu erreichen, und um sie zu erlangen, mußt du weder kriecherisch sein noch dich kleinmachen. Demütig sein heißt ehrlich sein – *sein*, wer du wirklich bist. Indem du das tust, wirst du wachsen.

Bevor Gott unsere Mängel von uns nehmen kann, müssen wir uns in seinen Dienst stellen. Wir lassen sie los, indem wir sagen: „Gott, ich gebe mich dir hin, mache mit mir, was immer du willst." Loslassen bedeutet auch, daß wir nichts mehr gegen unsere Charakterfehler unternehmen müssen. Indem wir uns in Gottes Dienst stellen, werden sie von uns genommen.

Wenn das geschehen ist, bleibt oft eine innere Leere in uns zurück. Anfangs haben wir gute und schlechte Gefühle. Sind unsere Fehlhandlungen jedoch erst einmal beseitigt, treten schlechte Gefühle immer seltener auf. Wenn aber die guten Gefühle nicht in einem solchen Maße zunehmen, daß sie die Leere füllen, bleibt lediglich ein Loch zurück. Viele erfahren dieses Gefühl von Leere, wenn sie abgenommen haben. „Ist das alles?" fragen wir uns enttäuscht. Das Leben scheint nicht mehr sinnvoll oder aufregend genug. Wir waren gewohnt, mit allen diesen schlechten Gefühlen vollgestopft zu sein.

So kann es dazu kommen, daß wir uns absichtlich selbst untergraben. Wir fangen vielleicht eine Beziehung oder eine neue Arbeit an und finden dann eine Möglichkeit, uns alles wieder zu verderben, damit es aufregend wird. Wir wollen nicht übersehen werden. Alles soll „richtig lebendig" sein. Wenn wir etwas vermasseln, regen sich alle auf. Wir wollen diese Aufregung nicht missen, die wir empfinden, wenn uns andere sagen, wie schlecht wir doch sind.

Ein bestimmter Charakterfehler, den ich über viele Jahre hatte, machte mir große Angst. Ich fühlte mich schuldig deswegen und redete mir selbst ein: „Du solltest dieses Problem nicht mehr haben, insbesondere nicht, weil du im Programm lebst. Auch mit all der Bildung, die du genossen hast, solltest du dich nicht so verhalten. Es gibt einfach keinen Grund dafür." Ich machte regelrecht einen Trip daraus. Aber dieser Fehler blieb. Eines Tages sagte ich mir: „Was bist du für ein Dummkopf! Offensichtlich machst du doch immer weiter damit. Du hast diesen Fehler und bist nicht bereit, ihn aufzugeben. Warum gibst du dir also weiterhin dafür auch noch eins auf den Hut und akzeptierst die Tatsache nicht, daß du einfach ein Trottel bist? Und damit basta!"

Ich hatte eine ungeheure Last getragen. Sobald ich dann jedoch erkannt hatte, was ich mir damit antat, war ich sehr erleichtert. Die Last erfüllte nun keinen Zweck mehr. Ich hatte endlich die Bereitschaft, Gott diesen Mangel von mir nehmen zu lassen.

Wir können nur wenig erreichen, solange wir uns dieser Fehlhandlungen nicht bewußt sind, sie aufschreiben und sagen können: „So sieht es aus. Das sind meine Charaktermängel, sie gehören zu mir, und niemand außer mir ist dafür verantwortlich." Natürlich können wir sagen: „Meine Mutter tat dies, mein Vater tat jenes". Es kann ja sein, daß sie den Groll ursprünglich in uns hervorgerufen haben. Aber heute tun sie das nicht mehr. Jetzt sind wir erwachsen. Wir sollten für unseren derzeitigen Zustand Verantwortung übernehmen und uns sagen: „Ich bin so, wie ich bin. Das *sind* meine Fehler" und „Ich will sie nicht mehr, Gott!" So einfach ist das.

Im Big Book steht ein Gebet, in dem es heißt, daß Gott unsere grundlegenden Fehler von uns nehmen möge, *damit wir ihm und anderen Menschen besser dienen können* – nicht, damit wir uns besserfühlen, nicht, damit wir abnehmen und schlank sind, sondern damit wir Gott und unseren Mitmenschen besser dienen können. Nur dann, so steht es im Big Book, haben wir den Siebten Schritt abgeschlossen.

Der Sinn des Sechsten und Siebten Schrittes ist es, uns dabei zu helfen, Gott die Erlaubnis zu geben, die wahrgenommenen Fehlhandlungen von uns zu nehmen. Sieh dir alle die vielen Jahre an, in denen du vergeblich versucht hast, dein Leben in Ordnung zu bringen! In dieser Zeit hast du ständig allen Leuten von deinem schrecklichen Schicksal erzählt, und deine Lieblingsfrage war: „Was soll ich nur tun?" Die Antwort darauf ist: Erlaube Gott, alles das von dir zu nehmen, was dir Sorgen macht. An diesem Punkt trennen sich Gläubige von Ungläubigen.

Jemand meinte: „Angenommen, ich habe den Drang, ständig auf den Bürgersteig spucken zu müssen, obwohl ich dafür ein Strafmandat bekomme (das ist in manchen Bundesstaaten der USA wirklich so – Anm.d.Ü.) – denkst du allen Ernstes, daß Gott *diese* Gewohnheit von mir nimmt, wenn ich ihn darum bitte?" Ja, genauso ist es!

In meinem Leben hat es wirklich nie anders geklappt. Ich habe immer versucht klarzukommen, entwickelte aber nur immer noch raffiniertere Methoden, *nicht* zurechtzukommen. Ich habe versucht, alles nach meinen Vorstellungen hinzubiegen – es haute einfach nicht hin. Ich redete mir gut zu: „Nur noch eine Diät, nur noch ein guter Einfall – dann bin ich bereit und werde etwas tun." Aber um *Tun* geht es gar nicht!

Viele von denen, die zum Programm kommen, haben schon

einige Therapien hinter sich. Sie haben zwar den Vorteil, offen und wach zu sein, und sie kennen auch ihre grundlegenden Fehler. Doch sollten wir nicht vergessen, daß es zwar wichtig ist, diese zu kennen, daß wir aber nichts mehr gegen sie tun können. Wir sollten uns keine Sorgen mehr über unsere Eßsucht oder über sonstige Dinge machen.

Wenn sich Eßsüchtige mit mir unterhalten, sind zwei ihrer Lieblingsfragen: „Wie schaffst du es, dich nicht zu überessen?" und: „Wie wird man abstinent?" Ich antworte darauf, daß sie nur dem Programm, den Schritten zu folgen brauchen – die Abstinenz stellt sich dann von alleine ein.

Das Programm hilft uns auch zu der Erkenntnis, daß wir sowohl unangemessene als auch angemessene Gefühle in unangemessener Weise ausleben. Das ist beispielsweise so, wenn wir essen, ohne hungrig zu sein, oder daß wir hungrig sind, wenn wir gerade erst gegessen haben. Manche Menschen haben immer Hunger, und das ist unangemessen. Süchtig zu essen – wie wir es tun – oder nichts zu essen – wie Magersüchtige – oder Essen wieder zu erbrechen – das sind allesamt unangemessene Verhaltensweisen.

Wenn ich süchtig essen will, dann werde ich es auch tun. Wenn ich süchtig danach bin, ärgerlich zu sein, dann werde ich ärgerlich. Wenn ich den Zwang habe, mit 120 Sachen in falscher Richtung durch eine Einbahnstraße zu fahren, dann werde ich es tun. Wenn ich süchtig danach bin, zu manipulieren und zu kontrollieren, dann werde ich auch das tun.

Wie kannst du mit einem bestimmten Verhalten aufhören, wenn du den Zwang hast, es zu tun? Im Programm wird uns in Aussicht gestellt, daß Gott für uns tun wird, was wir selbst nicht für uns tun konnten. Wenn du eine einfachere Methode kennst, werde ich diese gern übernehmen. Deshalb ist es auch so wichtig, jeden Schritt im Programm in der vorgegebenen Reihenfolge zu tun. Durch jeden von ihnen können wir mehr Glauben bekommen. Das Programm ist perfekt angelegt; du mußt nur verstehen, wo es beginnt und worauf es abzielt.

Es gibt einige Charaktermängel, die meiner Meinung nach noch niemand deshalb losgeworden ist, weil er es *versucht* hat, sie abzulegen. Im Gegenteil: Manche Menschen leben ihre Fehler nur noch raffinierter aus – wie der Alkoholiker, der seine Arbeit verliert, ins Gefängnis wandert und rücksichtslos Auto fährt. Andere sagen: „Früher habe ich gelogen, das mache ich heute nicht mehr." Nun gut, sie lügen vielleicht nicht mehr, aber sie unterdrücken ihre Gefühle und werden davon innerlich zerfressen. Sie sterben allmählich daran. Sehr oft bringt das, was dem Fehlverhalten zugrundeliegt, die Menschen dazu, von der einen auf die andere Sucht umzusteigen. Ein trockener Alkoholiker ist vielleicht ständig arbeitslos und benutzt als Ausrede, daß er immer soviel Ärger habe. Wir müssen uns mit den *Wurzeln* unserer Charakterfehler auseinandersetzen.

Für mich ist es ungeheuer entlastend zu wissen, daß ich mich nicht selbst von meinen grundlegenden Mängeln heilen muß. Ich kann nichts tun; Gott wird sich für mich darum kümmern. Je mehr ich versucht hatte, ihrer ledig zu werden, um so mehr lebte ich sie aus. Es ist wirklich eine wunderbare Erleichterung, daß ich nicht mehr durch alles das hindurchgehen muß.

Es ist sehr gefährlich, einem Eßsüchtigen lediglich seine Sucht wegzunehmen, ohne ihm gleichzeitig zu helfen, einen Ersatz dafür zu finden. Wenn nichts anderes da ist, womit soll er dann sein Leben ausfüllen? Er wird sich wie tot fühlen. Deshalb gibt es verschiedene Dinge im Programm, die wir *tun* müssen – wir arbeiten in den Schritten, erzählen anderen vom Programm und sponsern.

Wenn wir lange Zeit im Programm sind, werden wir oft selbstgefällig: „Ich spreche schon seit Jahren in den Gruppen. Wie lange soll ich das denn noch tun?" Die Antwort ist, daß es keinerlei Begrenzung dafür gibt. Es ist so wie mit Sponsorschaften auch: Ob ich drei oder dreißig Menschen sponsere, hängt von meinen Möglichkeiten zum Dienst ab. Es gibt keine Einschränkung. Wer von uns hilft wirklich anderen Eßsüchtigen? Wie oft dienen wir ihnen – und anderen Menschen?

Ich habe die Erfahrung gemacht, daß meine Fehler immer dann wieder auftauchen, wenn ich das Programm nicht mehr anwenden will. Wenn das der Fall ist, tritt auch mein Verlangen nach Nahrungsmitteln wieder auf. Dann suche ich nicht nach einem Schuldigen oder nach einem Grund für mein Verhalten; statt dessen frage ich mich: „Wie kommt es, daß ich nicht im Programm arbeite?" Und dann muß ich schleunigst wieder damit anfangen.

Wir haben betont, daß es auf unsere Bereitschaft ankommt. Sind wir jetzt bereit, alle diese Dinge von Gott beseitigen zu lassen, die wir als nicht einwandfrei zugegeben haben? Kann Gott sie jetzt alle von uns nehmen? Wenn nicht – wenn wir festhalten und nicht loslassen wollen –, dann können wir Gott bitten, uns zu helfen, diese Bereitwilligkeit aufzubringen.

Wenn wir bereit sind, können wir beispielsweise das folgende Gebet aus dem Big Book sprechen:

Mein Schöpfer, ich bin jetzt bereit, dir alles von mir zu geben, das Gute und das Schlechte. Ich bete, daß du jeden einzelnen meiner Charakterfehler von mir nimmst, der meiner Nützlichkeit für dich und meine Mitmenschen im Wege steht. Gib mir die Kraft, deinen Willen zu tun. Amen (S. 96).

Damit hast du den Siebten Schritt abgeschlossen. Verstehst du jetzt, welche Bedeutung er für dich hat? Erinnere dich einfach an seinen Wortlaut. Wir kommen ohne Vorbehalte zum Programm und bitten Gott, mit uns zu tun, was immer er will. Ich bitte ihn wirklich, alle Fehler von mir zu nehmen. Ich esse zwanghaft, ich bezahle nicht immer meine Strafmandate, ich beantworte manchmal Telefonanrufe nicht, und gelegentlich fahre ich zu schnell. Warum mache ich das? Ich mache es, um mich schlechtzufühlen.

Wenn ich früher im Fahrstuhl stand, beobachtete ich die anderen Leute und dachte: „Ich wollte, ich wäre auch ein richtiger Mensch, so wie diese Leute hier. Ich bin doch nur ein Nichts." Heute stehe ich mit geradem Rücken im Aufzug, sehe mich um, die Leute blicken zurück und lächeln mich an. Ich lächle zurück, weil ich heute weiß, daß ich etwas wert bin. Dafür, daß es so ist, habe ich nichts anderes getan, als ein geistiges Programm anzuwenden. Alles geschah von selbst.

Manchmal habe ich Gott gebeten, ein bestimmtes Verhalten von mir zu nehmen, doch es änderte sich nicht. Was sich aber verändert hat, ist, daß ich mich deswegen nicht mehr schlechtfühle. Jetzt frage ich mich, warum ich es trotzdem immer wieder tue. Ich beginne, dieses Verhalten als das zu sehen, was es ist: Wir sind programmiert, es uns schlechtgehen zu lassen, und wir müssen uns neu programmieren, damit wir uns gutfühlen können.

Wenn ich morgens ins Auto steige, weiß ich, wie gut ich im Programm arbeite. Wie es mir geht, merke ich nicht daran, wie ich esse, sondern wie ich Auto fahre. Ich fahre gern ins Büro und muß dazu über die Berge von Los Angeles. Früher fuhr ich, als ob ich einen Grand Prix gewinnen könnte. Wenn ich heute merke, daß ich zu schnell fahre, steuere ich mein Auto an den Straßenrand und nehme mir einige Minuten Zeit. Ich versuche, mich zu beruhigen, und bitte Gott, meinen Drang zum Schnellfahren von mir zu nehmen. Und er hat es getan. Wenn du ein Auto besitzt, das dich 40 DM gekostet hat, und du fährst dann mit 50 Stundenkilometern durch die Weltgeschichte, dann kannst du es genausogut verkaufen. Das habe ich getan, denn es hat mir keinen Spaß gemacht, mit diesem Flitzer so langsam zu fahren. Mein Zwang zum Rasen war weg, also konnte ich auch mein schnelles Auto verkaufen.

Früher war ich ständig von irgend etwas besessen. Heute gibt es lange Zeiten ohne irgendwelche Zwänge, auch wenn es noch Phasen gibt, in denen ich verrückte Dinge tue. Mit ein Grund dafür ist meiner Meinung nach, daß ich essen muß, um zu überleben. Das heißt, daß ich täglich gerade das tue, was symbolisch für meine Sucht ist – essen. Ich glaube, daß jeder im Laufe eines Tages blöde Sachen macht; wir tun das aber aus unserer Sucht heraus, auf eine ungesunde Weise. Einiges davon ist nicht der Rede wert. Früher habe ich mich immer schlechtgefühlt, wenn ich mich wie besessen verhielt. Ich aß, weil ich mich schlechtfühlte, dann fühlte ich mich schlecht, weil ich gegessen hatte. Heutzutage kann ich etwas Verrücktes tun und erkenne es als solches; ich muß mich deswegen aber nicht schlechtfühlen.

Wenn wir uns auf unsere Zwänge konzentrieren und darauf, wie wir sie loswerden, können wir Gott und unseren Nächsten nicht in höchstem Maße dienen. Der eigentliche Sinn der Zwölf Schritte ist, einen Menschen hervorzubringen, der anderen Menschen und Gott dient. Ich kann niemandem nützlich sein, wenn ich selbstbezogen und selbstzerstörerisch bin.

Wenn du keine Fehler hättest, über die du reden könntest, worüber würdest du dann sprechen? Kannst du dich auch über angenehme Dinge unterhalten? Wie lang würde ein solches Gespräch wohl dauern? Sehr viele Menschen haben sich daran gewöhnt, nur noch über ihr Leben zu klagen; sie können sich über nichts anderes mehr unterhalten. Während der eine von seinem Sonntagsausflug ans Meer schwärmt, stöhnt der andere: „Das ist ja ganz nett, aber ich muß dir unbedingt etwas über mein Geschwür erzählen."

Zu Hause verhalten wir uns genauso. Es ist sogar ein typisches Verhalten in Beziehungen, sich zu beklagen. Ein Mann kommt nach Hause und fragt seine Frau, wie ihr Tag verlaufen sei. „Die Hypothek ist überfallig" erwidert sie ihm, „die Kinder haben in der Schule versagt; das Fleisch, das ich heute gekauft habe, ist schlecht, und deshalb gibt es auch kein Abendessen." Sie fragt ihn, wie denn sein Tag gewesen sei, und er antwortet: „Oh, ich habe eine Gehaltserhöhung bekommen, aber vorher hatte ich einen Platten. Und die Arbeit ist mir ohnehin zuviel." Wir sagen nicht: „Ich fühle mich großartig" oder „Es war ein herrlicher Tag". Das Leben scheint für uns keinen Sinn zu haben, wenn wir nicht klagen.

Mach' einmal den Versuch, für einen einzigen Tag mit dir selbst folgende Vereinbarung zu treffen: „Heute werde ich mich über nichts beschweren, ganz gleich, was geschieht. Wenn mich jemand fragt, wie es mir geht, werde ich nur mit ‚prima' antworten." Du wirst bestimmt das Gefühl haben, beinahe durchzudrehen – aber es wird zu deiner Heilung beitragen. Du wirst dich vielleicht sehr unbehaglich fühlen, denn die meisten Menschen um uns herum sind verrückt! Es ist unangenehm, mit verrückten Leuten zusammenzusein, wenn du gerade dabei bist, geistig gesund zu werden.

Gott wird dein Fehlverhalten von dir nehmen – aber nimm dich in acht: Für jeden beseitigten Fehler tauchen zehn neue auf. Es hat unbeschreibliche Wirkungen, wenn wir im Programm leben. Wir werden vom Zwang befreit, uns überessen zu müssen – genauso, wie Gott es uns versprochen hat. Nun können wir uns anderen Dingen zuwenden.

Achter und Neunter Schritt

*Wir machten eine Liste aller Personen, denen wir
Schaden zugefügt hatten, und wurden bereit,
ihn bei allen wiedergutzumachen.*

*Wir machten bei diesen Menschen alles wieder gut
– wo immer es möglich war –, es sei denn,
wir hätten dadurch sie oder andere verletzt.*

In einer Liste alle Menschen aufzuführen, denen wir geschadet haben, ist sehr schwer für uns – und so wichtig! Wir können nicht im Programm arbeiten, wenn wir nicht – wie es in „Twelve Steps and Twelve Traditions" steht – zu jedem Menschen, den wir kennen, die bestmögliche Beziehung aufbauen.

Der Prozeß der Wiedergutmachung geschieht in zwei Schritten. Zunächst müssen wir im Achten Schritt dazu bereit sein, eine Liste anzufertigen, in der wir alle Menschen aufführen, denen wir jemals Schaden zugefügt haben. Im nachfolgenden Neunten Schritt beschließen wir, auf welche Weise wir wiedergutmachen – und tun es dann auch. Das Wichtigste dabei ist unsere *Bereitschaft* dazu.

„Einem anderen Schaden zufügen" wird in „Twelve Steps and Twelve Traditions" bezeichnet als das „Ergebnis eines gestörten Gefühlslebens, das bei anderen Menschen körperlichen, geistigen, seelischen und spirituellen Schaden verursacht" (S. 80). Auch wenn wir andere nicht dazu *zwingen*, sich auf eine bestimmte Weise zu verhalten (sie haben immer die Entscheidung, wie sie reagieren), so ruft doch alles, was wir tun, eine Reaktion bei unseren Mitmenschen hervor. Wenn wir schlecht gelaunt sind, können wir davon ausgehen, daß andere auch ärgerlich sind. Wenn wir unehrlich sind, werden andere uns nicht trauen. Auf tausenderlei Arten berauben wir andere ihrer emotionalen oder wirtschaftlichen Sicherheit, ihres inneren Friedens und selbst ihres Eigentums. Wir können kontrollierend, nachlässig, hinterhältig, ein Dieb, ungeduldig, größenwahnsinnig oder voller Selbstmitleid sein. Fange am besten hier an und füge deine eigenen Verhaltensweisen hinzu.

Jetzt – im Achten und Neunten Schritt – ist es an der Zeit, deine Wiedergutmachungen zu leisten, damit sich deine Beziehungen klären.

Es gibt Menschen, die von sich behaupten, daß sie das nicht nötig haben. Wenn überhaupt, dann hätten sie höchstens eine oder zwei kleinere Angelegenheiten richtigzustellen. Meine Erfahrung ist, daß kein Tag vergeht, an dem ich ohne Wiedergutmachung auskäme. Durch meine Inventur im Vierten Schritt habe ich eine vollständige Liste aller Menschen, denen ich jemals Schaden zugefügt habe, die ich meine, verletzt zu haben oder wo ich mir vorstelle, ich könnte ihnen geschadet haben. (Ruth: S. 98)

Gelegentlich wirst du einen Alkoholiker hören, der davon überzeugt ist, daß er ausschließlich Trockenheit braucht; genauso meint mancher Eßsüchtiger, für ihn sei einzig und allein Abstinenz wichtig (d. h., er beschränkt sich auf bestimmte Lebensmittel). Natürlich wird für Alkoholiker Trockenheit oder für Eßsüchtige Abstinenz zu einem wichtigen Bestandteil ihres Lebens. Aber Süchtige brauchen mehr als nur Trockenheit oder Abstinenz. Nach den vielen Jahren, in denen sie die Liebe und Geduld ihrer Eltern, Partner und Kinder hart auf die Probe gestellt haben, müssen sie bei vielen etwas wiedergutmachen. Im Big Book steht dazu: Der Alkoholiker ist wie ein Tornado, der durch das Leben anderer tobt. Herzen werden gebrochen; schöne Beziehungen gehen zugrunde; liebevolle Zuwendung wird im Keim erstickt. Selbstsüchtiges und rücksichtsloses Verhalten haben das Zuhause in ständigem Aufruhr gehalten (S. 82).

Das gleiche gilt für Eßsüchtige. Ein zwanghafter Mensch, der glaubt, Trockenheit oder Abstinenz allein würde genügen, weiß nicht, was er sagt.

Die meisten von uns sind schließlich aber doch bereit, einen Anfang zu wagen und eine Liste jener zu erstellen, denen sie Schaden zugefügt haben. Am besten gehen wir zu unseren Inventuren im Vierten Schritt zurück und sehen nach, wen wir dort erwähnt haben.

Meine Liste geht bis ins Alter von drei Jahren zurück. Ich kann mich daran erinnern, wie ich unsere Haushälterin, meine ältere Schwester und meine Eltern verletzt habe. Als ich fünf Jahre alt war, wurde meine jüngere Schwester geboren. Damals habe ich einem Vetter geschadet, weil ich ihn dazu überredete, von zu Hause wegzulaufen. Es gibt wirklich nichts, was zu weit zurückläge, als daß wir nicht darüber nachdenken müßten.

Das Programm ist ein Programm der Veränderung. Du kannst dich aber nicht verändern, solange du noch anderen die Schuld zuweist oder dich darüber beklagst, was deine Eltern getan haben. Du kannst nur *dich selbst* verändern, und um das zu tun, mußt du die Trümmer der Vergangenheit wegräumen.

Interessanterweise ist der Neunte Schritt der erste, in dem wir es mit anderen Menschen zu tun haben. Bis dahin ging es nur um uns selbst. Aber nun dienen wir – vielleicht zum ersten Mal in unserem Leben – anderen Menschen, indem wir bei ihnen etwas wiedergutmachen.

Viele von uns weigern sich, diesen Schritt zu tun, oder übergehen ihn. Mir ist es auch unangenehm, jemandem geradewegs ins Gesicht zu sagen, daß ich ihn belogen habe. Die Enttäuschung des anderen und meine völlige Verlegenheit sind nicht nur unbehaglich, sie sind sogar demütigend. Und doch weiß ich, daß ich es tun muß. Wir überessen uns wegen unseres noch nicht wiedergutgemachten Unrechts an anderen. Es wird Zeit, diese Schuld abzuwerfen.

Auf meinem Schulweg kam ich früher immer an einem Laden vorbei, in dem ich oft zusammen mit meinen Schulkameraden etwas gestohlen hatte. Vor nicht allzu langer Zeit bin ich in dieses Geschäft gegangen, habe den Geschäftsführer aufgesucht und ihm meine Geschichte erzählt. Dabei schrieb ich einen Scheck in etwa der Höhe des Wertes der von mir gestohlenen Süßigkeiten aus. Als ich ihm erklärte, warum ich das tat, konnte er es einfach nicht fassen. Er selbst war im übrigen sichtlich übergewichtig, und so erzählte ich ihm etwas über das Programm. Später bekam ich dann einen Brief der Ladeninhaber, daß sie Overeaters Anonymous etwas spenden wollten. Da OA keine Spenden annimmt, wollten sie statt dessen einer caritativen Einrichtung meiner Wahl etwas zukommen lassen. Sie hatten noch nie gehört, daß jemand nach so vielen Jahren eine Sache wieder in Ordnung brachte.

Wir sollten uns meiner Überzeugung nach unbedingt erinnern und jede Anstrengung unternehmen, um jene Menschen ausfindig zu machen, denen wir geschadet haben. Selbst nach Jahren des Forschens habe ich einige Leute, mit denen ich im Alter von zehn oder elf Jahren zur Schule gegangen bin, noch nicht gefunden. Jedesmal, wenn ich in eine neue Stadt komme, suche ich im Telefonbuch nach diesen alten Namen in der stillen Hoffnung, sie zu finden. Dabei geht es mir immer blendend!

Eine junge Frau, die ich sponserte, reiste 800 Kilometer, um sich bei einigen ihrer Schulfreundinnen dafür zu entschuldigen, daß sie ihnen ehemals ihre Freunde ausgespannt hatte. Sie war überzeugt, das tun zu *müssen*.

Andere sind zu ihrem früheren Arbeitgeber gegangen und haben ihm bekannt, daß sie Geld gestohlen hatten und es nun zurückzahlen wollen. Manche nehmen das Geld nicht an; andere reagieren unhöflich oder sind – verständlicherweise – ärgerlich. Es geht nicht darum, daß diese Leute gut über uns denken, oder daß wir ihr Vertrauen gewinnen sollen. Es geht darum, uns selbst von unserer Schuld zu entlasten und unsere Würde zurückzuerhalten.

Erwarte keine Vergebung bei alledem. Dein Leben hängt nicht davon ab, daß dir andere verzeihen, sondern von *deiner* Bereitschaft, *dir selbst* zu vergeben. Wie schrecklich das, was du anderen zugefügt hast, auch gewesen sein mag – andere von uns haben sicherlich das gleiche oder sogar noch Verwerflicheres getan. Das Allerschlimmste ist, wenn du dir selbst nicht vergibst.

Du kannst nicht einmal erwarten, daß deine Familie dir verzeiht; viele Familienmitglieder werden es nicht tun. Wir wissen, daß wir oft Ehepartner, Kinder oder Eltern vor den Kopf gestoßen haben. Manche von uns haben anderen derartig oft auf die Füße getreten, sie verletzt und in einigen Fällen sogar deren Leben zerstört, daß sie nicht mit Vergebung rechnen können. Aber es gibt auch solche, die dich mögen und die gern wieder mit dir zu tun haben werden.

Wenn du dich veränderst, abnimmst und ein anderer Mensch

wirst, solltest du dich nicht nur um deine Vergangenheit, sondern auch um deine Zukunft kümmern. Wenn andere an ihrer Bitterkeit und an ihrem Groll festhalten, ist das ihre Entscheidung. *Du mußt jedoch nicht weiter mit Schuldgefühlen* – dem Kennzeichen von Eßsüchtigen – *leben.* Vielleicht können es sich normale Menschen leisten, sie zu haben; für uns Süchtige sind sie Gift. Das steht auch schon im Big Book. So mancher von uns scheint Schuldgefühle so herrlich zu finden, daß er sich darin suhlt und sich weigert, sie abzulegen. Würden wir sie aufgeben, müßten wir uns nämlich gestatten, glücklich zu sein, und anfangen, wirklich zu leben. Für mich, der ich im Programm bin, gibt es keine Schuldgefühle mehr.

Ich mache diesen Schritt auf keinen Fall für andere, sondern ausschließlich für mich. Ob andere Menschen meine Entschuldigungen annehmen oder nicht, hat für mich keine Konsequenzen; sie können mir vergeben oder es auch lassen.

Mit einer meiner Schwestern habe ich seit Jahren nicht mehr gesprochen, weil ich früher Dinge getan habe, die sie ablehnte. Sie meint, ich sei heute immer noch so, wie ich früher war. Ich beschuldige weder sie noch andere Menschen aus den alten Zeiten, wenn sie mir nicht vergeben. Wir haben nicht das Recht, jemandem Vorwürfe zu machen, wenn er nicht bereit ist, uns vergangene Schlechtigkeiten zu verzeihen. Das ist selbst dann so, wenn wir den Eindruck haben, daß er gar nicht wissen will, wie wir heute sind.

Im Neunten Schritt steht, daß wir „bei diesen Menschen alles wieder gutmachten, wo immer es möglich war, *es sei denn, wir hätten dadurch sie oder andere verletzt*". Im Big Book heißt es, daß wir unseren inneren Frieden nicht auf Kosten anderer erkaufen können. Mit anderen Worten: Wir dürfen unsere ehrlichen Bekenntnisse nicht auf andere Leute abladen und damit ihr Leben durcheinanderbringen. Es ist verlockend, die heißen Kartoffeln weiterzugeben. Freunde von mir ließen sich zum Beispiel scheiden, weil eine Frau, die Wiedergutmachung leisten wollte, der betreffenden Ehefrau von einem früheren Verhältnis mit deren Mann erzählt hatte. Sie zerstörte die Ehe mit ihrer „Wiedergutmachung". Der gesunde Menschenverstand gebietet, daß wir nicht das Risiko eingehen, anderen zu schaden, indem wir uns selbst entlasten.

Wir brauchen auch keine übertriebene Reue vor unserem Gegenüber an den Tag zu legen. Es genügt, wenn wir jemandem ohne Wenn und Aber von unserem Fehler erzählen und uns den Konsequenzen daraus stellen.

Du wirst Schwierigkeiten damit haben und kämpfen. Möglicherweise hast du so viel Angst davor, daß du den Neunten Schritt sogar überspringen willst. Kannst du das überhaupt? Klar kannst du das! Aber wenn du anfängst, wieder zuzunehmen und Rückfälle hast, nachdem du vielleicht schon 50 kg oder so abgenommen hast, brauchst du dich nicht zu wundern, warum das so ist!

Wenn du dich selbst liebhast, wirst du sogar bei denen Wiedergutmachungen leisten, die unhöflich oder grob zu dir sind oder die sagen: „Das wurde aber höchste Zeit!". Du wirst einen Tag, eine Woche oder eine Stunde lang frei von Sucht – von Wahnsinn – sein, und das nur, weil du diesen Schritt getan hast! Du entschuldigst dich nicht deshalb, weil du etwas von demjenigen haben kannst *(Ruth, S. 103)*, dem du geschadet hast, sondern einzig und allein deshalb, um Gott und den Menschen in höchstem Maße zu dienen. Das ist nur möglich, wenn du dich von diesen Trümmern der Vergangenheit befreit hast.

Ich bin fest überzeugt, daß dieser Schritt erst dann seine entscheidende Wirkung zeigt, wenn du genug gelitten hast. Erst dann wirst du sagen: „Mag sein, daß diese ganze Prozedur lächerlich ist, aber was bleibt mir anderes übrig? Ich werde es versuchen. Ich werde daran arbeiten!"

Im Big Book gibt es einige Richtlinien für diejenigen, die vielleicht eine kriminelle Handlung begangen haben, die sie ins Gefängnis bringen könnte, wenn sie den Behörden bekannt würde. Als Beispiel wird die Geschichte eines Mannes berichtet, der wieder geheiratet hatte und ins Gefängnis hätte gehen müssen, wenn er seine vergangenen Missetaten gestanden hätte (vgl. S. 79). Wenn sicher ist, daß jemand strafrechtlich verfolgt und ins Gefängnis gesperrt würde und deshalb auch nicht mehr in der Lage sein würde, für den Lebensunterhalt seiner Familie zu sorgen, dann muß dies berücksichtigt werden. In einem solchen Fall können Wiedergutmachungen anonym geleistet werden.

Was unsere Vergebung anderen gegenüber angeht – mir fällt es leicht, jedem zu vergeben, weil ich das im Gebet tun kann. Aus mir heraus kann ich niemandem vergeben, aber weil Gott in jedem ist, kann ich zu ihm in diesem betreffenden Menschen beten. Ich bringe es nicht fertig, meiner Mutter zu verzeihen; aber ich kann zu Gott in ihr beten und das Gute anerkennen, das wir miteinander erlebt haben. Sie war krank – wie ich; sie hat es nur auf andere Weise zum Ausdruck gebracht. Wenn jemand wirklich wütend oder gehässig zu mir ist, versuche ich mit vereinten Kräften, jenen kleinen Teil in diesem Menschen zu sehen, der Gott ist. Mit diesem göttlichen Teil befasse ich mich.

In diesem Programm ist unser vorrangiges Ziel nicht, abzunehmen oder nüchtern zu werden, sondern eine spirituelle Erfahrung zu machen. Wir bitten um Stärke und Führung, damit wir das Richtige tun und unsere Wiedergutmachungen leisten, und zwar unabhängig davon, was das für Folgen hat – selbst wenn wir dabei unseren Arbeitsplatz oder unseren guten Ruf verlieren. *Wir müssen die Bereitschaft haben.*

Wenn du dieses Programm lebst, wirst du mit der Zeit erkennen, daß der Mensch, der du warst, dieses unglückliche Kind in dir, stirbt. (Ich meine damit die alte Botschaft aus deiner Kindheit, die besagt, daß du nicht in Ordnung bist.) Dieses Selbstbild hätte schon längst ausgemerzt gehört, und vielleicht fällt es dir schwer, es loszulassen. Es kann sein, daß du dich traurig oder sogar einsam fühlst ohne dieses negative Bild von dir. Aber danke Gott dafür, daß du nie mehr der Mensch sein mußt, der du gewesen bist!

Eßsucht ist das Ausleben von „Ich will, *was* ich will und *wann* ich es will.". Mit dem Trinken oder jedem anderen süchtigen Verhalten ist es genauso. Wenn ich etwas will, dann WILL ich es, und ich kann nicht aufhören, es zu wollen. Jemand, der solche Wünsche hat, ist ein Kind, ist wie ein vierjähriges Kind, das mit den Füßen aufstampft und schreit: „Ich will das aber, ich will das aber!" und solange Theater macht, bis es seinen Willen bekommt. Ein süchtiger Mensch benimmt sich genauso. Dabei kommt es letztlich nicht darauf an, ob dieses „Etwas" wirklich das ist, was dieses Kind will, oder ob das Kind nicht einfach nur die Aufmerksamkeit will, die es durch sein Theater auf sich zieht.

Im Big Book wird unter der Überschrift „Der Mann, der sein Leben verliert" aus einem Gedicht von Edna St. Vincent Millay zitiert: „Bedaure das Herz, das so langsam erlernt, was der schnelle Verstand an jeder Ecke erkennt" (vgl. S. 534). Damit soll gesagt sein, daß der Intellekt vernünftiger ist als die Gefühle. Der Verstand erkennt, Gefühle werden einfach ausgelebt. Der Mann, der die genannte Geschichte im Big Book erzählt, gibt darin auch eine Beschreibung für Alkoholismus, die durchaus auf Eßsucht übertragbar ist: Es ist ein Zustand, der deutlichmacht, daß die Gefühle nicht in gleichem Maße gewachsen sind wie der Verstand (vgl. S. 535).

Wenn ein Mensch mit einem „erwachsenen Verstand und kindischen Gefühlen" älter wird, machen ihn solche Eigenschaften wie Eitelkeit, Eigennutz, falscher Stolz, Eifersucht und das Trachten nach sozialer Anerkennung zu einem potentiellen Kandidaten für Alkoholismus beziehungsweise Eßsucht. Dann haben wir einen süchtigen Menschen von zwanzig, dreißig, vierzig oder fünfzig Jahren vor uns, der vorpubertäre Gefühle hat. Mit zunehmendem Alter wird die Kluft zwischen geistiger und emotionaler Entwicklung immer schmerzlicher, so daß schließlich Alkohol oder Nahrungsmittel mißbraucht oder Ängste aufgebaut werden, um den Schmerz zu betäuben.

Ich möchte eine Aussage aus dem Big Book auf Eßsüchtige übertragen: Es gibt Eßsüchtige, die scheinbar erwachsen sind. Ihr Bemühen, einen reifen Eindruck zu machen, bringt jedoch ein solches Ausmaß an Spannung mit sich, daß dies zu zwanghaftem Essen führt (vgl. S. 535). Ein solches süchtiges Verhalten ist der Versuch eines Ausgleichs für Unreife und – wie ich meine – auch für Unzulänglichkeit und kindische Eitelkeit.

Durch das Zwölf-Schritte-Programm bekommen wir die Erlaubnis, *(Ruth: werden wir ermutigt/erhalten wir die Gelegenheit!!!)* erwachsen zu werden; wir erhalten eine neue Einladung zum Leben. Das haben uns Bill W. und das Programm geschenkt; wir dürfen noch einmal anfangen. Das Programm ist die Zusammenfassung aller uns bekannten guten und positiven Philosophien, die alle auf die Liebe gegründet sind. Es gibt nur ein Gesetz: Liebe; und es gibt nur zwei Sünden: Das Wachstum eines anderen Menschen oder aber das eigene Wachstum zu vereiteln.

„Das spirituelle Leben ist keine Theorie" steht im Big Book (S. 83). *„Wir haben es zu leben!"* Wenn wir daran arbeiten, unsere Fehler von uns nehmen zu lassen und Wiedergutmachungen zu leisten, KÖNNEN wir sowohl eine neue Freiheit und ein neues Glück finden als auch Gelassenheit und inneren Frieden. Im Programm wird uns versprochen, daß sich unser Selbstmitleid verlieren wird, daß wir neues Interesse an anderen Menschen bekommen, daß unsere Ängste verschwinden und wir in der Lage sein werden, mit Situationen zurechtzukommen, die uns vorher verwirrt haben.

Wenn wir diese Schritte gründlich durcharbeiten, werden wir „plötzlich erkennen, daß Gott für uns tut, was wir für uns selbst nicht tun konnten" – so steht es im Big Book (S. 84).

Zehnter Schritt

*Wir setzten die Inventur bei uns fort, und wenn
wir Unrecht hatten, gaben wir es sofort zu.*

Ich habe herausgefunden, daß es für mich wirklich wichtig ist, an meiner Inventur weiterzumachen. Ich nehme einen Steno-Block und schreibe auf die rechte Seite, was mich ärgert oder was ich tagsüber getan habe. Ohne viel darüber nachzudenken, schreibe ich diese Dinge auf, denn wenn ich anfange nachzudenken, wähle ich aus. Ich möchte aber, daß alles ohne Einschränkung zutage tritt. Dann schreibe ich auf die linke Seite meine dazugehörigen Charakterfehler. Ich schreibe beispielsweise auf die rechte Seite: „Der oder der hat mir dies oder das angetan." Auf die linke Seite kommt, womit *ich* zu diesem Verhalten des anderen beigetragen habe.

Dann gehe ich zum Neunten Schritt zurück. Wenn ich z. B. jemanden ärgerlich gemacht habe, nehme ich Kontakt zu diesem Menschen auf und gestehe ihm mein Verhalten ein. Ich sage vielleicht: „Ich bin heute für eine Sache verantwortlich, die dich wütend gemacht hat. Entschuldige bitte." Einmal war es so, daß ich bei jemandem etwas wiedergutgemacht habe, weil ich eine Atmosphäre für ihn geschaffen hatte, in der er unglücklich war und mir gegenüber feindselig. Ich hatte ihn aber nicht absichtlich verletzt. Ich schrieb ihm einen zehnseitigen, maschinengeschriebenen Brief, in dem ich darlegte, wie ich unsere Beziehung sah. Das Ergebnis war, daß er seither weder mich noch das Programm mag. Nun gut, er hat selbstverständlich ein Recht auf seine Abneigung. Ich brauchte und erwartete keine Bestätigung, weil ich in erster Linie für mein eigenes Wohlergehen gehandelt hatte. Ich mache immer noch Fehler. Es ist nicht falsch, Fehler zu machen, es ist nur falsch, nicht aus ihnen zu lernen.

Ein Schlüsselwort in diesem Schritt ist „sofort". Ich mache ständig Inventur und entschuldige mich sofort. Das bedeutet, daß ich nicht eine Woche oder zwei warte, oder bis ich mich wohler fühle oder bereiter dazu wäre. Hätte ich gewartet, bis ich „bereit" gewesen wäre in dem Sinne, daß ich Lust gehabt hätte, würde ich noch immer 35 kg mehr wiegen.

Wenn ich Wiedergutmachungen aufschiebe, lasse ich diese alten, destruktiven Gefühlen erneut in mein Leben ein; wenn ich anfange, mich wieder schlechtzufühlen, brauche ich vielleicht Monate, um mit dieser Selbstzerstörung aufhören zu können. Auch wenn mir ein Verhalten leid tut, entschuldige ich mich nicht mehr dafür, daß ich überhaupt auf der Welt bin. Ich habe es gemocht, mich schlechtzufühlen. Jedesmal, wenn ich mich jetzt so erlebe, lasse ich dieses Gefühl los. Ich rede mir nie ein, ich sei ein „schlechter Mensch", der dies oder das nicht hätte tun sollen. Statt dessen sage ich mir: „So geht es nicht." Im Big Book steht, daß ich intuitiv wissen werde, was für mich gut ist und was nicht. Wenn ich mich bei jemandem entschuldige, stehe ich zu dem, was ich getan habe und wie es sich auf diesen Menschen ausgewirkt hat. Ich anerkenne, daß es so nicht geht.

Der Zehnte Schritt ist eine Kombination aller vorhergehenden Schritte. Es ist das erste Mal in unserem schrittweisen Wachstum, daß etwas zusammenfließt: Alle Fortschritte, die wir in den ersten neun Schritten gemacht haben, wenden wir jetzt auf unser tägliches Leben an. In dem Maße, wie dies mehr und mehr von selbst geschieht, vermindert sich die Notwendigkeit zu einer ständigen Inventur.

Ein Bekannter von mir hat jahrelang behauptet, daß der Zehnte Schritt überflüssig sei, wenn man wirklich im Programm lebe und ehrlich damit umgehe; dann geschehe er nämlich von allein. Er meinte, wir brauchten keine Liste mehr von jenen Menschen aufzustellen, die wir verletzt hätten, weil wir nun niemandem mehr schaden würden; wenn es dennoch vorkäme, würden wir uns augenblicklich umdrehen und uns entschuldigen. Ich versuche, Wiedergutmachungen sofort zu leisten. Wenn ich mich in einem alten Muster wiederfinde, sage ich: „Einen Moment mal ... ich möchte mich entschuldigen. Ich hätte das nicht sagen (oder tun) sollen." Der entscheidende Punkt bei der fortlaufenden Inventur ist, daß wir diese Fehler sofort in Ordnung bringen. Das ist ein ständiger, lebenslanger Prozeß.

Durch unser Vertrauen in Gott wird nach diesem „Hausputz" das Versprechen des Programms wahr: Ich muß mir keine Sorgen mehr wegen des Essens machen. Gott hat buchstäblich mein Verlangen danach von mir genommen. Gott hat mir die Fähigkeit gegeben, sagen zu können: „Nein danke, ich mache mir nichts mehr aus diesem Lebensmittel. Es schmeckt mir nicht."

Wir lassen uns nicht mehr von unseren grundlegenden Fehlern beherrschen. Wir sind uns dabei kaum bewußt, daß wir neue Einstellungen entwickeln. Plötzlich werden Höflichkeit und Freundlichkeit etwas Alltägliches. Toleranz und Liebe, die wir für die Menschen um uns herum aufbringen, bekommen eine neue Bedeutung, sobald wir nicht mehr mit Ärger, Rückzug oder dem letzten Ausweg, dem zwanghaften Überessen, auf sie reagieren. Wie können wir anderen gegenüber intolerant sein, wenn wir erkennen, wie sehr sie unsere eigenen kranken und ungesunden Verhaltensweisen toleriert haben?

Wie es uns das Programm verspricht, fangen wir an, geistig gesund und normal zu reagieren. Schließlich wird ein kranker Mensch, der geistig gesund geworden ist, nichts tun, was sein Leben zerstört. Wenn dir ein Arzt sagt, daß es für dich lebensgefährlich ist zu laufen, dann ist die geistig gesunde und normale Reaktion darauf, zu gehen und nicht zu rennen. Wenn du Diabetes hast und daher bestimmte Nahrungsmittel nicht essen sollst und Medikamente nehmen mußt, dann ist die geistig gesunde und normale Reaktion darauf, dich danach zu richten, denn sonst stirbst du. Im Gegensatz dazu kann ein kranker Mensch, der wegen seiner Zwanghaftigkeit nicht normal reagiert, selbst angesichts des Todes oder einer Behinderung nicht den Rat eines Arztes befolgen.

Wir Eßsüchtigen haben die Fähigkeit verloren, uns geistig gesund und normal zu verhalten. Wenn wir aber dieses Programm wirklich leben, werden wir geheilt. Die größten Fortschritte in unserer Genesung machen wir, wenn der Zehnte Schritt mehr und mehr zu einer Selbstverständlichkeit wird, wenn Selbstanalyse die

Selbsttäuschung ersetzt, wenn wir unsere Fehler erkennen und von ihnen befreit werden.

Geistig gesund und normal reagieren bedeutet für mich als jemand, der zum Dicksein neigt, daß ich bestimmte Nahrungsmittel und gewisse Mengen nicht mehr esse. Es ist überhaupt nicht wichtig, *warum* ich das nicht kann. Es ist einfach eine für mich gültige Tatsache.

Indem ich jetzt tue, was der Zehnte Schritt vorschlägt, gehe ich jenen Weg, von dem ich weiß, daß er für mich gut ist. Ich habe die Macht zu wählen. Statt zu sagen, daß ich etwas nicht essen darf, weil es nicht gut für mich ist oder weil es mich dick macht, kann ich nun ehrlich sagen, daß ich es nicht mehr will. Die Besessenheit ist automatisch beseitigt worden. Ich empfinde mich nicht als hochmütig, wenn ich heute sage, daß ich geheilt bin; es ist eine Tatsache. Manchmal tue ich zwar Dinge, die unangemessen sind, aber grundsätzlich führe ich ein gesundes Leben.

Solch ein geistig gesundes und normales Verhalten kann nur durch eine Höhere Kraft entstehen, weil ich mit meiner eigenen Macht niemals in der Lage war, geistig gesund und normal zu sein.

Als ich zu diesem Programm kam, war ich machtlos. Ich weiß nicht, ob ich schon damit geboren worden bin oder nicht – das ist aber auch völlig egal. Immer, wenn ich versuche, aus eigener Kraft mit dem Essen klarzukommen, dann weiß ich, daß es mir an Vertrauen zu Gott mangelt. Wenn Gott das für mich tut, indem er mir seine Kraft gibt, damit ich mich geistig gesund und normal verhalten kann, dann muß ich um diese Fähigkeit nicht mehr kämpfen. Ich werde Gott nicht länger das Recht absprechen, durch mich und für mich Wunder zu vollbringen.

Jetzt, wo ich einmal mit dem Programm begonnen habe, würde ich es fürchterlich finden, so zu sein, wie ich früher war. Es war schlimm, dick zu sein. Stell' dir nur vor, du würdest all dieses Gewicht verlieren und es dann wieder zunehmen! Ich würde mich zehnmal so schlecht fühlen, weil ich diese Vorstellung von Freiheit *hatte* und davon, worum es im Leben geht. Wir haben zwei Möglichkeiten: Wir können verrückt oder normal sein. Und *wieder* wahnsinnig zu sein, nachdem wir schon einmal einen Schimmer davon bekommen hatten, was geistig gesundes Leben bedeuten kann, ist noch absurder, als ursprünglich, als wir noch nichts davon wußten beziehungsweise es noch nicht zugegeben hatten.

Ich hatte seit eh und je eine Vorliebe für bestimmte Nahrungsmittel und konnte mit dem Essen nicht aufhören. Nun ist ein Wunder geschehen: Gott hat die Sucht, das Verlangen, die Gier von mir genommen. Das ist unglaublich, aber wahr! Und dies wird Tag für Tag so sein, solange ich den Zehnten Schritt mache und den spirituellen Weg gehe, der vor mir liegt. Wenn ich dieses Programm anwende, werde ich immer geistig gesund und normal leben.

Elfter Schritt

Wir suchten durch Gebet und Besinnung unsere bewußte Verbindung zu Gott, wie wir Gott verstanden, zu vertiefen. Wir baten Gott nur, uns seinen/ihren Willen erkennen zu lassen und uns die Kraft zu geben, ihn auszuführen.

Wenn mich jemand fragt, worum ich bete, antworte ich, daß das Big Book mein Leitfaden ist. Darin steht, wir sollten darum beten, daß wir Gottes Willen erkennen und die Kraft bekommen, ihn auszuführen. Mein Gebet besteht also darin, Gott nach seinem Willen zu fragen. Besinnung im Elften Schritt bedeutet, daß ich auf Gott höre, darauf, welche Richtung er angibt und was er für mich will.

In meinem bewußten Kontakt mit Gott sind Gebet und Besinnung Schlüsselelemente. Das Gebet ist ein spirituelles Werkzeug. Es ermöglicht mir, nach Gottes Willen zu fragen und ihn um die Kraft zu bitten, ihn auch zu tun. Meditation ist ein Vorgang, bei dem ich mich selbst darauf vorbereite, Gottes Wort wahrzunehmen. Ich habe mir angewöhnt, schlicht und einfach um das Erkennen seines Willens zu beten. Nur darum bete ich, um nichts sonst. Ich versuche, dem Drang zu widerstehen, um etwas zu beten, was wieder mein Wille wäre und meinen Bedürfnissen entspräche: „Gib mir das", „laß das nicht geschehen", „laß mich pünktlich sein", „ich hoffe, daß morgen die Sonne scheint". Statt dessen sage ich: „Gott, laß mich deinen Willen erkennen" und bitte um die Kraft, die Ruhe und die Gelassenheit, diesen Willen auszuführen und sinnvoll mit meinem Alltag umzugehen.

Hundertmal am Tag komme ich an eine Weggabelung, an der ich mich entscheiden kann, ob ich dem Willen Gottes entsprechen will oder nicht. Ich kann jemandem den Parkplatz wegnehmen oder ihn ihm überlassen; ich kann hupen und über jemanden fluchen, der langsam vor mir herfährt; ich kann über den Fehler eines Mitarbeiters wütend werden oder in Ruhe mit ihm darüber reden. Wenn wir im Elften Schritt arbeiten, können wir tiefe Einsicht in Gottes Willen für uns bekommen und gleichzeitig die Kraft erhalten, ihn auszuführen. Wir können eine wirklich lebendige und positive Beziehung zu unserem Gott haben, und nur darum geht es letztlich im Programm. Er vermittelt uns seinen Willen, und wir befolgen ihn mit unserer Kraft, die aus Gott kommt.

Oft höre ich Leute sagen: „Gut. Ich lehne mich einfach mal zurück. Wenn Gott wollte, daß ich Arbeit bekomme, würde ich sie bekommen; wenn Gott wollte, daß ich abnähme, würde ich abnehmen; wenn Gott wollte, daß ich abstinent wäre, würde das so sein." Sie lehnen sich einfach nur zurück und sagen: „Wie wär's, Gott, mach mal!" Im Grunde genommen sind wir mit unserem Gott allein auf dieser Welt. Wir müssen unsere Beziehung zu ihm anerkennen und in sie hineinwachsen. Wenn du beispielsweise am späten Abend mit dem Auto unterwegs bist und an einer Imbißstube vorbeikommst, kann dich praktisch niemand daran hindern, dort anzuhalten – rein gar nichts, außer Gottes Wille und deine Kraft, dich danach zu verhalten. An diesem Punkt nützen dir der beste Sponsor, der beeindruckendste Sprecher in einem Meeting oder die weisesten Worte eines Freundes nichts; alles das wird dich nicht davon abhalten, die Imbißstube zu betreten. Das nicht zu tun, kannst nur du allein zusammen mit deinem Gott schaffen.

Als Eßsüchtige haben wir zumindest einige Lebensbereiche, in denen wir einen schmerzlichen Mangel an Disziplin aufweisen. Wenn wir täglich die Zwölf Schritte und diesen geistigen Austausch praktizieren, werden wir sowohl Disziplin als auch Lebendigkeit zurückgewinnen. Im Big Book wird das auf S. 87 hervorragend in folgenden Sätzen ausgedrückt:

Im Laufe unseres Tages halten wir inne und bitten um den richtigen Gedanken oder das richtige Verhalten, wenn wir aufgewühlt oder voller Zweifel sind. Wir erinnern uns ständig daran, daß nicht wir es sind, die „das Bühnenstück leiten" und sagen uns viele Male am Tag: „Dein Wille geschehe." Wir sind dann wesentlich weniger in Gefahr, uns aufzuregen, Furcht, Angst oder Sorgen zu haben, uns selbst zu bemitleiden oder falsche Entscheidungen zu treffen. Wir werden erheblich leistungsfähiger und ermüden nicht mehr so leicht, weil wir keine Energien mehr dadurch vergeuden – wie wir das törichterweise getan haben –, unser Leben so zu gestalten, daß es unseren eigenen Vorstellungen entspricht.

Das Gebet des heiligen Franz von Assisi, das in „Twelve Steps and Twelve Traditions" abgedruckt ist, finde ich sehr kraftvoll, und ich spreche es mehrmals am Tag:

Herr, mache mich zum Werkzeug deines Friedens!
Wo Haß herrscht, laß mich Liebe bringen,
Wo Kränkung – Vergebung,
Wo Zwietracht – Versöhnung,
Wo Irrtum – Wahrheit,
Wo Zweifel – den Glauben,
Wo Verzweiflung – die Hoffnung,
Wo Finsternis – Licht,
Wo Traurigkeit – Freude!
O, Herr, laß mich immer mehr danach verlangen,
Andere zu trösten, als selbst getröstet zu werden,
Andere zu verstehen, als selbst verstanden zu werden,
Denn: Nur im Geben liegt wahrer Gewinn.
Im Selbstvergessen der Friede.
Im Verzeihen Vergebung,
Und nur im Sterben erwachen wir
Zum Ewigen Leben. Amen (S. 93 dt. Fassung 1980)

Manchmal sagen Leute, sie hätten zu Gott gebetet, aber keine Antwort erhalten. Ich sage ihnen, daß sie nur nicht richtig *hingehört* haben. Wir bekommen *immer* eine Antwort darauf, wenn wir fragen, wie sein Wille für uns aussieht.

Das Leben stellt uns immer wieder vor Entscheidungen und an Wegkreuzungen; wir stehen ständig vor der Wahl, welchen Weg wir gehen und auf welche Weise wir auf die Herausforderungen des Lebens antworten wollen – negativ, entsprechend unseren alten, zwanghaften Gewohnheiten oder positiv, entsprechend einem neuen Verhalten, das wir als Willen Gottes erkannt haben. Ganz zweifellos ist Gottes Wille der richtige Weg.

Meditation wird oft mit einem ruhigen und intensiven gedanklichen Vorgang gleichgesetzt. Wenn wir damit allerdings zu unserer Höheren Macht in Verbindung treten, ergibt sich eine wesentlich weitreichendere Bedeutung. Im Big Book wird gesagt, daß Besinnung eine Möglichkeit ist, zu einem Kanal für die Botschaften unserer Höheren Kraft zu werden. Wir müssen einen klaren Kopf bekommen, um diese spirituellen Botschaften wirklich *hören* zu können. Das bedarf einiger Mühe.

Als ich damit anfing, öfter zu meditieren, war ich davon überzeugt, wirklich Gott zuzuhören. Aber die Weisungen, die ich zu erhalten meinte, gaben mir keine spirituelle Richtung. Also überdachte ich meine Meditationsweise. Ich fand ziemlich schnell heraus, daß ich nicht Gott, sondern mir selbst zugehört hatte. Was durchdrang – laut, klar und reichlich –, waren alle die Stimmen und Botschaften aus meinem eigenen Kopf: Gebote und Verbote, die meinen eigenen Bewertungsmaßstäben und denen anderer entstammten, und Überreste aus meinem Alltag, der vollgestopft mit Informationen ist. Um Gottes Worte aufnehmen zu können, mußte ich lernen, wie ein offenes Gefäß zu sein und mich von jeder Blockierung befreien.

Zen-Meister zeigen ihren Schülern eine schöne, handbemalte Schale, die der Legende nach Jahrhunderte alt ist und von einer ganzen Familie mit viel Sorgfalt angefertigt wurde. Sie wird mit der Frage überreicht: „Was ist das Wertvollste an dieser Schale?" Für jene, die begriffen haben, um was es geht, ist es weder ihr Alter noch ihre Schönheit oder die mit ihr verwobene Legende, sondern ihr Fassungsvermögen. Dieses Bild kann auf uns übertragen werden: Was ist die wertvollste Eigenschaft eines Menschen? Es ist nicht das Alter, nicht das Äußere, nicht der Wohlstand – sondern wieviel er aufnehmen, fassen und nutzen kann.

Manchmal wird Selbsthypnose als eine Form von Meditation bezeichnet. Ich teile diese Ansicht nicht. Für mich ist Selbsthypnose nur das Ersetzen des einen gedanklichen Vorgangs durch einen anderen. Durch Meditation hingegen erlaube ich mir selbst, ein leeres Gefäß zu werden. Nur wenn wir leer sind, können wir etwas aufnehmen. Dazu sind wir nicht in der Lage, wenn wir mit Gedanken beschäftigt sind wie: „Was mache ich jetzt?", „Wie sehe ich aus?", „Was soll ich essen?", „Was mache ich hier?", „Wie wird es mir gehen, wenn ich nach Hause komme?"

Es gibt viele Möglichkeiten, wie man erfolgreich meditieren

kann. Statt eines Überblicks über verschiedene Meditationstechniken erläutere ich hier meine eigene Vorgehensweise. Alles, was ich darüber genau weiß, ist, daß sie für mich gut ist. Sie gibt mir Abstand zu meiner Umgebung und verhilft mir zu einem Zustand, in dem ich bewußten Kontakt zu Gott aufnehmen kann. Wenn möglich, lege ich mich dazu hin oder setze mich auf einen Stuhl. Ich beginne damit, daß ich systematisch jeden Teil meines Körpers beruhige und bewußt alle Spannung und Härte loslasse. Wenn mein Körper gelöst ist, gehe ich daran, einen klaren Kopf zu bekommen. Ich denke intensiv an die friedvollste und schönste Umgebung, die ich mir vorstellen kann: an einen weiten Sandstrand, eine Hängematte im Garten oder einen sanft ansteigenden, grasbewachsenen Hügel. Um mich herum ist absolute Stille. Ich lasse mich von der Wärme der Sonne völlig durchdringen und lasse alles los. Wenn mein Körper und mein Geist vollkommen entspannt sind, werde ich zu einem kristallklaren Gefäß – bereit, geistige Anregungen zu empfangen und ihnen zu folgen. Meiner Erfahrung nach ist es am besten, dann zu meditieren, wenn das Bedürfnis danach auftritt. Diese einfache Technik hilft mir, mich mitten in der größten Verwirrung zu entspannen. Sie kann mich auch unterstützen, wenn ich mich auf ein wichtiges Gespräch oder ein geschäftliches Treffen vorbereite oder mich im Anschluß daran erholen will.

Meditation ist ein für mich wichtiges Werkzeug, wenn ich nervös oder sehr aufgeregt bin. Das ist jetzt zwar seltener als früher der Fall, aber es kommt noch vor. Ich rege mich immer noch auf, wenn ich im Straßenverkehr steckenbleibe oder wenn ich zu spät zu einer Verabredung komme. Ein Grund dafür, daß mir das kaum noch passiert, ist, daß ich besser plane und viel früher zu Verabredungen aufbreche. Das ist eine einfache Methode, mich nicht über den Verkehr oder über die knappe Zeit aufzuregen. Wenn ich sehe, daß ich zu spät kommen werde und nichts mehr daran ändern kann, versuche ich, mich zu entspannen und zu beruhigen. Ich atme tief durch und frage mich, was das Schlimmste ist, was mir passieren kann: Ich werde gemaßregelt oder bloßgestellt; vielleicht verliere ich einen Mandanten oder Geld. Indem ich mich so verhalte, anerkenne ich sowohl meine Angst als auch die Realität dessen, was wirklich geschehen könnte. Ich entspanne mich einfach und versuche, diesen Tatsachen nicht aus dem Weg zu gehen. Was kann ich schon daran ändern? Überhaupt nichts. Aber ich *kann* meine Ruhe bewahren.

Ich habe gelernt, an jedem beliebigen Ort innerhalb von Sekunden eine Besinnungspause einlegen zu können. Dazu habe ich viel Übung und Erfahrung gebraucht; und es hat sich gelohnt! Für mich ist es ein wahrer Segen, daß ich meinen Körper verlassen und meinen Geist öffnen kann, um klar zu denken und wahrzunehmen.

Im Big Book steht, daß wir instinktiv wissen werden, wenn wir in bewußtem Kontakt mit Gott stehen, statt, wie ich es zuerst tat, uns selbst zuzuhören. Du kannst mir glauben: Ich wußte genau, was los war und das Gefühl, das ich dabei hatte, ließ mich erpicht darauf sein, diese Erfahrung unbedingt wiederholen zu wollen.

Ich kam auch dahinter, daß diese Art des Besinnens eine gute Möglichkeit für mich war, meine Skepsis gegenüber einer Höheren Macht abzubauen. Ich fing an, längere Gespräche mit ihr zu führen und lernte, in diesem bewußten Kontakt mit ihr meine Probleme zu bearbeiten. Mein tägliches Leben ist durch diese Dialoge mit meinem Gott reicher geworden.

Ich bete zu Gott, daß er mich seinen Willen erkennen läßt und mir die Kraft gibt, ihn auszuführen. Das heißt beispielsweise, daß ich heute bewußt mit dem Essen umgehe, selbst wenn ich morgen nicht abstinent sein sollte.

Ich kenne wirklich *niemanden*, der eine *vollkommene* Abstinenz vom zwanghaften Essen verwirklichen würde. Wenn ich merke, daß ich zwanghaft gegessen habe, sage ich: „Gut, wenn das dein Wille für mich ist, Gott, werde ich ihn akzeptieren. Ich will das nicht mehr machen. Deshalb zeige mir deinen Willen und gib mir die Kraft, ihn zu tun. Auch wenn das bedeutet, daß ich wieder zunehmen soll, werde ich ihn ohne Vorbehalt befolgen." Das ist sehr schwer, besonders dann, wenn ich aus alter Gewohnheit meine Angelegenheiten wieder selbst regeln will und Gott bitte, daß er dies tut oder jenes verhindert.

Ich bin sicher, daß viele Menschen die Idee von einem belohnenden und bestrafenden Gott in sich tragen. Sie glauben, daß

Gott dann ihre Wünsche erfüllt, wenn sie „brav" sind, und daß er ihre Wünsche und Träume ignoriert, wenn sie „böse" sind. Ich bin mit der Vorstellung aufgewachsen, daß ein Mensch entweder in den Himmel oder in die Hölle kommt. Ich habe aber immer gefeilscht, indem ich mir sagte: „Ich kann den heutigen Tag ruhig schieflaufen lassen, denn das kann ich an anderen Tagen ausgleichen. Dann werde ich die Punktzahl wieder zu meinen Gunsten beeinflussen." Ich rechnete mir aus, daß sich die Waage nur leicht zum Guten neigen müßte, damit Gott es bemerkte, und er mir dann einen Platz im Himmel reservieren würde. An den Tagen, an denen ich mich auf der Fahrt zur Hölle wähnte, redete ich mir ein, daß ich ohnehin nicht an dieses Himmel- und Höllenzeugs glauben würde. In Wirklichkeit war es so, daß ich mich noch lange – bis in mein Erwachsenenalter hinein – dieser Vernunftgründe bediente, um meine Angst vor der Hölle zu verdrängen. Als ich dann zum Programm kam, merkte ich, daß ich schon die ganze Zeit in der Hölle gewesen war, und daß ich immer im Himmel leben konnte, wenn ich es wirklich wollte.

Heute gehe ich vorbehaltlos an das Programm heran, frage Gott nach seinem Willen und bitte ihn, mir die Kraft zu geben, ihn zu tun. Das ist alles, worum ich bitten kann. Ich kann Gott nichts vorschreiben; ich kann nicht erwarten, daß er meine Fehler ausmerzt oder jene Aufgaben erledigt, die das Leben an mich stellt. Manchmal fällt es mir noch schwer, nach Gottes Willen zu fragen und nicht zu bekommen, was ich gewollt hatte. Das ist der Punkt, an dem die Kraft, um die ich bitte – die Kraft, Gottes Willen zu tun – wichtig wird. Ich bete um die Kraft, Gottes Willen anzunehmen und ihn zu befolgen, denn ich weiß, daß mir das letztlich zugute kommt. Es geschieht nicht immer alles nach meinen Wünschen, aber meine Grundrichtung ist, daß ich mich *trotz* dieser Tatsache wohlfühle. Die Kraft, die ich von Gott empfange, hilft mir dabei, Ruhe und Gelassenheit auch angesichts potentiell aufregender Umstände zu bewahren.

Ein Beispiel aus meinem Leben soll die praktische Anwendung dieser Kraft verdeutlichen. Ich komme aus einer Familie, in der es üblich war, viel zu brüllen und zu schreien. Bis heute verkrampfe ich mich automatisch und bekomme Schuldgefühle, wenn jemand schreit. Einen Augenblick lang habe ich dann einen höchst unangenehmen Angstzustand, auch wenn ich überhaupt nicht direkt betroffen bin. Wenn ich in diesem Moment die mir von Gott gegebene Kraft einsetze, gelingt es mir, meine Gelassenheit und meine guten Gefühle auch in einer solchen Situation beizubehalten und ohne Angst und Schuldgefühle aus ihr herauszukommen. Letztendlich kann ich auf diese Weise meinen Angstzustand auf den Bruchteil einer Sekunde verringern.

Durch das Programm habe ich die Fähigkeit bekommen, mich durch ein Problem hindurchzuarbeiten; und wenn mir das nicht zufriedenstellend gelingt, bin ich durch das Programm zumindest so stabil geworden, daß ich mich nicht unterkriegen lasse. Das Programm gibt mir Halt und Stütze – etwas, dem ich mich zuwenden kann und das mich dann wieder aufbaut und erfrischt. Es ist wirksamer als jedes Nahrungsmittel, das ich jemals ausprobiert habe. Durch das Programm habe ich buchstäblich jenen kritischen Bruchteil einer Sekunde zwischen geistiger Gesundheit und Wahnsinn gewonnen:

- Ich will gerade zwanghaft etwas essen. Aber jetzt habe ich diesen Bruchteil einer Sekunde, bevor ich mir den ersten Bissen in den Mund stecke; den Bruchteil einer Sekunde, der es mir erlaubt, mich zu entscheiden. Ich weiß, daß ich dieses Essen nicht zum Überleben brauche ... also esse ich nicht.

- Ich will gerade aus dem Auto springen, um jemanden wegen seiner unmöglichen Fahrweise zu beschimpfen. Jetzt habe ich diesen Bruchteil einer Sekunde, bevor ich meinem Wortschwall freien Lauf lasse; einen Bruchteil einer Sekunde, in dem ich mich entscheiden kann. Ich weiß, daß ich diesen Menschen nicht verwünschen muß, um meinen Standpunkt durchzusetzen ... also mache ich es auch nicht.

Seit meine Zwänge von mir genommen sind, erlebe ich ein hohes Maß an Freiheit. Ich verschwende keine wertvolle Zeit und Energie mehr auf meine früheren Besessenheiten: mit jemandem abrechnen, mich rächen oder essen. Statt dessen bekomme ich heute jenen Bruchteil einer Sekunde, den ich brauche – eine Art Gnadenfrist vor dem Ausleben meines Irrsinns –, in dem ich mich fangen und Verantwortung für mich übernehmen kann. Wenn ich das tue, treffe ich meine Wahl. Diese Sekunden sind ein Geschenk Gottes, die mich jeden Tag glücklicher und gesunder werden lassen.

Hochgradige Angstzustände haben mich früher völlig gelähmt. Das kommt zwar immer noch vor, mittlerweile aber wesentlich seltener. Die Angst kann mich nicht mehr so leicht kontrollieren. In der Vergangenheit habe ich mich nach solchen Angstzuständen fürchterlich schlecht und geschwächt gefühlt und mich oft mit Nahrungsmitteln „gestärkt". Heute nehme ich mir etwas Zeit für diese Gefühle und arbeite mich nach und nach aus ihnen heraus. Ruhe und Gelassenheit kehren zurück, Schuld- und Panikgefühle treten nicht auf und auch nicht der Drang nach Lebensmitteln.

Manche Menschen essen, um ihren psychischen Schmerz zu betäuben. Ich habe das auch getan. Ich habe aber auch gegessen, wenn ich mich gutfühlte; schließlich habe ich fast ununterbrochen gegessen. Wenn ich depressiv oder wütend war, oder wenn ich Angst hatte, aß ich – und zwar sowohl, um das Gefühl zu rechtfertigen, als auch, um es zu verlängern. Wenn mein Leben gut lief, und ich fühlte mich trotzdem schlecht, aß ich, um mir dieses Mißverhältnis zu erklären und um etwas Schuldgefühl zu erzeugen, damit ich wieder Grund hatte, mich schlechtzufühlen. Ich kann nur jedem raten, diese Verhaltensweisen zu bekämpfen; spiel' keine Spiele mit Nahrungsmitteln und Gefühlen. Tu' alles, was dir einfällt, um in solchen kritischen Zeiten nicht zu essen: Bete, meditiere, mache einen Spaziergang, rufe einen Freund an. Solltest du damit trotzdem scheitern und essen, dann gehe deswegen nicht zu hart mit dir um. Gib zu, daß du schwach geworden bist und entschließe dich, jetzt sofort den neuen Tag anzufangen. Das kannst du tun, indem du einen Freund anrufst und ihm vom Programm erzählst.

Wenn mich jemand anruft und darüber jammert, daß er einen Rückfall hatte, dann entgegne ich nur: „Na und?". „Na und?!" rufen sie entsetzt, „aber das ist doch fürchterlich!" „Ja, natürlich ist das fürchterlich" antworte ich, „aber das war gestern. Wie lange willst du dich daran festbeißen?"

In den Verheißungen des Programms, die im Big Book stehen, wird von unserer Befreiung gesprochen. Für Eßsüchtige ist das die

Befreiung von ihrer Eßsucht. Das garantiert uns allerdings nicht, daß wir *schlank* sein werden. Vielmehr ist es so, daß uns nirgends im Big Book irgend etwas anderes in Aussicht gestellt wird als das Freisein von unseren Süchten. Darin steht, daß wir von unserem Verlangen, zwanghaft zu trinken (essen), befreit werden.

Die Frau, die mich zum Programm brachte, war zuvor meine Sekretärin gewesen. Vor kurzer Zeit arbeitete sie noch einmal als Aushilfe für mich, als meine Sekretärin in Urlaub war. Nach ihrem ersten Arbeitstag sagte sie mir: „Du hast dich verändert, du bist viel netter geworden." Ich glaube, daß sie mir damit das schönste Kompliment gemacht hat, das mir jemand geben kann, der mich schon vor einigen Jahren gekannt hat. Sie bemerkte auch eine grundlegende Änderung in meinem Umgang mit Arbeitsschwierigkeiten: Ich rege mich über vieles nicht mehr auf und lasse mich auch nicht mehr so leicht durcheinanderbringen. Ich weiß nicht, warum ich in solchen Situationen nicht mehr verkrampft bin, aber ich bin es nicht mehr. Ich kann auch wirklich nicht erklären, wie und warum die Glücksgefühle die Depression verdrängt haben.

Aber eines weiß ich sicher: Je mehr ich in den Zwölf Schritten lebe und im Programm arbeite, um so glücklicher werde ich.

Zwölfter Schritt

*Nachdem wir durch diese Schritte ein spirituelles
Erwachen erlebt hatten, versuchten wir, diese
Botschaft an Eßsüchtige weiterzugeben und unser
tägliches Leben nach diesen Grundsätzen
auszurichten.*

Die *Anwendung der Grundsätze* – wie sie in den Zwölf Schritten dargelegt werden – ist für uns der Schlüssel zum Erfolg dieses Programmes. Je mehr wir uns einbringen, um so größer ist unsere Selbstachtung und um so geringer unser Gewicht. Mit anderen Worten: Unser Selbstbewußtsein wächst in dem Verhältnis, wie sich unser Gewicht verringert, wie unsere Fähigkeit zunimmt, uns in echter Demut in dieses Programm hineinzubegeben. Das ist der wahre Sinn des Zwölf-Schritte-Programms und der Zufriedenheit, die damit durch Gott in unser Leben kommt.

Als ich den Zwölften Schritt zum ersten Mal las, klang er folgendermaßen für mich: „Wenn wir diese geistige Erfahrung gemacht haben, zeigen wir anderen dicken Menschen, was sie unserer Meinung nach tun sollen; nur darum geht es im Programm." Der Zwölfte Schritt kam mir wie eine offene Einladung vor, wieder einmal Gott zu spielen. Es ist doch seltsam, wie wir aus unserem Wunsch heraus, Gott zu spielen, nur das hören, was wir hören wollen, nur das lesen, was wir lesen wollen, und das tun, was uns Macht gibt.

Die meisten Menschen kommen dick und sehr eigenwillig zum Programm. Das war bei mir nicht anders. Ich strampelte mich lange Zeit ab und *dachte*, ich würde im Programm arbeiten. In Wirklichkeit machte ich nur Diäten, schnappte ein paar Sätze auf und ließ jeden, der mir zuhörte, meine Version vom Programm wissen. Das reichte aber nicht aus. Was ich brauchte, war Inspiration, ich brauchte etwas, das mich zu diesem spirituellen Erwachen führte – darum geht es im Zwölften Schritt.

Die ersten elf Schritte sind zur Übung, sind eine Vorbereitung auf unsere neue Wirklichkeit. Wenn wir diese Schritte konsequent in allen unseren Lebensbereichen anwenden, stellen wir uns spirituell auf Gott ein. Dieser Vorgang erinnert mich ein wenig an einen Marathonlauf. Um als Marathonläufer eingestuft zu werden, muß ich 42 Kilometer weit laufen können; eine einfachere Möglichkeit gibt es nicht, um diese Qualifikation zu bekommen. Damit man eine solche Strecke bewältigen kann, ist Training absolut vonnöten, denn sonst wäre niemand in der Lage, so lange zu laufen – egal, wie er sich nennen würde. Die ersten elf Schritte bereiten uns darauf vor, was wir letztlich sein werden – reife, offene und liebevolle Menschen, die mit Gott und seinem Willen in ständiger Verbundenheit leben.

Eine Schlankheitskur machen kann jeder; wir aber müssen lernen, das aufrechtzuerhalten, was wir erreicht haben. Im Grunde genommen ist dies ein Programm, mit dem wir unser Gewicht beibehalten können. Wenn ich Neue im Meeting begrüße, dann sage ich zu ihnen: „Wir sind dazu da, dir dabei zu helfen, ein gewisses Maß an Spiritualität und geistigem Bewußtsein *beizubehalten;* das Ergebnis wird sein, daß du niemals wieder dick sein wirst. Ist das nicht viel besser, als eine Schlankheitskur zu machen? Setz' dich zu uns ins Meeting und schau' mal, was dir guttut. Ich habe das Programm zuerst auch nicht verstanden, und wir erwarten das auch nicht von dir."

Als Eßsüchtige haben wir „hausgemachte" Probleme, d. h. wir haben sie uns selbst geschaffen. Das Essen ist nur ein Symbol und das Dicksein nur ein Symptom. Wir haben ernsthafte Schwierigkeiten im Umgang mit Nahrungsmitteln, und damit kommen wir täglich in Berührung. Die Sucht durchdringt jeden Bereich unseres Lebens und kann uns zerstören.

Wenn ich dazu bestimmt wäre, bis zum Ende meines Lebens eßsüchtig zu sein, dann könnte ich dies genausogut durch ständige Nahrungsaufnahme ausleben. Wenn ich jeden Tag durch diese Hölle gehen müßte, um den Versuchungen durch Lebensmittel zu widerstehen, dann könnte ich ebensogut weiteressen. Ich sterbe ohnehin, was soll's – dann kann ich mich auch mit Nahrungsmitteln betäuben! Aber wenn wir zu unserer Sucht stehen und uns wirklich so annehmen, wie wir sind, dann – so steht es im Big Book – bekommen wir Hoffnung, dann können und werden wir genesen. Wir können das zwanghafte Essen überwinden und – was viel wichtiger ist – auch den Wunsch danach. Unser Leben muß kein Kampf mehr sein.

Ich weiß, daß viele AAs einen sorgfältigen Unterschied zwischen Trockenheit und Arbeit im Programm machen. Sie behaupten, Abstinenz allein sei nichts wert. Dieser Meinung bin ich ganz und gar nicht. Ich vertrete die Ansicht, daß Abstinenz allemal besser ist als das alte, zwanghafte Verhalten. Eine Diät zu machen, ist immer noch besser, als sich zu überessen; nicht zu trinken ist besser, als betrunken zu sein. Trotzdem ist es richtig, daß Abstinenz nur eine geringe Verbesserung bedeutet. Die spirituelle/geistige Krankheit bleibt bestehen, solange du nicht im Programm arbeitest. Es ist meiner Meinung nach wirklich ungünstig, wenn jemand abnimmt, ohne gleichzeitig im Programm zu arbeiten. Wir brauchen und verdienen so viel *mehr!* Ich wollte viel mehr als nur Gewichtsverlust – ich wollte Glück, Gesundheit und Freiheit von den quälenden Gedanken bezüglich Essen und Diäten. Was ich wollte, war Heilung.

Ich kann dir eins versichern: Für mich war eine spirituelle Erfahrung absolut lebensnotwendig. Allerdings muß ich hinzufügen, daß sie weder schnell kam, noch leicht war. Wenn ich neue Leute im Programm treffe, hoffe ich immer für sie, daß *ihr* spirituelles Erwachen schneller geschieht als meines. Doch jeder von uns ist anders. Spiritualität wird für jeden dann zum Thema, wenn es für ihn an der Zeit ist. Im Big Book erzählt Dr. Bob in seiner Lebensgeschichte, daß er seine erste spirituelle Erfahrung nach zweieinhalb Jahren Trockenheit machte. Wenn er schon so lange dazu gebraucht hat, dürfen auch wir geduldig sein und uns etwas Zeit zugestehen.

Lange habe ich alles von hinten aufgezogen. Die wichtigsten Sachen für mein Leben hatte ich z. B. etwa so geplant: Zuerst nehme ich ab, dann sorge ich dafür, daß ich einen klaren Kopf bekomme, und danach habe ich endlich die Zeit und die Muße für ein wenig Religion. Immer wieder habe ich versucht, meinem Leben auf diese Weise eine andere Richtung zu geben, bin aber stets damit gescheitert. Wahrscheinlich hatte mein Plan versagt, und ich fiel in mein altes Verhalten zurück. Im Big Book steht sehr deutlich, daß erst dann andere Dinge behoben werden können, *nachdem* die spirituelle Krankheit von uns genommen worden ist. Die jahrelange Arbeit an den körperlichen und geistigen Aspekten meines Lebens war sinnlos, weil ich mich an *erster* Stelle hätte um meine Spiritualität kümmern müssen. Wenn wir dieses Programm anwenden, können wir uns freimachen von solchen Plänen, mit denen wir gehofft hatten, unser Leben verbessern zu können; sie halfen immer nur kurzfristig und erwiesen sich schließlich als unsinnig.

Ich hatte immer gemeint, eine geistige Erfahrung würde ein aufregendes Erlebnis sein: augenblicklich würde ich von einer großen, dynamischen Kraft erfüllt werden. Natürlich war es nicht so. Als ich wirklich meine erste spirituelle Erfahrung gemacht hatte, waren meine Erwartungen, die ich daran knüpfte, immer noch recht unrealistisch. Es überraschte mich, daß ich nach dieser „Transformation" noch immer über eine Stunde lang am Flughafen auf mein Gepäck warten mußte. Ich hatte wirklich die Vorstellung, daß ein Mensch, der ein geistiges Erlebnis gehabt hat, sein Gepäck sofort bekommen würde. (Das zeigt, wie sehr diese Leute von der Fluggesellschaft über meine spirituelle Erfahrung nachdachten!) Ein weiteres Erlebnis dieser Art machte mir klar, daß es in Ordnung ist, auf mein Gepäck zu warten. Seitdem kann ich mich sogar freuen, wenn ich warten muß. Dann habe ich die Möglichkeit, andere Menschen und ihre Reaktionen zu beobachten; es gibt mir außerdem Zeit zum Nachdenken.

Meine spirituelle Erfahrung kann ich am besten mit einem inneren Glücks- und Wohlgefühl, das mein gesamtes Bewußtsein erfüllt, beschreiben. Im Big Book ist die Rede davon, daß wir uns „sicher und geborgen" fühlen. Wenn du dich in einer guten spirituellen Verfassung befindest, fühlst du dich einfach wohl und hast die innere Gewißheit, daß Gott immer bei dir ist.

Diesen Punkt konnte ich nur erreichen, indem ich jeden der zwölf Schritte lebte. Je länger ich das mache, um so wohler fühle ich mich; ich vertraue mir und anderen und habe nicht das Bedürfnis, zwanghaft zu essen. Ich habe mich selbst lieben gelernt, auch wenn ich mich nicht immer richtig verhalte. Was letztlich für mich zählt, ist, daß ich mehr Gutes tue als je zuvor. Ich bin ein ganz netter Mensch, vielleicht nicht übermäßig, aber immerhin.

Doch ich werte mich auch nicht mehr selbst ab; ich habe nicht mehr dieses Grundgefühl in mir, daß ich ein durch und durch schlechter Mensch bin.

Ich habe mich mit meinen Phantasien abgefunden. Ich weiß, daß ich einige der Ziele, die ich mir für mein Leben gesteckt hatte, niemals erreichen werde. Beispielsweise wollte ich eines Tages Gouverneur von Kalifornien sein. Aber das hat nicht geklappt und wird es wohl auch nicht mehr. Ich kann das jedoch hinnehmen und konzentriere mich jetzt auf Vorhaben, die ich erreichen *kann*. Heute habe ich etwas, das ich niemals für möglich gehalten hätte, nämlich meinen inneren Frieden. Ich wage die Vermutung, daß die meisten, die zum Programm kommen, überzeugt sind, daß Schlanksein sie glücklich machen wird. Aber so ist es eben gerade nicht. Statt dessen ist Alkohol-, Drogen- und Nahrungsmittelmißbrauch überflüssig – ja, undenkbar –, wenn ich glücklich bin und mich selbst annehme. Die größtmögliche geistige Erfahrung überhaupt liegt in dir selbst.

Wohlmeinende Leute haben Alkoholikern, Eßsüchtigen und Drogenabhängigen üblicherweise gesagt, ihre Besessenheit werde vergehen, wenn sie ihre selbstsüchtigen Interessen beiseitestellen und anderen dienen würden. Die Gründer von AA erkannten, daß dieser Rat nicht das gewünschte Resultat bringen würde. Anderen nur zu helfen war nicht genug. Sie wußten, daß sie sich einen Weg ausdenken mußten, durch den Menschen *sich selbst* halfen, indem sie anderen dienten.

Als ich zum Programm kam, hatte ich kaum oder überhaupt kein Interesse daran, anderen behilflich zu sein. Wie die meisten süchtigen Menschen war ich völlig davon in Anspruch genommen, mich um meine eigenen Probleme und Bedürfnisse zu kümmern. Die sorgfältige und fortwährende Anwendung der ersten elf Schritte war mein Mittel zur Veränderung. Allmählich wurde ich ein anderer Mensch mit neuen Werten und Prioritäten; mein Interesse an anderen war jetzt echt. Das war eine Folge der ehrlichen Freude daran, als ein Werkzeug Gottes anderen Menschen dienen zu dürfen, ohne dabei an eine Belohnung zu denken. Es gibt verschiedene biblische Geschichten, die Nächstenliebe als etwas schildern, was anonym bleibt. Das ist die Art des Gebens, die wirklich am meisten belohnt wird. Sie ist ein froh machendes Geheimnis zwischen dir und deinem Gott.

Im Big Book steht, daß es für unsere Heilung *lebensnotwendig* ist, daß wir helfen. Aber auf andere zugehen und ihnen helfen, ist nicht etwas, das wir „so eben mal tun" – wie z. B. in ein Meeting gehen oder jemanden treffen, der auch im Programm ist. Wir müssen bereit sein, jeden Tag und in jeder Hinsicht ein Barmherziger Samariter zu sein. Das ist keine leichte Aufgabe. Dem Big Book zufolge

... kann das bedeuten, daß du viele schlaflose Nächte hast, und oft in deinem Privat- und Geschäftsleben gestört wirst. Es kann auch heißen, dein Geld und dein Zuhause mit anderen zu teilen, verzweifelte Ehefrauen und Verwandte zu beraten und unzählige Besuche auf Polizeistationen, in Sanatorien, Krankenhäusern und Gefängnissen zu machen ... (S. 97).

An einem Sonntag freute ich mich voller Begeisterung auf das für diesen Tag geplante Tennisspiel. Ich war gerade von einem Besinnungstreffen der OA in Oregon zurückgekehrt und hatte schon seit drei Wochen nicht mehr gespielt. Es war ein herrlicher Morgen, und ich fuhr zum Tennis-Club. Kaum hatten wir angefangen – wir waren noch im ersten Satz –, bekam ich Bescheid gesagt, daß jemand für mich am Telefon sei. Ich ging sehr ärgerlich zum Clubhaus hinüber.

„Bill, du kennst mich nicht" sagte die Frauenstimme am anderen Ende der Leitung. „Ich besuche dein Montagsmeeting und habe dich dort über das Programm sprechen hören. Ich habe einen Freund, der gerade eine Überdosis genommen hat. Wärst du bereit, ins Krankenhaus zu gehen, um mit ihm zu sprechen?" „Machst du Witze?" fragte ich sie. „Ich habe gerade vier Tage lang für OA gearbeitet, und das ist jetzt die erste Möglichkeit seit Wochen, mich zu erholen. Außerdem bin ich mitten in einem Tennis-Match!" „Aber du hast doch gesagt, daß es *dein* Leben retten kann, wenn du anderen hilfst" entgegnete sie. Ich erwiderte ihr, daß ich in der letzten Woche mein Leben zur Genüge gerettet hätte und daß ihre Sache sicherlich noch einen Tag oder so warten könne. Sie gab mir den Namen des Freundes und bat darum, mich noch einmal anrufen zu dürfen. Ich hängte ein und ging zurück auf den Platz. Das Gespräch ließ mir jedoch keine Ruhe. Schließlich gab ich auf: „Verflixt! Vergiß das Tennis-Spiel." Ich duschte, fuhr ins Krankenhaus und ging zu diesem Mann. Er war kaum bei Bewußtsein und allein. Seine Familie lebte in einem anderen Teil des Landes, und seine Freunde wollten ihn nicht besuchen, weil sie bei sich Nachforschungen wegen des Drogenmißbrauchs befürchteten. Als ich ihn sah, konnte ich nur daran denken, wie es mir wohl in seiner Situation gehen würde. Ich steckte ihm einen Zettel mit meinem Namen und meiner Telefonnummer an seinen Morgenmantel. Er hatte nur sehr wenig gesagt, aber das war ja nebensächlich. Ich wußte, daß ich diesen Mann mehr brauchte, als er mich. Ich will vor nichts zurückschrecken, um mein Leben zu retten. In diesem Augenblick befand ich mich in einer guten spirituellen Verfassung und war Gott so nah wie möglich.

Wenn gesagt wird, daß wir in einem guten spirituellen Zustand bleiben müssen, dann heißt das, daß wir wirklich dem Leitsatz *folgen* sollen: „Du sollst der Hüter deines Bruders sein." Wenn du nichts anderes als das tun würdest, würde Gott deinen Wahnsinn von dir nehmen. Aber solange unser eigenes Leben nicht in Ordnung ist, haben wir auch nichts, was wir anderen geben könnten. Wenn wir allerdings in den Zwölf Schritten arbeiten und ihnen verbunden sind, bereitet uns dies darauf vor, anderen erfolgreich helfen zu können. Ehrlich gesagt, ich weiß nicht, wie man sonst anderen helfen könnte, außer durch die Zwölf Schritte. Ich verfüge über kein außergewöhnliches Wissen, und ich kenne auch keine magische Formel. Aber ich habe die Bereitschaft, meine eigenen Erlebnisse mit den Schritten und wie sie sich bei mir ausgewirkt haben, weiterzugeben. Wenn das anderen hilft, ist das doch toll. Natürlich ist es immer das Wichtigste, das Problem loszulassen und Gott dafür Sorge tragen zu lassen. Im Big Book steht auf S. 90 folgendes:

Wenn du einen „Kandidaten" für die Anonoymen Alkoholiker kennenlernst, versuche alles über ihn herauszufinden ... Bekomme eine Vorstellung seines Verhaltens, seiner Probleme, seiner Hintergründe ... Verschaffe dir ein Bild darüber, wie er sich verhält, welches seine Probleme sind und woher er kommt, damit du dich in seine Lage versetzen und dich einfühlen kannst, welche Hilfe du brauchen würdest, wenn die Rollen vertauscht wären. Manchmal ist es wichtig, damit zu warten, bis er auf Sauftour geht. Wenn er überhaupt nicht mit dem Trinken aufhören will, verschwende keine Zeit damit, ihn von der Notwendigkeit dazu überzeugen zu wollen.

Diese Gedanken lassen sich gut auf unsere Arbeit mit Eßsüchtigen übertragen. Ich glaube, wir fühlen uns oft zu verantwortlich, wie ein einsamer Retter. Wir haben schon genug damit zu tun, uns selbst zu retten! Wir müssen uns nicht noch den Kopf darüber zerbrechen, wie wir andere retten können. Dazu sind wir überhaupt nicht da, sondern nur, um zu teilen, was wir haben. Wenn andere das nicht haben wollen, können wir nicht mehr viel tun, außer daß wir es immer wieder *versuchen*. Im Big Book steht, daß wir weiterhin über Alkoholismus (übertrage das auf die Eßsucht) als einer schlimmen Krankheit sprechen sollen und über die Körper- und Geisteszustände, die damit einhergehen. Das Hauptaugenmerk ist dabei auf die eigenen Erfahrungen gerichtet.

Ich bin so dankbar dafür, daß jemand in dem ersten Meeting, in dem ich saß, sagte: „Wenn du etwas Besseres weißt, dann tu' *das*." Als ich aufgrund dieser Bemerkung über meine Möglichkeiten nachdachte, erkannte ich, daß ich keine hatte. Ich hatte alles versucht, ich wußte keinen anderen Weg mehr. In einem allerletzten Versuch, mein Leben zu retten, entschied ich mich, eine Weile bei OA zu bleiben und dem Programm eine Chance zu geben. Alles erschien mir zunächst wie ein Puzzle. Und um die Sache noch komplizierter zu machen, ärgerte ich mich, wenn über Gott gesprochen wurde. Indem ich diese Menschen innerlich als religiöse Fanatiker abstempelte, brauchte ich ihnen nicht *zuzuhören*. Trotzdem konnte ich spüren, daß sie ehrlich zu mir waren.

Jeder Neue ist eine Herausforderung für diejenigen, die schon im Programm arbeiten. Überstürztes Handeln hilft niemandem. Wir müssen schon warten, bis jemand wirklich bereit ist, unsere Hilfe anzunehmen. Manchmal bauen Neue weiterhin Rückfälle. Laß sie ruhig. Ich bin davon überzeugt, daß das Programm nur denen hilft, die genug gelitten haben und die keinen anderen Ausweg mehr wissen.

Vor kurzem erzählte mir ein Arzt von einer Frau, die er wegen eines Gutachtens für eine Versicherung untersucht hatte. Als er erfuhr, daß sie gerade 35 kg abgenommen hatte, fragte er sie, wie sie das bewerkstelligt habe. Sie erzählte ihm von einer kostenlosen Selbsthilfegruppe, wo sie abgenommen habe und mit deren Hilfe sie ihr Gewicht halten würde. So einfach war das gewesen. Sie versuchte, ihm noch mehr über das Programm zu erzählen, aber der Arzt hörte ihr kaum noch zu. Ungefähr ein halbes Jahr später starb er fast an seinem Übergewicht. Er erinnerte sich vage an diese Organisation, die seiner Patientin geholfen hatte, so viel abzunehmen. Er suchte stundenlang in seinen Unterlagen nach einem Anhaltspunkt. Schließlich wurde er fündig und ging zu Meetings. Als ich ihn ein halbes Jahr später kennenlernte, hatte er 45 kg abgenommen. Vielleicht hatte seine Patientin gedacht, daß das, was sie ihm über das Programm erzählt hatte, zum einen Ohr hinein- und zum anderen herausgegangen wäre. Aber die Leute *hören* doch, und wenn sie bereit sind, sich unserer Botschaft zu öffnen, dann tun sie es.

Wenn mich Menschen, die ich sponsere, anrufen, weil sie wieder Schwierigkeiten mit dem Essen haben, dann wissen sie schon genau, was ich ihnen empfehle: *„Ruf' nicht mich an, sondern jemand anderen und schau', ob du ihm helfen kannst."* Anderen zu helfen sollte ein Teil unserer Lebensweise werden. Dazu steht im Big Book auf der Seite 102:

Deine Aufgabe ist es jetzt, dort zu sein, wo du anderen am besten helfen kannst. Also zögere niemals, dorthin zu gehen, wo du das kannst. Du solltest es nicht aufschieben, das verkommenste Fleckchen Erde aufzusuchen, um anderen zu helfen. Aus diesem Grund mußt du sogar dort bleiben, wo es gefährlich ist – Gott wird darauf achten, daß dir nichts geschieht.

Wenn du wütend bist, suche einen anderen Menschen auf, der zu Zorn neigt; bist du egoistisch, suche Kontakt zu einem Egoisten. Wenn du weder einen Wüterich noch einen Egoisten finden kannst, dann suche dir einen Eßsüchtigen, einen Alkoholiker oder einen Drogenabhängigen und frage ihn, was du für ihn tun kannst.

Viele Menschen stellen sich vor, sie würden schrecklich verlegen sein, wenn sie auf andere zugehen. Aber denk' doch einmal kurz nach – warum um alles in der Welt sollten wir uns scheuen, anderen von einem Programm zu erzählen, das uns derartig guttut? Mache dir klar, daß wir uns oder unsere Ansichten niemandem aufdrängen; wir machen uns nur für andere erreichbar, wenn und wann sie uns brauchen. Das heißt nicht, daß wir damit kein Risiko auf uns nehmen; aber um voll und ganz zu leben, müssen wir ohnehin immer Risiken eingehen.

Denke über Freundschaft nach – ein wirklicher Freund ist jemand, der bereit ist, die Freundschaft unter Beweis zu stellen, und der ehrlich ist. Ein Freund wird es dir sagen, wenn du zugenommen hast. Er teilt dir nur mit, was er beobachtet, er urteilt nicht. Ich persönlich möchte mich mit Menschen umgeben, die bereit sind, alles zu riskieren, um aufrecht und ehrlich zu mir zu sein. Wer sich vor Ehrlichkeit drückt und sagt: „Ich möchte dich nicht verletzen", ist kein wirklicher Freund. Er ist ein Mensch, der Angst davor hat, meine Gefühle zu verletzen, weil ich ihn dann vielleicht nicht mehr mögen könnte. Mir sind die Menschen lieber, die einfach nur da sein wollen, ohne daß sie es müssen.

Ich kenne einen Mann, der bereits 70 kg abgenommen hatte und noch weitere 25 kg abnehmen wollte. Aber statt weiterhin mit seinem Gewicht runterzugehen, wurde er wieder dicker. Niemand traute sich, ihn darauf anzusprechen, denn keiner wollte für ihn Inventur machen. Schließlich lud ich ihn zum Essen ein, nahm das Risiko auf mich und erkundigte mich nach seinen Fortschritten.

„Wann willst du eigentlich den Rest deines Übergewichts abnehmen?" fragte ich ganz direkt. Statt wütend zu werden, gab er seine Schwierigkeiten geradeheraus zu und zog daraus den Schluß, daß er eine „strengere Diät" brauche. „Kannst du dir vorstellen, daß das, was du schon abgenommen hast, möglicherweise alles sein könnte, was du abnehmen kannst?" meinte ich. Dies war offensichtlich ein schrecklicher Gedanke für ihn, weil er nämlich den perfekten Körper haben wollte. „Vielleicht ist das genau jenes Gewicht, das Gott jetzt für dich vorgesehen hat. Wenn du weiter in diesem wunderbaren Programm arbeitest, wirst du dein ganzes Übergewicht verlieren, und wenn das für jetzt alles ist, dann nimm es so an. Solange du nicht bereit bist, loszulassen und dich so anzunehmen, wie du bist, wird nichts Weiteres passieren."

Ich muß mir wirklich innerlich vertrauen, wenn ich freimütig mit anderen sein will. Genau das ist erforderlich: Wir müssen ständig auf die Ausgangsbasis achten – das sind die Zwölf Schritte der Genesung. Mit Hilfe dieser Schritte können wir mit allen unseren Zwängen und Verrücktheiten fertigwerden.

Im Big Book steht, daß man nicht vom Alkoholismus *geheilt* werden kann (auch wenn Bill W. dieses Wort in seiner Geschichte benutzt). Das trifft wahrscheinlich auch für die Eßsucht zu. Ich bin der Ansicht, daß wir hinsichtlich unserer Süchte eine tägliche Gnadenfrist bekommen, die von unserer spirituellen Verfassung abhängt. Groll, Eifersucht, Neid, Frustration und Angst – mächtige Feinde von Eßsüchtigen – sind jene Gefühle, die uns am ehesten in unser altes Eßverhalten zurückfallen lassen. Aber wir können es uns nicht mehr leisten, solche Gefühle zu haben beziehungsweise das damit einhergehende Verhalten an den Tag zu legen. Wenn wir uns in einem guten spirituellen Zustand befinden, hält dies die negativen Gefühle davon ab, in unser Leben einzudringen und es zu bestimmen.

Wir müssen immer daran denken, daß unsere Genesung von Gott abhängig ist, nicht von anderen Menschen. Wenn wir wirklich auf ihn und seine Kraft vertrauen, können wir genesen und werden niemals mehr Probleme mit dem Essen haben.

Denke einmal kurz darüber nach, welche Freiheit es bedeutet, uns nicht mehr beklagen zu müssen: „Ich kann das nicht essen ...". Mit dem tiefsten Gottvertrauen werden wir statt dessen ehrlich sagen können: „Ich *entscheide* mich dafür, das nicht zu essen, weil ich es nicht essen will." Es liegen Welten dazwischen, eine Diät zu machen oder Gott das Verlangen nach Nahrungsmitteln von uns nehmen zu lassen, denn letzteres erlaubt uns, uns normal und geistig gesund zu verhalten. Es bringt auch eine neue Qualität in unser Leben, und wir können vernünftige Entscheidungen hinsichtlich des Essens treffen, solange wir uns in einer guten spirituellen Verfassung befinden. Darüber hinaus bekommt ein Leben ohne Eßsucht einen neuen Sinn. Unsere Tage sind nicht an den

Mahlzeiten, sondern an Erfahrungen orientiert; schöne Augenblicke entstehen nicht aus dem heraus, daß wir etwas zu essen hatten, sondern durch unsere Beziehung zu Gott und aus der Hilfe, die wir anderen haben zuteil werden lassen.

Indem wir an unserer Beziehung zu Gott und an unserer Hilfsbereitschaft arbeiten, können wir eine starke und positive Grundlage für ein glücklicheres Leben mit uns selbst und mit anderen Menschen schaffen – mit unseren Freunden, unserer Familie, unseren Arbeitskollegen, der Frau im Auto hinter uns oder dem Nachbarn, der uns auf der Straße begegnet. Wir müssen nicht die Opfer unserer Umgebung sein, wir können loslassen und Gott seine Wunder in unserem Leben wirken lassen.

Warum Diäten nutzlos sind

Miteinander teilen heißt: Du gibst ewas von dir, und andere beschenken dich damit, daß sie es annehmen. Viele Menschen, vor allem jene, die neu im Programm sind, schöpfen Hoffnung aus dem Wissen, daß andere früher auch dort waren, wo sie jetzt noch sind.

Dieses Buch ist mein Teilen mit anderen.

Ich weiß inzwischen, daß ich nur durch Schmerz und Leiden lerne. Als das andere, die im Programm sind, zum ersten Mal zu mir sagten, fand ich es fürchterlich, so etwas überhaupt jemandem gegenüber zu äußern. Ich wollte durch Freude und Spaß lernen und wachsen! Aber unglücklicherweise ist Wachstum immer mit Schmerzen verbunden. Nur wenn ich Schmerz fühle, bin ich bereit, mich zu bewegen und einen Schritt vorwärtszutun. Ich bin nur dann bereit zur Veränderung, wenn der momentane Schmerz stärker ist als der, den ich auf mich zukommen sehe, wenn ich so weitermache wie bisher.

Wir hoffen alle, daß wir abnehmen und schlank *bleiben*. Für mich war es ein Wunder, daß ich so viel abgenommen und mein Gewicht dreieinhalb Jahre lang gehalten hatte, obwohl ich zunächst wahrhaftig nicht im Programm, sondern mit vielen guten Diäten gelebt habe.

Ich schaffte das durch pures Ego und Angst – Angst davor, meine neuen Freunde im Programm zu verlieren, denn ich war sicher, daß sie enttäuscht über mich sein und mich nicht mehr mögen würden, wenn ich wieder zunähme. Ich fürchtete, ihre Achtung zu verlieren, die sie mir wegen meines Gewichtsverlustes entgegenzubringen schienen. Dieser war zu der Zeit, als ich zum Programm kam, eine einzigartige Leistung. Heute gibt es schon einige mehr von diesen Erfolgsgeschichten.

Im Laufe der Jahre ist mir klargeworden, daß diejenigen, die nicht als Besserwisser zum Programm kommen, schneller verstehen, worum es geht. Einmal habe ich einen Mann kennengelernt, der etwa 170 kg wog. Er schien verbraucht und gefühllos zu sein und intellektualisierte „auf Teufel komm raus". Wir trafen uns in einem Restaurant, und obwohl ich ihn nie zuvor gesehen hatte, erkannte ich ihn sofort: ein 170 kg schwerer Kettenraucher, der seine Drinks vor sich aufgereiht hatte. Sobald ich saß, meinte er: „Jetzt wollen wir aber etwas essen."

Er wußte genau, weshalb ich gekommen war, aber zu der Zeit konnte er nicht einmal zugeben, daß er zu dick war. Wir unterhielten uns. Ich teilte ihm nur mit, was ich hatte: daß ich auch einmal sehr dick gewesen war und daß ich jetzt im Programm arbeite. Er hatte bereits von den Anonymen Alkoholikern gehört, und so erklärte ich ihm, daß OA etwas Ähnliches sei. Ich fragte ihn, ob er nicht zu einem Meeting kommen wolle, und gab ihm meine Telefonnummer: „Ruf mich an, wenn du kommen willst. Aber es ist auch in Ordnung, wenn du nicht kommen willst. Wir können trotzdem miteinander befreundet sein. Es wäre aber doch schön, wenn du ins Meeting kommen würdest."

Er kam dann, saß jedoch als „Zuschauer" im Hintergrund und beteiligte sich nicht. Nachher kam er auf mich zu und fragte, wo er den Eßplan bekommen könne, von dem im Meeting die Rede gewesen sei (früher gab es in der OA Eßpläne – Anm.d.Ü.). „Sie sind uns ausgegangen" sagte ich; „aber komm' doch einfach in der nächsten Woche wieder." Eine Woche später erschien er wieder im Meeting und fragte erneut nach dem Eßplan. Ich sagte ihm, daß der Verantwortliche für Literatur sie noch nicht bekommen habe und lud ihn zum nächsten Meeting ein. Als der Eßplan dann immer noch nicht da war, wurde er ärgerlich. Auf unmißverständliche Weise ließ er mich wissen, daß er nur wegen des Eßplanes gekommen war. Meine Reaktion darauf war: „Ich weiß gar nicht, was passiert ist. Wir haben anscheinend einfach keine mehr."

Heute erinnert sich dieser Mann an die vielen hundert Leute, mit denen er damals im Meeting saß, und wie er sich gewundert hatte, warum sie überhaupt kamen. Wenn es keine Eßpläne gab –

warum saßen sie dann hier und hörten zu? Also begann auch er zuzuhören. Mittlerweile hat er 65 kg abgenommen und eine wundervolle Frau geheiratet, die ebenfalls mit Hilfe des Programms über 50 kg abgenommen hat. Er ist ein sagenhafter Mensch. Die Diät, die er gesucht hatte, hat er allerdings bis heute nicht gefunden.

Bezüglich des Programms gehe ich so vor: Ich mache selbst keine Diät und sponsere auch niemanden, der das tut; selbst bei der Erwähnung von Nahrungsmitteln reagiere ich nur beiläufig. Statt dessen zeige ich folgendermaßen mein Interesse: „Wie geht es dir heute? In welchem Schritt arbeitest du? Wie wär's, wenn du ein Kapitel aus dem Big Book lesen würdest; es könnte dir helfen, deine Schwierigkeiten zu bewältigen."

Eine Frau, die große Probleme mit dem Essen hatte, bat mich, jeden Morgen mit ihr am Telefon über ihre Diät zu reden. Meine Antwort war: „Nein, das möchte ich nicht. Du kannst mich aber gern jeden Morgen anrufen, damit wir über die ersten drei Schritte sprechen. Wir können dann sehen, ob dir das hilft."

Wir Eßsüchtigen haben eine dreifache Krankheit – körperlich, geistig und seelisch. Oft haben wir aber nur eine einseitige Lösung parat, nämlich die auf der körperlichen Ebene. Das Zwölf-Schritte-Programm ist jedoch ausschließlich ein spirituelles Programm.

Ich sehe den Sinn des Programms darin, uns zu einer spirituellen Verbindung mit Gott, wie wir ihn verstehen, zu führen. Wenn das geschieht, werden wir nicht nur abnehmen; auch unsere Gier nach Nahrung wird von uns genommen; die Sucht verschwindet.

Mahatma Gandhi, einer der großen geistigen Führer unserer Erde, sagte einmal:

Ich weiß, daß manche Menschen die Überzeugung vertreten, die Seele habe nichts damit zu tun, was man ißt und trinkt, weil sie selbst weder ißt noch trinkt. Wichtig ist nicht, was du von außen zu dir nimmst, sondern was du von deinem Inneren ausdrückst. Das ist zweifellos so. Aber statt diesen Gedankengang genau zu untersuchen, begnüge ich mich damit, nur meine feste Überzeugung zu erklären, daß für den gottesfürchtigen Suchenden, der Gott von Angesicht zu Angesicht sehen will, die Selbstbeschränkung hinsichtlich Nahrung – sowohl an Menge als auch an Qualität – wie auch Zurückhaltung in Gedanken und im Sprechen absolut notwendig ist.

Viele, die zu diesem Programm kommen, wollen nur eine Schlankheitskur machen und abnehmen. Eine Gewichtsabnahme löst jedoch nicht das Problem des zwanghaften Überessens. Mein ganzes Leben lang habe ich versucht abzunehmen, und ich hatte auch mit jeder Diät Erfolg. Aber ich habe jedesmal alles wieder zugenommen. Diesmal habe ich mein Gewicht gehalten. Warum? Weil *Gott* dafür sorgt; *ich* habe damit aufgehört, Schlankheitskuren zu machen. Ich kümmere mich nicht mehr darum, was, wo und wann ich esse, weil Nahrungsmittel nicht mehr das Wichtigste in meinem Leben sind. Im Big Book steht dazu: „Gott tut für uns, was wir selbst nicht für uns tun können."

Meine „Schlankheitskur" heißt: Werde „dünn im Kopf" – dann folgt der Körper von allein. Eine solche Diät verfehlt nie ihr Ziel. Alle, die dieses spirituelle Programm leben, nehmen ab und halten ihr Gewicht.

Zu denen, die Diäten, Regeln und Vorschriften haben wollen, kann ich nur sagen: Erinnert euch daran, daß es uns um das Ergebnis, nicht um die Methoden geht; um geistige Gesundheit und nicht um Vorschriften zu einem besseren Leben für andere; um Genesung und nicht um „Baden" in der Krankheit. Wir wollen frei vom zwanghaften Essen sein und nicht daran gefesselt. („O weh! Ich bin eßsüchtig und habe diese schreckliche Krankheit!")

Wenn ich eine Schlankheitskur machte, hatte ich immer das Gefühl, zu kurz zu kommen. Und wenn uns Eßsüchtigen etwas vorenthalten wird, werden wir wütend. Doch wir zahlen es heim! Ich zahlte immer heim, indem ich wieder zunahm: „Jetzt hab' ich's dir aber gezeigt, was?!"

Es ist ein gewaltiger Unterschied, ob ich Schokoladenkuchen nicht esse, weil ich keine Lust darauf habe, oder ob ich ihn nicht esse, weil er mich dick macht. Als ich zum Programm kam, wurde mir gesagt, daß ich diese schreckliche Krankheit namens Eßsucht hätte, sie immer haben würde und mein Leben lang bekämpfen müßte. Zu dieser Zeit habe ich niemanden (in OA) davon reden hören, daß die Sucht von uns genommen werden könnte.

Als Kind wurde ich darauf programmiert, mich für schlecht zu halten. Als ich älter wurde, versuchte ich, all denen, die mich für einen schlimmen Menschen hielten, das Gegenteil zu beweisen. Aber in meinem Hinterkopf wiederholte ich trotzdem immer wieder die alte Platte: „Sie hatten doch recht, oder?"

Nichtsdestotrotz tat ich weiterhin alles nach meinem Gutdünken. Dies hatte mich und die Menschen in meiner Umgebung immer mehr auf zerstörerische Bahnen gebracht. Wie eine Dampfwalze bahnte ich mir einen Weg durchs Leben, brachte mich damit in schreckliche Situationen und wurde ein Experte darin, für alles eine Erklärung zu haben. Ich dachte zum Beispiel allen Ernstes, ich sei überhaupt nicht zu dick, sondern nur zu klein für mein Gewicht!

Der Sinn des Programms liegt nicht darin, dir Abnehmen beizubringen. Wenn du einen leichteren, bequemeren und eindeutigeren Weg suchst, der dich dazu bringen soll, eine Diät zu machen, dann wirst du ihn nicht in einem Zwölf-Schritte-Programm finden. Ich kann dir auch keine magischen Worte eingeben, damit du eine Schlankheitskur machen willst.

Ich kann mir nicht vorstellen, wie man eine Diät anders machen kann, als jene Nahrungsmittel wegzulassen, die einen dickmachen. Ich habe lange Zeit dafür gebraucht, den Unterschied zwischen einer Diät und dem Programm zu begreifen.

Immer, wenn ich glaube, das Programm vollständig begriffen zu haben, eröffnen sich mir neue, unbekannte Aspekte. Meine jetzige Vorstellung vom Programm geht von einer einfachen Voraussetzung aus: *Wir Eßsüchtigen sind auf die eine oder andere Weise darauf programmiert, uns schlechtzufühlen.*

Manchmal protestiert jemand: „Aber ich hatte großartige Eltern und eine herrliche Kindheit." Und doch haben wir uns alle – ob wir eßsüchtig, alkohol- oder drogenabhängig oder was auch immer sind – irgendwann unzulänglich und nicht in Ordnung gefühlt. Solange wir diese Voraussetzung nicht akzeptieren, wird uns die Annahme des Programms große Schwierigkeiten machen.

Was immer wir Süchtigen auch tun – wir fühlen uns schlecht.

Wir mögen uns selbst einfach nicht. Wir können die großartigsten Arbeitsstellen bekommen, die perfekten Liebhaber finden und die liebevollsten Familien haben – wir würden uns trotzdem nicht wohlfühlen. Das liegt daran, daß wir durch unsere Eltern oder durch andere Menschen – absichtlich oder unabsichtlich – darauf programmiert worden sind, uns wertlos zu fühlen.

Ein sicherer Weg, sich schlechtzufühlen, ist, sich in einer Gesellschaft, die einen solchen Wert auf Schönheit legt, häßlich vorzukommen. In einer Kultur, in der es als schön angesehen würde, durchschnittene Ohrläppchen in Kringeln herabhängen zu lassen, würdest du dich mit deinen ganz normalen, nicht herunterhängenden Ohrläppchen häßlich fühlen. Wenn wir uns Stummfilme ansehen, können wir nachvollziehen, was zu damaliger Zeit als schön galt: Die Schauspielerinnen hätten nach heutigen Maßstäben mindestens zehn Pfund Übergewicht. Und wenn du dir Bilder aus den 80er Jahren des vorigen Jahrhunderts ansiehst, wirst du bemerken, daß damals bei Frauen ein großer Busen und ein stattliches Hinterteil und bei Männern ein dicker Bauch durchaus annehmbar waren. Heutzutage ist es in Mode, dünn zu sein. Wenn wir das nicht sind, fühlen wir uns nicht zugehörig, und dies verstärkt unser Gefühl, nicht in Ordnung zu sein. In unserer Gesellschaft ist Dicksein etwas Verkehrtes.

Wie werden wir dick? Wir essen zuviel, oder wir essen die falschen Dinge. So mancher benutzt aber Ausreden wie: „Ich habe schwere Knochen", „... eine Unterfunktion der Schilddrüse" oder „Mein Stoffwechsel ist durcheinander". Doch solche Ausreden sind zu nichts nutze, denn jeder von uns hat eindeutig Probleme mit Nahrungsmitteln. Bei einigen scheinen weißes Mehl oder Zucker zu Übergewicht zu führen; andere können diese Sachen essen, weil das nicht jene Lebensmittel sind, mit denen sie sich überessen. Ich will hier nicht näher auf die Folgen bestimmter Nahrungsmittel eingehen; das überlasse ich den Lebensmittelchemikern und Ernährungsfachleuten.

Wir müssen nur zweierlei akzeptieren: (1) Wir fühlen uns schlecht und halten diesen Zustand aufrecht, indem wir dick sind; (2) wir sind deshalb zu dick, weil wir zuviel essen. Wir gehen davon aus, daß wir uns schlechtfühlen, *weil* wir zu dick sind, und daß wir uns selbstverständlich wohlfühlen würden, wenn wir schlank wären. Vielleicht würde das auch eine Zeitlang so sein; aber wie hören wir ein für allemal mit dem zwanghaften Überessen auf?

Das Problem ist folgendes: Ich will 20 kg abnehmen und fange eine Schlankheitskur an. Es dauert lange, so viel abzunehmen, und weil ich darauf programmiert bin, mich schlechtzufühlen, geht es mir während dieser Zeit sicher nicht gut. Wirklich wohlfühlen kann ich mich wahrscheinlich erst dann, wenn ich alle 20 Kilo abgenommen habe. Weil ich jedoch darauf programmiert bin, mich schlechtzufühlen, werde ich mich selbst dann nicht gutfühlen; deshalb werde ich möglicherweise auch alles wieder zunehmen. Hätte ich einmal mein Übergewicht verloren, gäbe es keinen Grund mehr, mich schlechtzufühlen – es sei denn, ich würde wieder zunehmen und mich deswegen schuldig fühlen. Also veranstalte ich ein Freßgelage und fühle mich endlich wieder so *richtig* schlecht.

Folgendes habe ich durch das Programm gelernt und möchte es an dich weitergeben: Wir Eßsüchtigen fühlen uns alle schlecht. Wir sorgen dafür, daß wir uns weiterhin schlechtfühlen, indem wir uns überessen und deshalb dick sind. Wir meinen, wir würden uns gutfühlen, wenn wir weniger essen, eine Diät machen und abnehmen würden. Aber das klappt nicht. Einige von uns hatten schon beträchtlich an Gewicht verloren, nur, um es dann wieder zuzunehmen. Selbst wenn wir es nicht wieder zunahmen, fühlten wir uns – erstaunlicherweise – noch immer nicht gut. *Die Sache ist die, daß wir uns nicht schlechtfühlen, weil wir dick sind; wir benutzen unser Dicksein als Entschuldigung!*

Wir finden auch noch andere Ausreden, womit wir unsere schlechten Gefühle begründen: Ich habe eine gescheiterte Ehe hinter mir. Meine Eltern haben mich nicht geliebt. Meine Kinder sind undankbar. Meine Arbeit ist langweilig. Es ist zu kalt, es ist zu warm. Wir können Hunderte von Gründen dafür anführen, warum wir uns schlechtfühlen. Sie scheinen alle logisch zu sein, aber sie sind es nicht.

Wozu brauchen wir diese Ausreden, insbesondere die des Dickseins? Zunächst einmal ist Essen für jeden von uns etwas Besonderes. Irgendwo, irgendwann haben wir zum ersten Mal zwanghaft etwas gegessen, und das war der Anfang unserer Eßsucht. Es hätte genausogut das erste Glas sein können, und du wärst Alkoholiker geworden, oder dein erstes von dir gelegtes Feuer, und du wärst Brandstifter geworden. Es gibt zahllose Süchte! Warum unsere das Essen ist und nicht irgend etwas anderes, ist unwichtig.

Wir benutzen unser Fett auch deshalb als eine Entschuldigung für Depression und Verstimmung, weil wir ansonsten in der Psychiatrie landen könnten. Stell' dir vor, das Thermometer zeigt 40 Grad im Schatten, und ich sage dir, daß ich friere. Wenn ich eine Erkältung als Grund dafür anführen kann, ist das einleuchtend. Wenn ich allerdings bei dieser Temperatur mit einem dikken Mantel durch die Straßen laufe und sage, daß mir kalt sei, dann kann es mir blühen, daß ich eingesperrt werde. Um für normal und geistig gesund gehalten zu werden, muß ich also eine überzeugende Begründung vorweisen, wenn ich so absonderliche Dinge tue. Genauso logisch und glaubwürdig ist es, wenn ich darüber stöhne, daß ich mich häßlich und unwohl fühle und kein Selbstwertgefühl mehr habe, weil ich so dick bin. Wenn wir dagegen schlank und reich wären, wunderbare Ehepartner und hervorragende Arbeitsstellen hätten und uns noch immer schlechtfühlten, dann würde möglicherweise psychiatrische Hilfe für erforderlich gehalten. Haben wir also anerkannte Entschuldigungen zur Hand, erscheinen wir vollkommen gesund. Einfach ausgedrückt: Der eigentliche Grund, weshalb wir süchtig essen, ist, daß wir verhindern wollen, eingesperrt zu werden, und daß die Leute denken, wir seien geistig gesund. Wenn wir nicht dick wären, hätten wir keinen einleuchtenden Grund, weshalb wir uns schlechtfühlen dürften.

Natürlich reden wir uns auf diese Weise nicht bewußt heraus, sondern rein instinktiv. Als kleine Kinder haben wir gelernt, daß wir nicht verletzt werden, wenn wir vor jemandem weglaufen, der uns schlagen will. Wenn ein Rabauke mit einem Knüppel auf uns zukommt, halten wir nicht inne und denken: „Oh, ein Mann mit einem Knüppel. Vielleicht werde ich verletzt. Ich sollte jetzt weglaufen", sondern wir nehmen instinktiv unsere Beine in die Hand und laufen fort.

Ebenso werden wir dutzendweise Ausreden dafür finden, daß wir uns schlechtfühlen. Eßsüchtige sind schon als Kinder programmiert worden, Nahrungsmittel dafür zu benutzen. *Wir essen, um dick zu sein und damit unser schlechtes Selbstwertgefühl zu erklären.* Es liegt eine Ironie darin, daß wir uns unser Leben lang eingeredet haben, daß wir uns doch gutfühlen und glücklich sein wollen, und daß wir das erreichen könnten, wenn wir weniger essen und schlank werden würden. Natürlich wirkten Schlankheitskuren, oder später tat ein Eßplan seine Dienste – für kurze Zeit. Sie sind aber sicherlich keine dauerhaften Möglichkeiten, sich gutzufühlen. Ich kenne niemanden, der Selbstwertgefühl durch Abnehmen allein erreicht hätte, ohne sich sonst weiter zu verändern.

So mancher wird dir vielleicht sagen, daß du erst einmal abnehmen solltest, um dich zumindest *ein klein wenig* wohler zu fühlen; dann könntest du immer noch im Programm arbeiten. Es gibt aber nichts Schlimmeres, als *keinen* Grund mehr zu haben, sich schlechtzufühlen, und sich *doch* immer noch schlechtzufühlen! Wie viele Eßsüchtige haben die Erfahrung gemacht, daß sie ihr ganzes Übergewicht abgenommen hatten und dann, als das Ziel erreicht war, gedacht haben: „Soll das alles sein? Ich habe abgenommen, und ich fühle mich nicht besser oder schlechter als vorher!"

Wir müssen erkennen, daß wir manchmal das Pferd von hinten aufzäumen. Wenn wir lernen, uns gutzufühlen, haben wir keinen Grund mehr für unser Dicksein. Wenn wir nicht mehr dick sein müssen, weil wir uns wohlfühlen, hören wir von selbst damit auf, uns zwanghaft zu überessen. Wenn wir es nicht mehr nötig haben, dick zu sein, haben wir auch keinen Nutzen mehr davon, uns zu überessen. Das Programm stellt uns in Aussicht, daß wir unsere Gier, unsere Eßsucht, von selbst verlieren werden. Für mich bedeutete das: Wenn ich mich gutfühle, höre ich mit meinem süchtigen Verhalten auf, das ich gebraucht habe, um mich schlechtfühlen zu können. *Wenn ich mich gutfühle, macht es keinen Sinn mehr, daß ich dick bin, um mich schlechtzufühlen.*

Ich mag mich – auch wenn andere Leute vielleicht über mich reden und mich abwerten. Wenn ich mich jederzeit mag, wenn ich inneren Frieden habe und wenn ich sagen kann: „Ich habe heute chaotisch gelebt, aber ich mag mich trotzdem", dann muß ich nie wieder eine Diät machen.

Eßsüchtige, die sich selbst wieder schätzen gelernt haben, können unmöglich weiterhin zwanghaft essen. Verstehe mich nicht falsch und verbreite nicht: „Bill ist der Meinung, wir könnten alles essen, wenn wir im Programm arbeiten." So ist das nämlich überhaupt nicht! Ich weiß zum Beispiel, daß mich Mehl und Zucker dickmachen. Als „nasser" Eßsüchtiger würde ich Mehl und Zucker essen; ich würde auch Selleriestangen, Broccoli, Schuhsohlen und alles andere essen, was nicht niet- und nagelfest ist. Hinsichtlich Nahrung bin ich eben gestört. Aber wenn ich mich wohlfühle, ist Dicksein nicht mit meinem Selbstbild zu vereinbaren. Ich muß nicht mehr dick sein, um damit meine schlechten Gefühle zu erklären. Deshalb verliere ich meinen Hunger. In bezug auf Essen verhalte ich mich „geistig gesund und normal", so, wie es uns im Big Book in Aussicht gestellt wird.

Ich weiß, daß ich von einem Stück Brot keine zehn kg zunehme; es ruft heute in mir nicht die überwältigende Gier hervor, nun einen ganzen Laib Brot essen zu wollen. Wenn ich allerdings ein Stück Brot gegessen habe, muß ich mir überlegen, wie ich das bei der nächsten Mahlzeit abziehen kann. Aber warum sollte ich mich damit verrückt machen? Ich esse einfach kein Brot. Wenn wir wirklich unseren Hunger verlieren, brauchen wir auch keine Schlankheitskur mehr zu machen.

Wie können wir dieses für uns so wichtige Selbstwertgefühl aufbauen? – durch geistige Erfahrungen, die mir nur zukommen, wenn ich im Zwölf-Schritte-Programm lebe. Das Programm taugt nichts bei der Frage, wie wir essen sollen oder wie wir unsere Nahrungsaufnahme kontrollieren können. Es zielt nicht auf eine Gehirnwäsche ab oder darauf, uns Disziplin beizubringen oder eine Verhaltensänderung zu bewirken. Es gibt uns einfach die Möglichkeit, ein völlig anderer Mensch zu werden – ein spiritueller Mensch. Im Big Book ist von einer neuen geistigen Verfassung die Rede. Dadurch wird unser Leben von anderen Einstellungen, Absichten und Wünschen bestimmt. Emotional gesehen verändern wir uns völlig.

Der Ausdruck „spirituell" hat schon einige abgeschreckt. Aber mindestens ebenso viele sind beim Programm geblieben und haben versucht, seine Bedeutung zu verstehen. Ich habe immer über Spiritualität gelacht. Ich hatte kein Interesse daran und hielt jeden für bescheuert, der es hatte. Aber heute weiß ich: Gott existiert für mich, weil ich an ihn glaube.

Keine Schlankheitskuren, Schocktherapien oder irgendwelche geistigen Techniken können solche Auswirkungen auf uns haben wie die spirituellen Erfahrungen, die wir durch die Zwölf Schritte machen. Jeder kann durch diesen Prozeß Spiritualität erfahren. Wir leben die Zwölf Schritte, bis sie zu unserer Lebensweise, sozusagen zu unserer zweiten Haut geworden sind.

Hinsichtlich des Programms lernen wir nie aus. Eines Tages wirst du plötzlich etwas begreifen und ausrufen: „Also *darum* geht's im Programm!" Schließlich wirst du verstehen, daß uns die geistigen Erfahrungen, die wir durch das Programm machen, dazu bringen, uns selbst mehr Achtung entgegenzubringen.

Lebensmittel haben an sich nichts mit Dicksein zu tun. Sie sind nur das Mittel zum Zweck, um uns selbst weiterhin nicht zu mögen. Wenn wir uns wegen der Nahrungsaufnahme Sorgen machen, ist das genauso, wie wenn wir uns auf die Zündkerzen stürzen, wenn das ganze Auto defekt ist.

Die Eßsucht ist nicht das eigentliche Problem, sie ist lediglich das Symptom. Mein Befinden ist nicht mehr davon abhängig, was ich wiege, wie alt ich bin oder wieviel Geld ich verdiene. Obgleich es schön ist, schlank zu sein, in finanzieller Sicherheit zu leben und glückliche Beziehungen zu haben, müssen diese von uns angenommenen Voraussetzungen für Glück nicht notwendigerweise tatsächlich glücklich machen. Einige von uns waren reich und wurden arm, waren verheiratet und wurden geschieden. Aber wenn wir unser Leben ehrlich betrachten, werden wir feststellen, daß alle diese Dinge wenig damit zu tun haben, wie glücklich wir uns fühlen. Wir haben uns einsam gefühlt, als wir allein waren, und manchmal noch viel einsamer, während wir verheiratet waren.

Es gibt wohl niemanden, der zum Programm gekommen ist und nicht gedacht hat, er würde schon glücklich sein, wenn er nur schlank wäre. Die Wahrheit ist, daß ein Mensch, der glücklich ist, keine Veranlassung hat, zuviel zu trinken, zuviel zu essen, zu schnell zu fahren oder eine falsche Einkommensteuererklärung abzugeben.

Für mich ist das die Botschaft des Programms.

Das Problem ist emotional, das Symptom körperlich und die Lösung spirituell. Warum sollten wir dann eine Diät machen?

Abstinenz

Wenn ich über meine Definition von Abstinenz spreche, dann möchte ich von vornherein klarstellen, daß ich für niemanden außer für mich selbst spreche. Was ich hier sage, basiert ausschließlich auf meinen Gefühlen, meinen Erfahrungen und meiner Interpretation des Programms. Ich weiß, daß es für mich so wirkt.

Abstinenz ist ein Begriff, der schwer zu erklären ist. Wenn jemand von sich behauptet, er sei abstinent, dann folgt er in der Regel einer vorgeschriebenen und kontrollierten Eßweise. Diese soll meistens zur Gewichtsabnahme führen, aber das muß nicht zwangsläufig so sein.

Wenn wir zu Overeaters Anonymous kommen, sagt man uns, daß es sich nicht um einen Diätclub handelt. Wir bekommen ein Faltblatt in die Hand gedrückt, auf dem nach eigenen Angaben keine Diät, sondern ein Eßplan steht. Ich meine, daß man Diät als eine Methode bezeichnen kann, mit der Eßverhalten kontrolliert *wird*. Ein Eßplan ist eine Methode, um Eßverhalten zu kontrollieren, und *ist* deshalb auch eine Diät. (In der Zwischenzeit sind die Eßpläne innerhalb der OA abgeschafft worden – Anm.d.Ü.) Als nächstes wird uns der Vorschlag gemacht, wir sollten uns einen „Essenssponsor" suchen. Dessen wichtigste Aufgabe ist es, dich bezüglich deines Essens zu beraten. Doch nur allzuoft manipuliert und kontrolliert er auch dein Leben.

Es besteht ein Unterschied zwischen der Abstinenz, die durch einen Eßplan nahegelegt wird, und jener wirklichen Abstinenz, wie sie im Programm beschrieben wird. Für einige bedeutet Abstinenz einfach eine kontrollierte, immer wieder geübte, erzwungene und unter Druck durchgeführte Eßmethode. Diese zuletzt genannte Art von Abstinenz stellt die leichtere und bequemere

Form dar. Aber wie alle leichten und bequemen Methoden müssen diese immer beibehalten werden, sonst sind sie zum Scheitern verurteilt. Wenn wir Abstinenz so auslegen, müssen wir die Disziplin aufbringen, unsere Nahrungsmittel immer abzuwiegen und abzumessen und ständig unseren Essenssponsor anzurufen. Diese Methode kann klappen und tut es bei vielen.

Eine solche Vorgehensweise kann jedoch auch viel Druck und eine Menge Schuldgefühle erzeugen. Dieser Druck verstärkt noch das Verzichtgefühl – etwas, das wir Eßsüchtigen seit eh und je kennen. Die Frage ist, ob wir weiterhin durch Schuldgefühle, Druck und Verzicht abnehmen wollen. Oder gibt es einen anderen Weg? Die Antwort steht klar und deutlich im Programm – sie liegt in dem Begriff *Abstinenz*, den jeder für sich selbst bestimmen muß.

Wenn wir zum Programm kommen, geben wir zu, daß wir machtlos sind – und doch versuchen wir, unsere Macht aufrechtzuerhalten. Das ist das Problem. Am Ende des fünften Kapitels im Big Book steht, daß keine menschliche Macht unsere Sucht von uns nehmen kann, daß aber Gott es könne und wolle, wenn wir ihn suchen würden. Dennoch halten wir weiterhin Ausschau nach menschlichen Mitteln gegen unser zwanghaftes Überessen: nach unserer eigenen Willenskraft, nach unserer Selbstkontrolle oder nach einem Essenssponsor.

Im Big Book steht, daß wir bezüglich unserer Suchtmittel undiszipliniert sind. Wenn das so ist, warum versuchen wir dann immer noch, uns selbst zu disziplinieren? So oft höre ich jemanden sagen: „Ich brauche mehr Disziplin." Disziplin ist das letzte, was wir brauchen, und auch, wozu wir in der Lage sind. Wir sind machtlos. Wir sind machtlos darüber, uns beherrschen zu können, das Essen zu kontrollieren, über uns selbst, über andere Menschen und Situationen. Warum sollten wir immer wieder versuchen, Kraft einzusetzen, wenn uns das bisher nie etwas gebracht hat? Was wir wollen und immer schon gewollt haben, ist Glück – aber wir haben es nie aus eigener Kraft, nie durch Manipulationen und nie durch Kontrolle bekommen.

Wenn wir mit dem Programm anfangen, sind wir nicht in der Lage, normal mit Nahrungsmitteln umzugehen. Das bedeutet, daß wir keine Wahlmöglichkeit haben. Wir haben nicht die Entscheidungsmacht, mit dem Essen aufzuhören – normale Menschen haben sie. Sie können sich entscheiden, bestimmte Dinge zu essen oder nicht. Wir Süchtigen haben diese Macht verloren.

Im Big Book wird uns versprochen, daß wir uns „geistig gesund und normal" verhalten werden. Das heißt wirklich, daß wir lernen werden, normal zu sein. Wie kann das sein? Normale Menschen können Entscheidungen treffen; sie haben die Fähigkeit, „nein" zu sagen. Wir haben zwar diese Fähigkeit verloren, können sie jedoch durch Gott wieder zurückerhalten. Dazu müssen wir aber unser Leben verändern. Wir lassen unsere gesamte eigene Macht los und akzeptieren Gottes Kraft in unserem Leben. Mit seiner Macht, die uns durch die Anwendung dieser Zwölf Schritte zuteil wird, werden wir eine spirituelle Erfahrung machen. Wir werden uns „geistig gesund und normal" verhalten. Das heißt, daß wir Gottes Kraft haben zu sagen: „Nein, ich möchte nichts mehr."

Der Unterschied zwischen der herkömmlichen „Abstinenz" und der „Abstinenz", wie sie uns im Programm der Anonymen Eßsüchtigen in Aussicht gestellt wird, kann deutlich gemacht werden an den beiden folgenden Aussagen: „Ich kann etwas nicht mehr essen, weil es nicht auf meinem Eßplan steht" und „Ich entscheide mich dafür, nichts mehr zu essen, weil meine Sucht von mir genommen ist". Es besteht ein gewaltiger Unterschied zwischen „Ich kann nicht" und „Ich entscheide mich dagegen". Er besteht darin, daß wir nicht unsere Eigenwilligkeit ausleben und Disziplin üben, sondern Gottes Kraft für unsere Entscheidung anrufen, damit wir uns geistig gesund und normal verhalten können.

Abstinenz hat nichts mit einer Schlankheitskur zu tun; Abstinenz ist die *Freiheit* von Sucht. Im Big Book steht, daß das ganz von alleine, automatisch geschehen wird. Wenn es also von selbst geschieht, warum arbeiten wir dann so hart daran? Es gibt nur eine Möglichkeit, wie wir mit dem zwanghaften Essen aufhören können: Die Sucht wird von uns genommen.

Meine Interpretation von echter Abstinenz ist, daß wir uns dann, wenn wir sie haben, in einem Zustand befinden, in dem

Gott die Sucht von uns genommen hat oder in dem wir, wenn sie wieder auftaucht, sie nicht ausleben, weil wir Gottes Kraft haben, ihr zu widerstehen.

Für mich war es schwieriger, mir ein Bild von Gott zu machen, als mir etwas unter Abstinenz vorzustellen – bis jemand ausführte, daß es nicht darum gehe, an Gott zu *glauben*, sondern lediglich um die Bereitschaft, seine Existenz für möglich zu halten. Vorher hatte ich getan, was ich für Arbeit im Programm gehalten hatte, nämlich anderen Menschen nachgeeifert, die abnahmen und ihr Gewicht anscheinend hielten. Ich machte alles wie sie, ich kopierte sie, ich hörte ihnen zu. Ich ging nicht nur zu Meetings, sondern auch mit ihnen zum anschließenden Kaffeetrinken; ich ging zu ihnen auf die Arbeit und besuchte sie zu Hause. Ich ging bei ihnen vorbei und gab vor, gerade in der Gegend zu tun gehabt zu haben. Ich sprach mit ihnen, wir gingen zusammen essen. Ich wollte, was sie hatten. Ich wollte nicht nur das, was sie im Meeting erzählten; ich wollte mehr als nur Worte, denn jeder kann aufstehen und etwas erzählen. Ich wollte sie in einer Krise erleben, wollte wissen, was sie taten, wenn sie bei ihrer Arbeit unter Druck gerieten und wie sie im Kreis ihrer Familie waren. Was auch immer sie hatten, ich wollte es aus erster Hand mitbekommen und wissen, wie ich das auch haben könnte. Ich fragte mich immer wieder: „Wie bekomme ich das – wie, wie, wie?"

Aber niemand schien die Weisheit zu haben, nach der ich immer noch hungerte. Jahrelang blieb ich im Programm und arbeitete nach besten Kräften darin. Mein Leben war jedoch noch immer besetzt mit süchtigem Verlangen nach Nahrungsmitteln, und noch immer war jeder Tag ein ständiger Kampf mit der Eßsucht. Sollte ich dieses oder sollte ich jenes essen?

Ich war voll von Selbstgerechtigkeit – schließlich hatte ich doch abgenommen und mein Gewicht gehalten! Und außerdem: War ich nicht schlau, wußte ich nicht für jeden eine Antwort? Dabei wußte ich nicht einmal eine Antwort für mich, denn ich kämpfte noch immer tagaus tagein gegen meine Sucht.

Ich war bereit aufzugeben. Ich sah die Menschen zum Programm kommen und fragte mich, ob es denn tatsächlich wirkte. Wieviele hatten denn abgenommen, ihr Gewicht gehalten und wirklich das erreicht, was uns durch das Programm versprochen wird? Es wird uns in Aussicht gestellt, daß unsere Sucht von uns genommen und unsere geistige Gesundheit wiederhergestellt wird. Ich ließ nicht locker mit der Frage: „Bist du von der Sucht befreit?" „Nein, nein" erwiderten sie, „wir werden niemals frei davon sein ... wir sind geistig krank ... wir haben diesen fürchterlichen Wahnsinn." Ich war enttäuscht. „Das sollte alles sein? Wenn das so ist, dann weiß ich nicht genau, ob ich das will! Ich will diese furchtbare Krankheit nicht – diese Sucht –, und ich will nicht geistig krank sein!" Ich war klug genug, um zu wissen, daß der Sinn des Lebens der ist, geistig gesund und glücklich zu sein, und nicht, geistig krank zu sein und jeden Tag ums Überleben zu kämpfen. Ich dachte: „Ich ertrage das nicht mehr! Was hat es für einen Sinn, mich darüber zu sorgen, was ich esse oder nicht, wenn ich diese Sucht habe? Immer, wenn ich an einem Laden mit Berlinern vorbeikomme, habe ich diesen Kampf mit mir. Immer, wenn ich esse oder auf einer Party bin, habe ich diesen Kampf mit mir. Gut, ich habe nicht nachgegeben, ich habe nicht zwanghaft gegessen, aber ich will diesen Kampf nicht mehr! Das soll wirklich alles sein?"

In Gesprächen mit Alkoholikern hatte ich festgestellt, daß einige von ihnen über uns Eßsüchtige lachten. (Viele tun das heute noch.) Sie amüsieren sich: „Seht euch die da an; sie haben nichts Besseres zu tun, als sich über Diäten und über ihr Gewicht zu unterhalten!" Siehst du, diese Alkoholiker wußten Bescheid. Sie waren von ihrer Sucht befreit, trinken zu müssen. *Das* wollte ich. Obwohl ich kein Alkoholiker bin, ging ich zu AA-Meetings und fand, daß dort einiges anders war. Sie hatten etwas Besonderes.

Ich fragte danach und bekam zu hören: „Ich weiß die Antwort auch nicht, aber vielleicht findest du sie im Big Book." Also las ich das Big Book der Anonymen Alkoholiker, wie ich es schon viele Male vorher getan hatte. Und dann bemerkte ich zum ersten Mal Dinge, die mir zuvor nie aufgefallen waren. Zuerst las ich das Wort „geheilt". Bill W., einer der Begründer des Programms, schreibt auf S. 191 des Big Book, daß Gott ihn von seinem schrecklichen Wahnsinn *geheilt* hatte. Ich fragte mich, was das sollte, denn schließlich hatte ich immer gesagt bekommen, daß wir *niemals* geheilt würden.

Dann las ich eine Geschichte ... Es war drei Uhr nachts ... Ich konnte nicht schlafen, ich war verzweifelt. Schließlich stand ich auf, blätterte im Big Book und las das Kapitel „Wir Agnostiker". Vorher hatte ich es immer überschlagen, weil ich kein Agnostiker war, als ich zum Programm kam; ich war Atheist gewesen. Und da ich Gott gefunden hatte, nahm ich an, daß dies kein Kapitel für mich sei.

Ich las das Kapitel noch einmal – und dieses Mal *wirklich* –, und am Ende, auf S. 57, steht von einem Alkoholiker, dessen Sucht von ihm genommen worden war: „Bis auf wenige kurze Momente der Versuchung ist der Gedanke an Trinken nie mehr aufgetreten. ... Gott hatte seine geistige Gesundheit wiederhergestellt." Mensch, das hatte ich nie zuvor gehört! Dann las ich nochmal das V. Kapitel, „Die praktische Verwirklichung des Programms". Darin steht am Ende, daß Gott die Sucht von uns nehmen kann und wird, wenn wir ihn suchen. Diesen Satz hatte ich vorher nie bemerkt.

Dann las ich von den Versprechen des Programms: Wenn du dieses Programm verwirklichst, wenn du einen bewußten Kontakt zu Gott hast und wenn du in einer guten geistigen Verfassung bist, wird Gott die Sucht von dir nehmen. Das wird nicht durch Diäten und Regeln geschehen. Es wird ganz von alleine kommen.

Geschichte um Geschichte des Big Book bezeugt, daß Gott die Sucht von diesen Alkoholikern genommen hatte, sobald sie ein spirituelles Erwachen erlebt hatten, sobald sie *alle* zwölf Schritte *jederzeit* nach *besten* Kräften, jeweils nur für *einen* Tag, in *allen* ihren Lebensbereichen angewandt hatten. Gott stellte ihre geistige Gesundheit wieder her. Ich las mir noch einmal den Zweiten Schritt des Programms durch: „Wir kamen zu dem Glauben, daß eine Macht, größer als wir selbst, unsere geistige Gesundheit wiederherstellen kann." Niemand schien darüber zu reden, wie man mit Hilfe des Programms *geistig gesund* werden kann. Die Menschen reden statt dessen lieber über ihre Verrücktheiten.

In einem Meeting im tiefsten Osten der USA sprach ich über

die Wiederherstellung der geistigen Gesundheit. Jemand sprach mich an: „Wir wollen hier nichts von diesem Gerede über geistige Gesundheit hören." „Was, ihr wollt nicht über geistige Gesundheit sprechen?" fragte ich verwundert. „Nein, nein" gab der Betreffende zurück, „das ist zu gefährlich für uns, weil das unser Programm kaputtmacht." „Ja, das wird es sicherlich", erwiderte ich ihm. Es *wird* ihnen *ihr* Programm zunichte machen; an dessen Stelle wird ein neues Programm treten. Das Zwölf-Schritte-Programm soll nicht mühselig und fürchterlich sein, es ist kein Programm des Unglücklichseins. Es ist das Programm purer Freude. Gott möchte, daß wir glücklich sind, nicht unglücklich; geistig gesund, nicht wahnsinnig; schlank, nicht dick; nüchtern, nicht betrunken; klar, nicht unter Drogeneinfluß. Gott will, daß wir geistige Gesundheit erhalten.

Nahrungsmittel sind kein Problem mehr für mich; das Essen ist nicht mehr mein Feind, sondern mein Freund. Ich sehe einen Apfel und finde ihn schön. An jedem Sonntag gehe ich vormittags auf meinem Weg zum Tennisplatz bei einer Bäckerei vorbei und hole dort Kuchen für die anderen Spieler ... Ich sehe mir gern die schön zurechtgemachten Backwaren im Schaufenster an – aber essen tue ich sie nicht.

Ich bin davon geheilt worden, den ersten Suchtbissen nehmen zu *müssen*. Genau das meinte Bill W., wenn er sagte, daß er geheilt worden sei. Ich esse keinen raffinierten Zucker und kein Mehl. Ich weiß nicht warum, aber diese Stoffe wirken bei mir physiologisch suchtauslösend.

Vielleicht ist meine Sucht im Hinblick auf Nahrungsmittel nicht so wie deine. Manche Leute können ohne weiteres ein Stück Brot essen; es wirkt sich nicht auf ihren Körper aus, aber auf meinen schon. Manche überessen sich mit Fleisch; mich macht Fleisch überhaupt nicht an. Wir haben alle unsere eigenen Seltsamkeiten bei den Zwängen und Süchten. So ist es, und so bleibt es wahrscheinlich auch. Es kann sein, daß du von diesen Eigenheiten Deiner Sucht nie geheilt wirst. Ich weiß es nicht, ob ich jemals wieder Zucker und Mehl essen kann, aber das spielt keine Rolle mehr für mich. Würde mir jemand einen Berliner, eine Pizza oder ein Eis vor die Nase stellen, dann wäre das, als würde ich eine

Freundin, eine alte Liebe wiedertreffen ... „Oh ja, es war schön mit ihr, aber das ist schon lange her, weißt du."

Ich kann kein Mehl und keinen Zucker essen. Ich kann auch keinen 100-Meter-Lauf in neun Sekunden bringen, kann den Kilimandscharo nicht erklimmen und auch nicht ohne Flügel fliegen. Was soll's? Ich nehme mich, wie ich bin. Von meiner Körpergröße von 1,85 m werde ich auch niemals „geheilt" werden; ich werde nie 1,98 m groß sein. Ich kann mir daraus ein Problem machen, aber ich kann es auch lassen. Ich kann also keinen Zucker und keine Kohlehydrate zu mir nehmen. Das ist in Ordnung so. Muß ich deshalb verrückt spielen? Nicht mehr!

Gott hat meine geistige Gesundheit wiederhergestellt. Es gibt keinen Menschen, keine Aufgabe und auch sonst nichts, das mich dazu veranlassen könnte, den ersten Suchtbissen zu mir zu nehmen. Das wird mir nie mehr passieren – nicht aufgrund meiner Willenskraft, sondern weil Gott mich von meiner Sucht befreit hat.

Gott hat mir meine geistige Gesundheit wiedergegeben, und ich werde solange geheilt sein, wie ich in guter geistiger Verfassung bin und völliges Vertrauen in mein Lebensprogramm habe.

In mancher Hinsicht ist es leichter, 100 kg abzunehmen als 10. Als ich zum Programm kam, fühlte ich mich sehr unsicher. Zu dieser Zeit glaubte ich, daß ich lediglich 25 kg abnehmen müßte; schließlich nahm ich aber über 30 kg ab. Dann fühlte ich mich sehr unsicher, weil ich keine 50 kg mehr abzunehmen hatte oder sonst irgendeine magische Zahl.

Mittlerweile gibt es schon überall mehr Leute, die mit dem Programm nicht mehr nur verbinden, daß sie 50 oder 100 kg abnehmen können, sondern daß sie ihre geistige Gesundheit zurückerlangen und von ihrer Sucht befreit werden können. Wenn ich in anderen Städten ins Meeting gehe, kommen regelmäßig Menschen auf mich zu und sagen, daß auch sie von ihrer Sucht befreit worden sind. Sie schreiben mir auch, und es gibt eine wachsende Zahl von Leuten, die die Tauglichkeit des Programms nicht an ihrem Gewichtsverlust messen, sondern an dem Grad, in dem ihre geistige Gesundheit wiederhergestellt worden ist.

Es ist schon unglaublich, was geschieht. Ich kenne Menschen, die drei, vier oder fünf Jahre lang mit dem Programm herumgekämpft haben. Sie haben abgenommen, zugenommen, wieder abgenommen, wieder zugenommen. Irgendwann haben sie dann damit aufgehört, sich den Kopf über ihr Gewicht zu zerbrechen; und als ihre geistige Gesundheit wiederhergestellt war, regelte sich das mit dem Gewicht von alleine.

Ich habe Menschen getroffen, die mir gesagt haben, daß ihnen das, was ich sage, Angst macht. Ich verstehe das. Wenn du dein ganzes Leben lang dick warst, dann zum Programm kommst und 50 kg abnimmst, und plötzlich kommt jemand daher und sagt, daß das nicht alles ist, dann versetzt dir das einen Schrecken, klar.

Wie kannst du mit jemandem streiten, der zum ersten Mal in seinem Leben 50 kg abgenommen hat? Ich diskutiere auch nicht, ich sage nur, daß ich *mehr* will, als 50 kg abnehmen. Ich habe schon so oft in meinem Leben abgenommen, und es gibt viele Trinker, die lange Zeit trocken waren. Sie sagen dir, sie hätten das Problem im Griff, und dann fangen sie wieder an.

Das Programm wirkt aus einer Haltung des Vertrauens heraus – wie es im Big Book steht:

Wir erkennen, daß die Dinge, die uns widerfahren, wenn wir uns in Gottes Hand begeben, besser sind als irgend etwas, das wir hätten planen können (S. 100).

Sponsorschaft

In diesem Programm gibt es keine ausdrücklichen oder verpflichtenden Voraussetzungen für Sponsoren. Der Gesponserte ist der einzige, der die Fähigkeiten eines Sponsors beurteilen kann. Wenn du das hast, was jemand anderer braucht, dann ist es deine Pflicht, diesem Menschen zu dienen. Allerdings ist viel aufrichtige Selbsteinschätzung vonnöten. Du mußt immer bedenken: Wir sind sowohl übermäßig von uns eingenommen als auch verzweifelt. Das gilt sowohl für dich als auch für denjenigen, den du sponserst.

Die Pflicht eines Sponsors ist es, seine *Genesung* zu teilen – nicht Ratschläge zu geben oder jemanden zu kontrollieren, indem er Macht ausübt oder die Bedürfnisse und Ängste eines anderen Menschen ausnutzt.

Jeder kann im Meeting etwas sagen oder ein guter Redner sein. Jeder kann eine Menge abnehmen. Jeder, der schon ein paar Tage länger abstinent ist als du, sieht gut aus. Als ich zuerst zum Programm kam, sah ich Leute, die mich beeindruckten, und ich nahm an, sie hätten Gelassenheit – nein, ich wußte es sogar, denn sie gingen nicht, sondern sie schwebten. Ich dachte, sie hätten kleine Rollen unter ihren Schuhen.

Aber der echte Prüfstein für einen Sponsor ist es, wie er lebt. Ich sage den Leuten immer, sie sollen mich erst einmal im Alltag begleiten, bevor sie mich als Sponsor für sich auswählen. Verbringe ein Stück Alltag mit mir, und sieh dir an, wie ich mich in der Welt bewege. Komm in mein Büro und sieh dir an, wie ich mit Geschäftsangelegenheiten umgehe. Besuche mich zu Hause und sieh dir an, wie ich mich meiner Familie gegenüber verhalte. Schau zu, wie ich Auto fahre und einkaufe.

Das Big Book der Anonymen Alkoholiker beschäftigt sich nur

mit einer Art Sponsor: mit dem, der mitteilt, wie er eine Beziehung zu Gott aufgebaut hat. Patenschaft hat keinen anderen Zweck als diesen, hat nichts anderes, was zu teilen wäre. Sponsoren sind nicht dazu da, um jemanden abstinent oder nüchtern zu machen oder ihn dazu zu bringen, mit dem zwanghaften Essen aufzuhören. Der einzige, dem ich helfen kann, bin ich selbst, und ich tue das durch meine Höhere Kraft und durch den Dienst an anderen.

Mir scheint, daß *Genesung* die Mindestanforderung sein sollte, jemandes Pate zu sein. Gewichtsverlust ist aber nicht notwendigerweise ein Anzeichen dafür. Jeder kann abnehmen durch Diätenhalten, Planung der Nahrungsaufnahme, Willenskraft, Selbstkontrolle, Disziplin und Angst (Gruppendruck). Gewichtsverlust an sich ist nicht unser Problem, sondern anzuerkennen, daß uns Kontrolle fehlt und daß wir Kontrolle nie zurückgewinnen werden. Wir genesen, wenn wir ein Verhältnis zu unserer Höheren Macht aufgebaut haben, das es uns ermöglicht abzunehmen, indem unsere Zwanghaftigkeit von uns genommen wird. Diese Heilung geschieht durch die Zwölf Schritte.

Das Big Book wurde von *genesenen* Alkoholikern geschrieben. Auch Eßsüchtige können und werden genesen. Unsere Heilung geschieht durch Gott, nicht durch einen Sponsor oder irgendeine andere menschliche Macht. Wir genesen nur dadurch, daß wir die Zwölf Schritte in allen unseren Belangen in die Tat umsetzen und die Botschaft dessen, was wir dabei lernen, in der Sponsorschaft an andere Eßsüchtige weitergeben. Es geht nicht etwa um Gewichtsverlust, sondern um die Fähigkeit, durch die Höhere Macht unsere geistige Gesundheit zurückzugewinnen.

Um vom zwanghaften Überessen befreit zu werden, arbeiten wir intensiv mit anderen Eßsüchtigen. Wir finden einen Eßsüchtigen, der genesen *will*. (Wir vergeuden keine Zeit damit, daß wir jemanden zu überreden versuchen, der gar nicht genesen will.) Wir gehen auf Neue oder zukünftige Neue zu; wir warten nicht darauf, bis sie auf uns zukommen. Wir stellen ihnen zwei Fragen: (1) ob sie mit dem zwanghaften Essen aufhören *wollen* und (2) ob sie bereit sind, *alles Erdenkliche* dafür zu tun.

Wir sagen Neuen, daß wir *als Teil unserer eigenen Genesung* gern bereit sind, mit ihnen zu sprechen und ihnen zu erzählen, *wie* wir genesen:

W = Willigkeit, Bereitschaft
I = Interesse, Aufgeschlossenheit
E = Ehrlichkeit.

Wir stellen ihnen das Big Book zur Verfügung und zeigen ihnen, wie wir die Wörter „Alkoholiker" durch „Eßsüchtiger", „Alkoholismus" durch „Eßsucht", „Trockenheit" durch „Abstinenz" usw. ersetzen. Wir teilen unsere Erfahrungen mit ihnen und die Leiden, die unsere Sucht uns verursacht hat. Wir lassen uns von dem Neuen einige von seinen Erfahrungen erzählen. Wenn er in guter Stimmung ist, erzählen wir ihm humorvolle Geschichten über unser Überessen und die „Spielchen", die wir gespielt haben. Dann beschreiben wir, wie wir dazu gekommen sind, die Tatsache herauszufinden und anzunehmen, daß wir den Wahnsinn der Eßsucht hatten. Wir teilen die verschiedenen Arten mit, wie wir versuchten, mit dem zwanghaften Überessen aufzuhören, es aber nicht konnten. Wir sagen dem Neuen, daß uns die Kraft fehlt, unsere Zwänge zu kontrollieren. Wir erzählen ihm von der geistigen Verrenkung, die zum ersten zwanghaften Bissen führt. Wir erklären, wie der geistige Zustand, der den ersten zwanghaften Bissen begleitet, das Wirksamwerden der normalen Willenskraft *verhindert*. Wenn der Neue an der Idee festhält, daß er den Zwang des Überessens noch kontrollieren kann, lassen wir ihn ruhig weitermachen und es versuchen.

Wenn ein Neuer überzeugt ist, daß es kaum eine Chance gibt, aus eigener Kraft die Kontrolle zurückzugewinnen, beschreiben wir den Wahnsinn des zwanghaften Überessens. Wir erklären, daß es eine *körperliche* Befindlichkeit ist (eine physische Abhängigkeit von bestimmten Nahrungsmitteln, die nach Person und nach Essensmenge verschieden ist) wie auch eine *geistig-seelische* (eine geistige Besessenheit). Wir erklären, daß dieser Zustand fortschreitend ist, weil er immer schlechter – nie besser – wird im Laufe der Zeit, und daß es eine tödliche Krankheit ist.

Neue können uns dann auch fragen, wie wir gesund geworden sind. Wir erzählen ihnen genau, was mit uns passiert ist: Wir waren bereit, an eine Macht, größer als wir selbst, zu glauben, und leben nach spirituellen Grundsätzen (dem Zwölf-Schritte-Programm), weil das Leben aus unserer eigenen „Macht" heraus uns nur unglücklich gemacht hat.

Wir reden nicht über Religion oder Theologie. Wir erlauben anderen, sich eine Vorstellung von einer Macht, größer als sie selbst, zu machen, je nachdem, welche sie für sich vorziehen. Wir versuchen nicht, zu belehren oder Forderungen zu stellen oder aufzuzählen, was „man muß"; wir spielen nicht Gott. Wir spielen auch nicht den Möchtegern-Psychologen.

Wenn jemand fragt, warum seine bisherigen religiösen Überzeugungen gescheitert sind und warum die geistigen Prinzipien der Zwölf Schritte so gut wirken, dann erkläre ihm, daß unser Vertrauen von aufopferungsvollem Einsatz und selbstlosem, konstruktivem *Handeln* begleitet sein muß, wenn es für uns lebensbestimmend sein soll. „Wissen" ist nicht dasselbe wie Tun. Wir umreißen das „Programm des Tuns" folgendermaßen:

1. Erzähle, wie du dich selbst beurteilt hast oder wie du dir selbst gegenüber ehrlich geworden bist;

2. teile mit, wie du zugefügten Schaden wiedergutgemacht und deine Vergangenheit in Ordnung gebracht hast;

3. sage, *warum* du anderen bei ihrem Heilungsprozeß zu helfen versuchst; daß es wesentlich für deine eigene Genesung ist und daß jeder, der gesund werden will, die Botschaft an solche weitergeben muß, die sie hören wollen.

Als Sponsoren müssen wir uns immer darüber im klaren bleiben, daß die Leute, deren Paten wir sind, *uns* mehr helfen als wir ihnen; und das müssen wir sie wissen lassen. Du mußt einsehen, daß die Bereitschaft, dem „Programm der Tat", den Zwölf Schritten nämlich, zu folgen, wahrscheinlich um so größer ist, je hoffnungsloser und verzweifelter der von dir Gesponserte sich erlebt.

Er wird dir „Gründe" angeben, warum er nicht im Programm arbeiten *kann*, warum er nicht *das ganze* Programm braucht. Vielleicht begehrt er gegen so einschneidende Sachen wie Inventurmachen oder das Besprechen der Inventur mit einem anderen auf. Wir geben zu, daß wir selbst auch einmal so gefühlt haben, daß wir aber sehen, daß wir überhaupt keinen Fortschritt hätten machen können, wenn wir nicht gehandelt hätten (indem wir in den

Schritten vier bis zehn arbeiteten). Gib dem von dir Gesponserten Zeit, das zu überdenken. Er muß für sich selbst entscheiden.

Neue sollten weder gedrängt noch angestachelt werden, wenn sie kein Interesse an unserer Lösung haben. Wir dienen ihnen jedoch als eine Art „Krankenschwester" bei ihren Rückfällen, vielleicht ändern sie ihren Sinn, wenn sie noch ein wenig länger gelitten haben. Wir tragen die *Botschaft* weiter, nicht die Person. Der aufrichtige Wunsch nach diesem Programm muß aus dem *Innern* kommen.

Wenn jemand meint, daß er auf andere Weise mit dem Überessen aufhören kann oder eine andere Herangehensweise bevorzugt, ermutige ihn, es weiter auf seine Weise zu machen und *laß los.* Laß den anderen wissen, daß du weiter für ihn da sein wirst. Wenn er geht, sei nicht entmutigt. Suche einen anderen Eßsüchtigen, der verzweifelt genug ist, begierig anzunehmen, was wir anbieten. Verschwende keine Zeit mit jemandem, der nicht mit dir zusammenarbeiten kann oder will.

Wir nehmen anderen die Möglichkeit zur Heilung, wenn wir zuviel Zeit mit einzelnen verbringen. Wir dürfen es nicht zulassen, daß einer sich uns zu sehr aufdrängt. Wenn wir jemandem erlauben, unsere Zeit zu sehr mit Beschlag zu belegen, *schaden* wir ihm, weil wir es ihm ermöglichen, unaufrichtig zu sein. Vielleicht helfen wir eher bei der Zerstörung als bei der Genesung dieses Eßsüchtigen.

Führe dir vor Augen: Anderen zu helfen, ist der Grundstein für *deine* Genesung, und „ab und zu" ist nicht genug. Du mußt jeden Tag jemanden unterstützen; wenn das nötig ist, zu jeder beliebigen Tageszeit. Erinnere die von dir Gesponserten daran, daß Genesung nicht von *Menschen* abhängt – weder von dir noch von jemand anderem. Sie hängt davon ab, ob wir eine Beziehung zu Gott haben. Wir bieten unsere Freundschaft und Gemeinschaft an und werden alles tun, um anderen zu helfen, die gesund werden *wollen,* aber die Genesung selbst kommt von einer Höheren Kraft.

Wer versucht, sein zwanghaftes Überessen durch kontrollierte Nahrungsaufnahme in Form einer Diät oder mit anderen Mitteln zu bekämpfen, kann eine Zeitlang damit Erfolg haben, aber er endet üblicherweise bei einem schlimmeren Rückfall als je zuvor. Wir haben wirklich *alle* diese Methoden ausprobiert und sind doch jedesmal gescheitert. Wir gewinnen die Kontrolle nie wieder zurück.

Als Sponsoren lassen wir uns nie mit anderen auf Auseinandersetzungen darüber ein, was sie essen, und versuchen auch nicht, sie vom Essen abzuhalten. Wir achten sorgfältig darauf, weder Haß noch Intoleranz zu zeigen, weil solche Haltungen jemanden abstoßen könnten, dessen Leben hätte gerettet werden können. Wir können wenig ausrichten, wenn wir eine bittere oder feindselige Einstellung haben. Wir haben aufgehört, *irgend jemanden* oder *irgend etwas* zu bekämpfen – sogar das Essen.

Gott gibt uns die Kraft der Wahl, während des ersten zwanghaften Bissens an das zu denken, was seine Folgen sein können. Dieser ernste und wirkungsvolle Gedanke gibt uns dann die Wahlmöglichkeit, ob wir diesen ersten Suchtbissen nehmen, heute und immer.

Denke vor allem daran, daß deine Genesung alles ist, was du jemandem bieten kannst: Du bist nicht dazu da, andere dazu zu veranlassen, mit dem Überessen aufzuhören; du bist dazu da, dir selbst zu helfen.

Du hast nichts zu verlieren. Ob jemand anderes gesund wird oder nicht – du gewinnst immer, indem du dienst.

Wenn mich jemand bittet, ihn zu sponsern, biete ich ihm zunächst an, mich für ein paar Stunden zu besuchen, damit wir uns darüber unterhalten können. Ich habe keine festgelegten Regeln für ein solches Gespräch, aber vor allem will ich, daß Leute, deren Sponsor ich bin, wissen, daß ich sie nie belügen werde, aber daß ich weiß, daß sie das umgekehrt tun werden. Meistens entrüsten sie sich darüber. Ich erwidere ihnen dann, daß sie das sehr wohl tun werden, weil das soeben schon die erste Lüge gewesen ist. Ich weiß, daß es vorkommt, und ich will, daß sie wissen, daß das ganz in Ordnung ist. Ich will ihnen klarmachen, daß sie lügen können und daß es mir nichts ausmacht, wenn sie es tun. Ich werde wissen, daß sie lügen, weil ich selbst ein Experte darin bin – wir alle sind es. Wir Eßsüchtigen sind die unehrlichsten Leute, die ich kenne. Wir haben uns selbst unser ganzes Leben lang betrogen.

Wir haben uns um unser Glück betrogen. Wer weiß mehr über das Betrügen als wir? Wer weiß mehr als wir, wie man sich selbst belügt? Wir sagen: „Ich sehe heute wirklich gut aus" – und sehen wie Elefanten aus, wie Clowns.

Manchmal muß ich Leute, die ich sponsere, erst einmal in die Badewanne schicken, bevor wir uns unterhalten. Ich muß so ehrlich sein, weil ich weiß, wie ungepflegt ich war, als ich noch dick war. Ich wollte mich nicht baden, und meine Kleidung war schmutzig. Vielen von uns geht es so. Wenn ich es also für angebracht halte, fordere ich jemanden auf, sich wenigstens einmal täglich zu waschen. Wenn ich dann zur Antwort bekomme: „Meinst du nicht, daß es jeden zweiten Tag auch genügt?", sage ich dem Betreffenden ungefähr folgendes: „Mir macht es überhaupt nichts aus, wenn du dich gar nicht badest, aber du wirst eine Menge Freunde verlieren, wenn du es nicht tust." So also merken die Menschen, die ich sponsere, daß ich sie nicht belügen werde.

Das zweite, was ich sie wissen lasse, ist, daß ich immer für sie da sein werde. Ich habe mich niemals geweigert, jemanden zu sponsern, nur weil er irgend etwas getan oder gesagt hat. Ich bin immer da. „Egal, was du tust", sage ich, „selbst wenn du nicht mit mir reden willst, in Ordnung. Wenn du dir einen anderen Sponsor nehmen willst, dann suche dir ruhig einen anderen. Ich werde hier sein, wann auch immer du zurückkommen willst." Fast ohne Ausnahme kommen sie zurück.

Mein Programm – die spirituellen Prinzipien, die heute mein Leben bestimmen – ist so stark, daß niemand es bedrohen kann. Wenn jemand es gefährden könnte, dann wäre es von vornherein nicht etwas, das irgend jemand kennenlernen oder benutzen wollen würde. Niemand kann mir mein Programm nehmen. Ich kann es niemandem erlauben, mächtiger zu sein als meine Entschlossenheit, von dem Irrsinn zu genesen.

Das nächste, was ich Leuten, die ich sponsere, sage, ist, daß sie essen sollen, was immer sie wollen. Mir ist es gleich, was jemand ißt. Mir ist es egal, welche Schlankheitskuren andere machen. Ich will wirklich, daß die von mir Gesponserten wissen, daß ich sie gerade so liebe, wie sie sind, daß es mir nichts ausmacht, wenn sie kein Gramm abnehmen. Eigentlich ist es für niemanden auf der Welt wirklich von Bedeutung, ob sie abnehmen. Das ist der große Bär, den wir alle uns selbst aufgebunden haben. In Wirklichkeit sind wir die einzigen, die glauben, daß unser Dicksein ein Problem ist.

Als nächstes spreche ich über den schwierigsten Teil des Programms. Ich sage: „Das Schwerste in deinem Verhältnis zu mir als Sponsor ist, daß ich dir nie sagen werde, was du tun sollst. Du mußt nie irgend etwas tun." Das tut wirklich weh, weil viele meinen, sie brauchten einen Sponsor, der ihnen sagt, was sie tun sollen. Ich kann dann nichts anderes tun, als ihnen zu sagen, daß ich dafür der Falsche bin: „Ich werde dir nicht sagen, was du tun sollst. Ich habe genug damit zu tun, mit mir selbst klarzukommen. Ich weiß auch nicht, was für dich gut ist. Alles, was ich tun kann, ist, meine Erfahrung mit dir zu teilen." Ich kann jemanden auf etwas hinweisen; aber wenn er mir nicht zustimmt, ist das in Ordnung. Ich werde niemanden, dessen Sponsor ich bin, abweisen.

Einer erzählte mir, daß er nicht mehr mit von ihm gesponserten Leuten reden würde, wenn sie gerade einen Rückfall hatten. Bill W. würde immer noch ganz allein bei AA sein, wenn er das für richtig gehalten hätte. Du kannst nicht warten, bis jemand nüchtern wird, bevor du ihn zu AA mitnimmst. Du brauchst einen Sponsor, *nachdem* du dich wieder übergessen hast. Er hält dich zwar nicht vom Übergessen ab, aber du brauchst danach seine Unterstützung, Stärke und Liebe. Niemand wird dich für einen Freßtrip so herabsetzen wie du selbst – und gerade *dann* brauchst du Hilfe.

Allen, deren Sponsor ich bin, sage ich, daß ich jederzeit mit ihnen reden werde; daß ich sogar bei ihnen bleibe, wenn sie sich übergessen. Das ist ganz in Ordnung. „Ich werde eine Tasse Kaffee trinken, deine Hand halten und bei dir sein." Ich habe das getan. Ich bin mit Leuten ausgegangen, die dann während unseres Zusammenseins einen Freßanfall hatten.

Einmal war ich auf einem Besinnungstreffen der OA. Ein Mann neben mir lud sich gerade eine Wagenladung auf seinen Teller. Alle anderen am Tisch hatten eine Portion Huhn genommen, er hatte zwei Portionen und einen Salat dazu. Ich fragte ihn, ob er all das essen wolle. Keiner hatte ihn darauf hingewiesen, welche Mengen er gerade im Begriff war zu essen. Die meisten haben einen Schweigekodex, bei mir gibt es kein Tabu. Ich meine, daß es meine Aufgabe ist, jemanden, der sich eine Pistole an die Schläfe hält, darauf hinzuweisen, daß sie geladen ist, bevor er sich umbringt. Also fragte ich ihn, ob er zwei Portionen Huhn essen wolle. Er bejahte dies und meinte: „Mach' nicht Inventur für mich." Er wollte es mir zeigen; er holte sich nochmals zwei Portionen nach. So sind wir. Wir zeigen es allen. Unser ganzes Leben lang sind wir herumgelaufen und haben aller Welt gesagt: „Ich werde es euch zeigen!" Aber in Wirklichkeit heißt das: „Seht ihr, wie ich mich selbst zerstöre!"

Irgendwann kommen wir an einen Punkt, wo wir uns sagen: „Genug ist genug. Ich bin bereit, alles Erdenkliche zu tun. Ich bin bereit, das Äußerste zu tun, um mit diesem Wahnsinn aufzuhören." Wenn jemand da ist, mache ich Vorschläge und sage beispielsweise: „Meinst du nicht, daß es an der Zeit für dich ist, Inventur zu schreiben?" Aber ich werde nie jemandem sagen, was er tun soll.

Ich habe festgestellt, daß Leute oft nicht hören, wenn ich sage, daß ich ihnen nicht vorschreiben werde, was sie tun sollen.

Ich sponserte einmal eine junge Frau, die arbeitete und nebenher zur Schule ging. Wie die meisten von uns hatte sie Beziehungsprobleme. Ständig steckte sie in Beziehungen, die ihr nicht guttaten, aber ich war der einzige, der ihr das auf den Kopf zusagte. Sie beteuerte stets, daß sie diese Männer liebe und ohne sie nicht leben könne. Mir war klar, daß sie aus ihrer Sucht heraus diese Beziehungen lebte, nicht weil sie Interesse an den jeweiligen Männern hatte. Es ging ihr nicht um die jeweiligen Männer. Selbst wenn diese wirklich nett waren, ließ sie letztlich kein gutes Haar an ihnen.

An einem Freitagabend rief sie mich an, und ich hörte schon an ihrem Tonfall, daß sie wieder mit einem Verlierertypen ausgehen wollte, und das sagte ich ihr dann auch. „Willst du damit sagen, daß ich nicht mit ihm weggehen soll?" fragte sie mich. „Nein", erwiderte ich, „das würde ich nie tun, aber mit so einem Typen würde ich sicherlich niemals ausgehen." „Nun, ich kann nicht anders", meinte sie. Diese Worte von ihr enthüllten einiges.

Das war am Freitag, und ich wollte wegfahren. Ich fragte sie, ob sie bis Montag warten könne, bevor sie sich mit ihm träfe. Sie stimmte zu. Ich kam am Montag zurück, aber sie rief mich erst am Mittwoch wieder an. Sie eröffnete mir, daß sie sich einen anderen Sponsor suchen wolle. Ich war einverstanden, bat sie aber, mir den Grund dafür zu nennen. „Ich brauche eine Frau als Sponsorin, zu der ich ein Vertrauensverhältnis haben kann" gab sie zurück. Ich sagte ihr, daß auch das in Ordnung sei, aber daß ich über sie wahrscheinlich mehr wüßte als sie selbst und daß ich sehen könne, daß sie sich selbst belüge. Schließlich kam heraus, daß sie sich – entgegen unserer Vereinbarung – doch mit dem Mann getroffen hatte. Ich sagte: „Na und?" Ich hatte gewußt, daß sie das tun würde. Sie war nicht bereit, sich zu ändern, weil sie noch nicht genug litt. Sie spielte nur mit dem Programm herum.

Ich finde es wirklich traurig, wenn Menschen überall herumerzählen, daß sie im Programm arbeiten, wenn sie in Wirklichkeit nur eine Diät machen. Du arbeitest so lange nicht im Programm, bis du es weitergibst – aber was kannst du weitergeben, wenn du bloß eine Diät machst? Abnehmen? Abnehmen kann jeder.

Die Menschen, die von mir gesponsert werden, finden mich toll, weil ich der erste bin, der ihnen alle seine Fehler zeigt. Sie sagen: „Du machst ja Fehler!" Da haben sie vollkommen recht. Ich habe Charakterfehler, und ich werde wahrscheinlich immer welche haben. Offensichtlich bin ich bei einigen von ihnen nicht bereit, sie loszuwerden, sonst würde ich sie schon abgelegt haben. Das ist nicht richtig oder falsch, gut oder schlecht, es ist einfach eine Tatsache; ein Teil meines Lebens klappt nicht. Wenn ich die Nase voll habe, werde ich auch an diesen Fehlern arbeiten. Niemand kann perfekt sein.

So verhalte ich mich den Leuten gegenüber, deren Sponsor ich bin. Manchmal ist es wirklich hart, Sponsor zu sein, weil sie immer in Versuchung geraten, Eltern oder Diktatoren spielen zu wollen. Wenn ich ein paar Gramm mehr abnehme oder ein paar Tage länger im Programm bin als du, bin ich versucht zu glauben, daß ich schon alles wüßte. Aber wenn ich an deinem Leben arbeite, dann muß ich nicht an meinem Leben arbeiten – und das ist zerstörerisch für mich.

Ich habe großartige Beziehungen zu denen, die ich sponsere. Vielleicht bekomme ich mehr von ihnen, als sie von mir. Wir haben ungeheuer viel Liebe füreinander und Vertrauen zueinander.

Wir alle müssen uns entscheiden, warum wir für andere Sponsor werden wollen. Werden wir es, um tolle Leute zu sein oder um unser eigenes Leben zu retten und aus reiner Freude daran, einem anderen zu helfen?

Das nachfolgende anonyme Gedicht drückt hervorragend die Sponsor-Beziehung aus:

Du bist jemand, mit dem ich reden kann.
Jemand, den niemand ersetzen kann.
Du bist der Jemand, mit dem ich lachen kann,
Bis mir die Tränen das Gesicht herunterlaufen.
Du bist der Jemand, an den ich mich wenden kann,
Wenn ich eine helfende Hand brauche.
Du bist der Jemand, auf den ich zählen kann,
Wenn ich Rat und Verständnis brauche.
Du bist der Jemand, mit dem ich zusammensitzen kann,
Ohne ein Wort reden zu müssen.
Du bist der Jemand, bei dem ich sicher sein kann,
Daß er Vertrauliches für sich behält.
Du bist der Jemand, von dem ich mehr halte
Mit jedem Tag, der zu Ende geht.
Ich habe sehr großes Glück,
Einen so besonderen Freund gefunden zu haben.

Vertrauen

Oft wird die Frage gestellt: „Was wäre passiert, wenn in deinem ersten OA-Meeting über Gott gesprochen worden wäre?" Wir haben diesen Begriff anfangs immer vermieden, weil wir der Ansicht waren, daß ein Gespräch über Gott die Menschen abschrecken würde. Statt dessen sprachen wir von einer Höheren Macht. Wenn jemand Neues fragte, was diese Höhere Kraft sei, antworteten wir: „Was immer du willst; es kann zum Beispiel die Gruppe sein." Meistens habe ich ergänzt: „Wenn sie über Gott gesprochen hätten, wäre ich wahrscheinlich gegangen, denn als ich zum Programm kam, war ich ein Atheist." Irgendwer sagte dann immer: „Aha! So ist das! Du bist also nur geblieben, weil man dir einen Diätplan in die Hand gedrückt hat und du abgenommen hast." „Das stimmt" erwiderte ich, „das ist der Grund, weshalb ich *dachte*, ich sei geblieben."

Wenn andere im Meeting so auf mich zugegangen wären, wie auf die Alkoholiker im Big Book zugegangen wurde, hätten sie mir alles mögliche von Gott erzählen können. In diesen Geschichten wird nämlich berichtet, daß gesund gewordene Alkoholiker in Krankenhäuser gingen und Stunden damit verbrachten, mit anderen Alkoholikern über Gott und ein geistiges Genesungsprogramm zu sprechen. Sie waren nicht aufgedunsen, hatten einen klaren Blick, und ihre Hände zitterten nicht. Sie hatten etwas Besonderes an sich.

Wenn du als Eßsüchtiger in deinem ersten OA-Meeting sitzt und verschiedene Leute auf dich zukommen würden, die schlank sind, nicht aufgeschwemmt, und leuchtende Augen haben und die in selbstsicherem Tonfall mit dir bis drei Uhr morgens über Gott sprechen, ohne dich dabei zu bedrängen, dann würdest du wahrscheinlich auch sagen: „Ich weiß zwar nichts über dieses Gotteszeugs, aber sie haben etwas, was ich auch will!" Die meisten Neuen kommen jedoch ins Meeting, und jemand sagt zu ihnen: „Wenn du das Programm willst, rufe mich an. Hier ist meine Telefonnummer und ein Eßplan. Versuch's mal damit." So ist es mir gegangen. Weder die Gruppe noch ein einzelnes OA-Mitglied haben sich hingesetzt und mir das Programm erklärt.

In manchen (amerikanischen – Anm.d.Ü.) Meetings gibt es sogen. „Begrüßer". Sie gehen während der Meetingspause auf einzelne zu, sprechen mit ihnen und geben ihnen ihre Telefonnummer. Alle Besucher und Neuen sowie die Sponsoren werden gebeten, aufzustehen. Dann wird die Aufgabe eines Sponsors erklärt – sie helfen sich selbst, indem sie anderen dienen.

Wenn ich mich als Sponsor gemeldet habe, sage ich beispielsweise: „Ich würde gerne meine Erfahrungen im Programm mit dir teilen. Darf ich dich anrufen? Soll ich dich abholen?" Wir vereinbaren ein Treffen und verbringen zwei oder drei Stunden miteinander. Dabei besprechen wir die ersten drei Schritte.

Ich sprach einmal mit jemandem, der sich fürchterlich darüber aufregte, daß im Programm von Gott die Rede ist. „Ich kann und ich werde das nicht akzeptieren" sagte er. „Nun gut" erwiderte ich ihm, „dann laß es sein. Komm' zurück, wenn du dazu bereit bist."

Manchmal frage ich: „Meinst du, du brauchst noch etwas mehr Zeit, willst du noch ein oder zwei Stunden länger reden? Oder sollen wir einen Kaffee trinken gehen?" Gewöhnlich ist die Antwort: „Laß mich darüber nachdenken, wir können uns ja noch einmal treffen." Manchmal nehmen diese Menschen wieder Kontakt zu mir auf, manchmal nicht. Ich laufe ihnen nicht nach, wenn keine Bereitschaft spürbar ist.

Früher hatten wir große Treffen, an denen wir unsere Gewichtsverluste zusammenzählten. Es wurden Preise für den Tisch ausgesetzt, an dem die Leute mit der meisten Gewichtsabnahme saßen. Wir dachten, daß das der wirklich wichtige Maßstab dafür wäre, wie gut das Programm wirkte. An dem einen Tisch hatten alle zusammen vielleicht 406 kg abgenommen – einer hatte 60 kg, ein anderer 42 kg abgenommen usw., aber es hatte auch jemand 2 kg zugenommen. Und doch strahlten alle an diesem Tisch, weil sie den ausgesetzten Preis gewonnen hatten. Ich mogelte. Ich wußte schon immer vorher, wer am meisten abgenommen hatte. Also setzte ich mich stets an den Tisch, der gewinnen würde.

Bis auf den heutigen Tag gehen wir kaum auf Neue zu und erläutern ihnen, daß wir ein spirituelles Programm haben. Der Hauptgrund dafür scheint mir zu sein, daß wir es selbst kaum glauben. Wir möchten es glauben, aber wer von uns vertraut wirklich darauf, daß Gott unseren Hunger von uns nehmen wird? Er muß sich um Kriege, Katastrophen und Kirchengemeinden kümmern. Warum sollte er sich mit etwas so Unwichtigem abgeben wie damit, unsere Eßlust von uns zu nehmen?

Der eigentliche Grund dafür, weshalb du zögerst, zu glauben, ist der, daß du dich vielleicht noch nie selbst gemocht oder dich selbst für wertvoll genug erachtet hast, daß Gott, sollte er wirklich existieren, deinen Hunger von dir nimmt. Wenn sich jemand dazu bekennt, daß er an Gott glaubt, dann ist das nicht Glauben, sondern *Vertrauen*. Das Schlüsselwort ist *Vertrauen*. Wenn du wirklich darauf *vertraust*, daß es Gott *gibt*, dann wirst du natürlich auch in den Schritten arbeiten. Andernfalls wirst du es vielleicht niemals tun; es ist nämlich nicht leicht, im Programm zu leben. Wer möchte sich schon bei einem Haufen von Leuten entschuldigen, die wahrscheinlich nichts Besseres verdienen als das, was du ihnen angetan hast? Oder du möchtest einen Charakterfehler wie das Lügen nicht aufgeben. Du weißt vielleicht überhaupt nicht mehr, wie es ist, die Wahrheit zu sagen! Wir gehen durch den Schmerz und die Unbehaglichkeiten hindurch, die das Programm mit sich bringt, weil uns in Aussicht gestellt wird, daß Gott unseren Hunger von uns nehmen wird.

Es gibt nicht viele sichtbare Beweise für den Erfolg des Programms. Wo sind sie alle, bei denen es schon gewirkt hat? Es gab zwar einige, die erfolgreich im Programm zu arbeiten schienen, weil sie abgenommen hatten; aber sie nahmen auch wieder zu, wenn ihr Programm nur auf Lebensmitteln und Schlankheitskuren beruhte.

Weil wir alle der Ansicht waren, daß Nahrungsmittel unser Problem seien, sprachen wir auch ausschließlich darüber. Es wurden große Treffen darüber abgehalten, was wir essen sollten und was nicht. Essenssponsoren spielten Gott: Sie sagten dir, was du essen und mit wem du dich treffen solltest. Und weil das Verständnis des Programms bei einigen auf falschen Voraussetzungen beruhte, scheiterten sie natürlich auch.

Für mich war es wichtig, Beweise zu haben; ohne sie konnte ich nicht vertrauen. Die wenigen Male in meinem Leben, in denen ich Vertrauen gehabt hatte, bekam ich einen Tritt oder einen Dolchstoß von hinten. Wenn es wirklich einen Gott gab, warum hatte ich dann dieses schreckliche Leben? Wie konnte ich dann so dick sein?

Der einzige Grund, weshalb ich heute hier bin, ist, daß ich irgendwann erkannt habe, daß das Programm erfolgreich ist. Ich habe das durch Alkoholiker und durch das Big Book der AA herausgefunden, weil ihre Geschichten für mich der Beweis waren, nach dem ich gesucht hatte.

Ich bin kein Alkoholiker, aber ich bin trotzdem zu AA-Meetings gegangen. Dort habe ich „alte Hasen" getroffen, die schon zwanzig, dreißig oder sogar vierzig lang im Programm waren; sie hatten etwas Besonderes an sich. Viele dieser „alten Hasen" führen wirklich ein spirituelles Leben.

Es gibt nicht einen unter uns, der keine Schlankheitskuren gemacht und abgenommen hat, aber das geringere Gewicht nicht lange beibehalten konnte. Wie Alkoholiker mit dem Trinken aufhören können, so können wir auf vielfältige Weise und überall mit dem zwanghaften Essen aufhören. Wir können unseren Mund mit Draht verschließen lassen. Wir können uns einer Bypass-Operation unterziehen. Wir können Schlankheitskuren machen. Das sind alles Möglichkeiten, wie wir mit dem Essen aufhören und abnehmen können. Langfristig sind die meisten dieser Versuche jedoch zum Scheitern verurteilt.

Ich kann dich kaum davon überzeugen, daß du mit den Bemühungen ums Abnehmen aufhören solltest. Es ist so schwer, keine Schlankheitskur zu machen und darauf zu vertrauen, daß etwas anderes wirken könnte.

Es gibt jedoch einen anderen Weg – das Programm der Genesung, wie es im Big Book der Anonymen Alkoholiker dargelegt wird. Mache dir bitte bewußt, daß das Big Book von geheilten Menschen geschrieben worden ist. Mit „geheilt" meinten sie, daß ihr Zwang zu trinken von ihnen genommen worden war. Das bedeutet nicht, daß sie nicht hin und wieder ans Trinken denken würden. Das tun viele von ihnen. Ich denke manchmal ans Essen, aber früher war das zehnmal sooft der Fall. Für mich ist aber viel wichtiger, daß ich meine Sucht nicht mehr ausleben muß.

Wenn ich zu sehr mit Nahrungsmitteln beschäftigt bin, ist das für mich ein Anzeichen, daß ich nicht in Übereinstimmung mit dem Zwölf-Schritte-Programm lebe. In dem Maße, wie ich im Programm lebe, wird auch meine Sucht von mir genommen.

Du mußt daran glauben, daß du gesund werden kannst. Wenn du das nicht tust, verschwendest du nur deine Zeit. Es gibt wirklich niemanden unter uns, der sich nicht manchmal gesund gefühlt hat. Wer hat sich nicht wenigstens einen Augenblick lang einmal erfüllt und mit sich selbst glücklich gefühlt? Vielleicht sagst du jetzt: „Ja, ich erinnere mich an solche Zeiten, in denen ich wirklich keinen Hunger hatte." Dieses Gefühl kannst du jederzeit haben.

Woher wissen wir, daß unsere Besessenheit verschwinden kann? Durch die Geschichten, wie sie von AA-Mitgliedern im Big Book berichtet werden!

Für Eßsüchtige kann es schwierig sein, Menschen zu finden, die ein spirituelles Leben führen und deren Eßsucht von ihnen genommen worden ist. Warum? Weil wir ursprünglich nur wenig über diese Art von Programm gelernt haben.

Das Hauptanliegen des Big Book ist, anderen, die noch immer trinken, genau aufzuzeigen, wie Alkoholiker gesund geworden sind. Mein Lebensziel und das Anliegen dieses Buches ist es, Eßsüchtigen genau zu erläutern, wie ich und andere geheilt worden sind.

Im Big Book steht, daß diese Alkoholiker hoffen, daß ihre Botschaft eine so überzeugende Beweiskraft hat, daß keine weitere Bestätigung erforderlich ist. Zu dem Zeitpunkt, als ich das las, kannte ich nur wenige genesene Eßsüchtige, die mir als Vorbilder hätten dienen können. Es gab also nur einzelne, die ihren Gewichtsverlust über einen längeren Zeitraum hinweg hatten halten können.

Als ich das Big Book las, war ich bereit zu glauben, daß sich die

AA-Mitglieder, die darin ihre Geschichten niedergeschrieben haben, für die Wirkungen des Zwölf-Schritte-Genesungsprogramms verbürgen konnten. Ich las sie mir immer und immer wieder durch, so daß mir die Menschen darin schließlich so vertraut wie alte Freunde waren. Ich konnte mir vorstellen, wie sie aussahen, wo sie lebten, was sie taten. Seitdem habe ich zwei von ihnen getroffen, und sie entsprachen genau dem Bild, das ich mir von ihnen gemacht hatte.

Viele Menschen außerhalb des Programms begreifen nicht, daß der Alkoholiker und der Eßsüchtige schwerkranke Menschen sind. Wir selbst wissen, daß es so ist. Als ich das Big Book zum ersten Mal las, hatte ich wenig Bezug zu Alkoholikern und ihrer Genesung. Aber als mir klar wurde, daß ihre Lebensweise für alle Menschen von Vorteil ist, wußte ich, daß dies auch ein Weg für mich war.

Die einzige Voraussetzung für die Zugehörigkeit zum Zwölf-Schritte-Programm ist der ehrliche Wunsch, mit dem Trinken (oder dem zwanghaften Essen) aufzuhören. Das klingt zunächst einmal recht einfach, bis du es dir näher ansiehst. Ich verstand die Bedeutung des Wortes „ehrlich" nicht. Vorwiegend verband ich mit diesem Begriff, andere nicht anzulügen. Die wahre Bedeutung ist hier jedoch, *zu sich selbst* ehrlich zu sein. Das war schwer. Ich mußte mit mir leben. Andere konnte ich vielleicht täuschen, aber jedesmal, wenn ich mich im Spiegel ansah, war er doch vor mir: der lebende Beweis des Versagens. Ich wollte nicht mit dem zwanghaften Essen aufhören; ich wollte schlank sein und so essen wie immer – das war's. Das wollen wir alle.

Wie ich dieses Essens-Spiel beherrschte! Ein kleines Törtchen konnte mir doch nichts anhaben! Was wog es denn schon? So ein kleines Ding konnte doch nichts an meiner Gewichtsabnahme ändern, oder? Also aß ich eins. Nicht nur, daß ich an diesem Tag nichts zunahm – ich nahm sogar ein Kilo ab. Also, wenn das so war! Dann sollte ich vielleicht zwei essen – wer weiß, möglicherweise würde ich dann zwei Kilo abnehmen!

Dann kam der Tag, an dem ich gar kein Törtchen aß und trotzdem zunahm. Weil ich meinen Stoffwechsel nicht verstand, fing ich an, damit herumzuspielen. Das klingt vielleicht lustig; aber wenn du Pläne schmiedest und Berechnungen wegen des Essens anstellst, ist es gleichgültig, ob du Törtchen zählst oder andere Lebensmittel abwiegst und abmißt.

Wir meinen, wir seien in der Lage, uns selbst zu disziplinieren. Aber das waren wir noch nie! Warum nicht? Darüber mußte ich mir wirklich Gedanken machen. Und die Antwort? Ich wollte nicht mehr dick sein, aber ich hatte überhaupt nicht den Wunsch, mit dem Überessen aufzuhören!

Ich habe lange dafür gebraucht, um zu begreifen, was im Big Book mit Ehrlichkeit gemeint ist, denn das war schließlich die Voraussetzung für die Mitgliedschaft im Programm. Natürlich warf mich niemand aus dem Meeting, aber ich mußte ja mit *mir* leben. Ich mußte mich entscheiden, ob ich mir (1) diese Ehrlichkeit aneignen konnte und ob ich (2) wirklich mit dem zwanghaften Essen aufhören wollte.

Wir wollen uns nicht über „für immer" Sorgen machen, sondern stets nur für einen Tag leben. Aber für mich *ist* das Jetzt „für immer". Ich werde niemals eine Doppelstulle oder gewisse andere, ganz normale Nahrungsmittel essen können, wie das für andere Leute eine Selbstverständlichkeit ist. Ich muß mich immer fragen: „Ist es das wert?"

Jeder, der sich für dieses Programm entscheidet, muß es so anerkennen, wie es ist. Ein Alkoholiker sagt nicht: „Nur heute werde ich nichts trinken, morgen aber kann ich's vielleicht doch." Er kann vielleicht immer nur für einen Tag mit seiner Sucht fertigwerden, aber das bedeutet in Wirklichkeit: das ganze Leben lang immer nur für einen Tag. Für mich kam irgendwann auch der Tag, an dem ich – nur für heute – die Bereitschaft hatte, für immer darauf zu verzichten, diese bestimmten Sachen zu essen. Ich wußte nicht, wie es mir am nächsten Tag oder in der kommenden Woche gehen würde, aber für den Tag war ich bereit, für immer mit dem Essen dieser Nahrungsmittel aufzuhören.

Ich war dazu bereit, weil der Schmerz schrecklich genug geworden war. Nur wenn der Schmerz da, wo du bist, größer ist als die Furcht davor, wohin du gehst, wenn du so weitermachst, wirst du bereit sein aufzugeben und anfangen, im Programm zu arbeiten. Wenn du nicht dazu bereit bist, wenn du nicht den aufrichtigen

Wunsch hast, mit dem zwanghaften Essen aufzuhören, dann hältst du dich selbst zum Narren. Viele kommen zum Programm nur aus dem praktischen Grund, daß sie ein paar Pfunde verlieren wollen. Aber wenn es um die Anwendung geht, wirkt dieses Programm nur aus dem Schmerz heraus. Erst als ich litt und der Schmerz über mein Dicksein unerträglich wurde, war ich bereit, *alles* zu tun.

Schließlich kam der Tag, an dem ich sagte: „Ich weiß nicht, ob ich jemals wieder jemand anderen belügen werde, aber ich kann mich selbst nicht mehr belügen. Es ist einfach zu schmerzlich. Ich bin jetzt bereit – nur für heute –, für immer damit aufzuhören, diese Sachen zu essen. Nur für heute bin ich bereit, mir selbst zu versprechen, dieses Problem einer wie auch immer beschaffenen Höheren Kraft zu übergeben. Ich werde diese Nahrungsmittel, die mich dickmachen, nicht mehr zwanghaft essen." Das liegt nun schon viele Jahre zurück. Für mich stimmt dieses „Nur für heute" – aber ich weiß immer, daß ich mir auch am nächsten Tag kein Brot oder andere Nahrungsmittel erlauben werde, die mich dickmachen.

Durch das Vorwort zur zweiten Ausgabe des Big Book wurde mir klar, wie das Programm durch andere Menschen wirkt. Der Austausch zwischen Eßsüchtigen ist lebensnotwendig für eine dauerhafte Genesung. Dort steht nicht nur „Genesung", dort steht „dauerhafte Genesung". (Das deutsche Wort dafür ist „Heilung" – Anm.d.Ü.) Das hat mich wirklich begeistert und mit Hoffnung erfüllt.

Im Big Book ist auch die Rede von der Gemeinschaft. Dort gab es anscheinend eine Menge Wärme und Zuwendung – aber viele Leute sagten anscheinend auch anderen, was sie zu tun hätten, ohne es selbst zu tun. Ich habe in dieser Hinsicht wahrscheinlich mehr Schuld auf mich geladen als irgend jemand sonst. Wenn ich anderen sagte, was sie tun sollten, mußte ich es *mir* nicht sagen. Solange ich für andere Gott spielte, brauchte ich meinen Gott nicht zu finden. Das ging eine Weile gut, bis mich andere durchschauten.

Ich war einmal in einem AA-Meeting in Texas, das rund um die Uhr ging. Im Meetingraum gab es eine Bühne, und zu beiden Seiten davon waren fast 2 m hohe, überlebensgroße Bilder von Bill W. und Dr. Bob angebracht. Ich wußte, daß diese beiden Männer von einer solchen Vergötterung angewidert sein würden, wenn sie noch lebten. Wir Eßsüchtigen machen das aber auch so: Wir finden jemanden, der schlank ist oder über den Erfolg des Programms gut reden kann – und schon stellen wir ihn auf ein Podest.

Bill W. und Dr. Bob bedurften einer solchen Verehrung nicht; das einzige, was sie brauchten, war, nüchtern zu bleiben. Du mußt dir klarmachen, wie egoistisch sie sein mußten, um diese Nüchternheit beizubehalten. Sie halfen allen diesen nassen Alkoholikern, die ihrerseits annahmen, daß sie es für *sie* taten. Aber in Wirklichkeit halfen sie sich nur selbst. Wenn ich auf Besinnungstagen und in Meetings spreche, dann wird die Sucht von mir genommen, genauso wie bei ihnen.

Bill W. war ein brillanter, selbstgerechter, zorniger und kontrollierter Mensch mit einem unglaublichen Ego. Wenn das Programm bei ihm gewirkt hat, kann es das auch bei jedem von uns. Wenn du hilflos, arbeitslos und ohne Familie zum Programm kommst, ist es leichter für dich, dein Problem und das Programm anzunehmen. Bill W. war nicht hilflos. Er hatte viel Geld verdient und verloren; aber grundsätzlich war er noch in der Lage, sich ein angenehmes Leben zu leisten, und seine Familie hielt auch immer noch zu ihm.

Er traf gottlob einen geheilten Alkoholiker und sagte sich: „Ich will das haben, was dieser Mann hat." Er war erleichtert, als er hörte, daß die Willenskraft eines Alkoholikers erstaunlich schwach ist, wenn es darum geht, dem Alkohol zu widerstehen. Unser Wille ist überraschend schwach, wenn es darum geht, Nahrungsmitteln zu widerstehen, auch wenn wir in anderer Hinsicht oft stark sind. Angesichts meines verzweifelten Wunsches, damit aufzuhören, war mein süchtiges Eßverhalten unerklärlich für mich. Wir essen, auch wenn wir mit dem Essen aufhören wollen! Wenn wir uns ausrechnen, wie wir mit dem Essen aufhören können, dann nennt man das eine Schlankheitskur. Wir zählen Kalorien. Wir klügeln aus, was wir essen können und was nicht. Aber jeder von uns hat eine einzigartige chemische Zusammensetzung in seinem Körper. Was für dich gut ist und dich nicht dickmacht, kann für mich eine völlig andere Auswirkung haben. Wir sind die letzten, die mit Bestimmtheit sagen können, was hinsichtlich des Essens gut für uns ist. Kannst du dir einen Drogenabhängigen vorstellen, der sich ausdenkt, wann er Kokain oder Heroin nehmen kann und wann nicht? Das wäre grotesk. Welcher Alkoholiker kann sagen, wie hoch der Alkoholgehalt für ihn sein darf oder welche Alkoholmarke er trinken kann oder nicht? Alkoholiker können genausowenig mit Alkohol umgehen wie wir mit Nahrungsmitteln.

Das Wunder in diesem Programm ist, daß wir uns niemals mehr mit Essen beschäftigen müssen. Uns kann das gleiche passieren wie Bill W.. Als er einen Freund von der Oxford-Bewegung besuchte, sagte dieser nicht etwa: „Jetzt mußt du aber mal langsam aufhören" oder „Bill, du mußt mich wegen deines Alkoholproblems jeden Tag zu Rate ziehen." Nein! Dieser Mann machte ihm sofort unmißverständlich klar, daß Gott für ihn getan hatte, was er nicht für sich selbst hatte tun können. Aber warum kaufte Bill W., dieser elegante Wertpapierhändler aus der Stadt, ihm das ab? Weil für ihn der Schmerz des Trinkens größer war als die Furcht vor dem, was wäre, wenn er nicht mehr trinken würde. Der Schmerz war furchtbar genug geworden, so daß er die Bereitschaft für den Glauben aufbrachte, daß Gott wirklich für ihn tun würde, was er für sich selbst nicht hatte tun können.

Bill W. fragte den Mann, welchen Gott er für sich gefunden habe und wie man Gott überhaupt finden könne. Der Mann schlug ihm vor, daß er sich sein eigenes Bild von Gott machen solle. Bill W. gab zu, daß ihn diese Vorstellung wie ein Schlag getroffen hatte. Im Big Book (S. 12) schreibt er dazu:

Das ließ den intellektuellen Eisberg schmelzen, in dessen Schatten ich viele Jahre gelebt und gezittert hatte ... Es war also nur eine Sache der Bereitwilligkeit, an eine Kraft zu glauben, die größer ist, als ich selbst. Von mir wurde nichts anderes verlangt, als daß ich meinen Anfang machte. Ich erkannte, daß von hier aus das Wachstum beginnen konnte. ... Auf dem Fundament völliger Bereitschaft könnte ich das aufbauen, was ich bei meinem Freund gesehen hatte ... Ich empfahl mich demütig Gott, so, wie ich ihn damals verstand, und bat ihn, mit mir zu tun, was er wolle.

Das bedeutet, daß wir uns einer Höheren Macht hingeben, diesem Gott unserer Wahl, ohne Bedingungen, auch nicht zu der Bedingung, daß wir abnehmen.

Du sagst vielleicht: „In Ordnung, Bill, ich mache einen Versuch; ich gebe dem eine Chance. Ich werde meinen Fuß ins Wasser setzen. Wenn es nicht warm ist oder wenn ich nicht drübergehen kann, lasse ich mich nicht darauf ein." Wir sagen uns, daß wir an Gott glauben wollen, aber in Wirklichkeit wollen wir an uns selbst den Beweis sehen. Wenn wir nicht über Nacht unser Übergewicht verlieren, geben wir auf. Deshalb brauchen wir Vorbilder, die Menschen, bei denen das Programm schon gewirkt hat.

Unser Programm fängt nicht dann an, wenn wir abnehmen, sondern wenn wir einem anderen Menschen helfen. Das ist Nüchternheit. Das ist Abstinenz. Abstinenz hat nichts mit Abnehmen zu tun, sondern eher damit, kein ungesundes Leben mehr zu führen. Gewichtsabnahme geschieht von selbst, als das selbstverständliche Nebenprodukt einer bestimmten Lebensweise. Die Anonymen Alkoholiker wurden nicht gegründet, als ein Alkoholiker trocken wurde, sondern sie entstanden, als ein Alkoholiker einem anderen half und dieser trocken wurde.

Wenn jemand verkündet, er sei seit zwei Jahren im Programm, dann meint er in der Regel damit, daß er seit zwei Jahren eine Diät macht. „Im Programm sein" heißt aber, die Zwölf Schritte zu leben, indem man einem anderen Menschen hilft. Das heißt es, im Programm zu sein. Bedeutet das, übergewichtigen Menschen zu helfen? Ja. Bedeutet das, nett zu anderen Menschen zu sein? Ja. Es bedeutet sogar, daß wir Menschen helfen, die wir nicht mögen – *ganz besonders* denen, die wir nicht mögen. Es bedeutet, diese Prinzipien auf alle unsere Lebensbereiche anzuwenden – wie es im Zwölften Schritt steht.

Je unbequemer dieses Programm ist, desto wertvoller ist es. Wenn du mit einem Elternteil, einem Kind oder einem Partner zusammenlebst, der genau weiß, wie er deine Knöpfe drückt, damit du reagierst, dann weigere dich, überhaupt Knöpfe zu haben.

Gott nimmt deine Wehrlosigkeit von dir! Gott kann das aber nicht tun, wenn du Menschen oder Situationen meidest, wenn du Angst vor ihnen hast oder ihnen Macht über dich gibst. Du mußt dich deinen Problemen stellen. Das ist leichter gesagt als getan, aber es ist möglich. Glaube an Gott und vertraue darauf, daß du dich verändern kannst.

Worte sind nicht alles

Es gibt eine Redensart, die ungefähr so lautet: „Ich bin so damit beschäftigt, auf das zu achten, was du tust, daß ich deine Worte nicht mehr höre." Ich mag dieses Sprichwort, weil es mit dem Programm oft genauso ist.

Wir haben alle schon Sprechern in Meetings zugehört. Manchmal beurteilen wir das, was wir von ihnen lernen können, nach ihrer Redegewandtheit. Dieser war lustig, jener hat dich zum Weinen gebracht, wieder ein anderer hat sich meisterhaft ausgedrückt. Der Wert dessen, was jemand sagt, mißt sich jedoch nicht an den Worten, die er benutzt, sondern an der Botschaft, die damit übermittelt wird.

Das Wertvollste, was ich anderen als Sprecher anbieten kann, ist, daß die Meetings-Teilnehmer mit dem Wissen weggehen, daß das, was sie gehört haben – auch wenn sie nicht alles verstanden haben –, ihnen hilft, in ihrem Leben etwas anders zu machen und zu wachsen. Es freut mich sehr, wenn ich ein Jahr oder zwei nach irgendeinem solchen Meeting jemanden treffe, der sagt: „Ich habe dich dort und dort sprechen hören. Ich habe zwar nicht genau verstanden, worüber du geredet hast, aber irgendwie waren deine Worte ein Anstoß für Veränderung in meinem Leben."

Wir hoffen, daß die Botschaft des Programms durch Beispielgeben deutlich wird. Wir machen die Erfahrung, daß sich jemand in dem, was wir sagen, auf irgendeine Art wiederfindet und sagt: „Ich habe zwar nicht alles verstanden, aber dieser Mensch hat etwas, das ich auch haben möchte. Also werde ich tun, was er (oder sie) getan hat."

Im Big Book steht auf Seite 189 eine Geschichte über die beiden AA-Gründer. Sie gingen in ein Krankenhaus und sprachen dort mit einem Alkoholiker. Dieser schöpfte neue Hoffnung, weil er dachte: „Wenn sie es schaffen können, kann ich es auch." An einem Abend kannst du die Wirksamkeit des Programms, das ein anderer dir vorträgt, sehr wohl beurteilen, genauso wie dieser Alkoholiker es getan hat. Sogar wenn er vielleicht die Haltung seiner Besucher abgelehnt hat, verstand er doch, daß diese Männer, die ein Leben geführt hatten, das wie seines oder noch schlimmer gewesen war, nicht mehr tranken. Das wollte dieser Alkoholiker auch für sich.

Als Eßsüchtiger möchtest du das Programm, das dir ein Sprecher anbietet, nicht etwa seine Worte. Für jemanden, der mit den Schritten nicht vertraut ist, mag unser Programm voller Widersprüche sein, vielleicht kommt es ihm sogar lächerlich vor. Aber es wirkt, und zwar nicht nur, um mit dem zwanghaften Essen aufzuhören, sondern auch als Lebensweise.

Wir haben unser ganzes Leben lang erzählt bekommen, daß wir mit etwas Selbstkontrolle abnehmen könnten. In diesem Programm aber ist das allererste, was wir zu hören bekommen, daß wir uns nicht kontrollieren könnten und unsere Versuche dazu in jeder Hinsicht aufgeben müßten. Das ist ein Widerspruch in sich. Wir wollen glücklicher leben, und man sagt uns, dazu müßten wir damit aufhören, es zu versuchen.

Auch der Zwölfte Schritt scheint paradox zu sein. Aber wenn du dein Programm und deine Art zu leben an andere weitergibst, dann ist genau das der Weg, es für dich selbst zu behalten. Wir helfen uns gegenseitig, indem wir einander ein Beispiel geben. Das Weitergeben von etwas Wertvollem ist für mich ebenso wichtig wie für dich. Für mich ist es lebensnotwendig, daß das, was ich dir mitteile, dir etwas wert ist. Schließlich drückt das meinem Programm das Siegel der Anerkennung auf. Wenn du mir bei einem späteren Zusammentreffen sagst, daß meine Worte für dein Leben eine Stütze waren, dann ist das eine Bestätigung, daß ich richtig im Programm arbeite.

Wir suchen alle nach Gründen, warum wir zwanghaft essen. Ich gehörte zu denjenigen, die tagsüber nie viel essen, und ich aß auch nicht viel zu den Mahlzeiten. Aber sobald ich abends nach Hause gekommen war, aß ich ununterbrochen, bis ich ins Bett ging.

Jeder von uns überißt sich auf seine Art. Die einen bevorzugen Süßigkeiten, die anderen stehen nachts auf, um zu essen. Abgesehen von diesen unterschiedlichen Gewohnheiten ist der eigentliche Grund für unser Dicksein schlicht der, daß wir zuviel essen.

Eine Frau erzählte mir einmal, sie sei nicht eßsüchtig, weil sie fast nichts esse, sie sei zwanghaft wählerisch in der Auswahl ihrer Speisen; sie sei also eine wählerische Eßsüchtige. Ich war auch wählerisch: Ich suchte mir alles aus, was ich nur kriegen konnte!

Wir behaupten alle, wir wollten lernen, nicht mehr so viel zu essen. In Wirklichkeit wollen wir aber nur schlank sein und keineswegs mit dem übermäßigen Essen aufhören. Wenn wir eine Zauberformel hätten, mit deren Hilfe wir weiterhin viel essen und trotzdem schlank bleiben könnten – wir würden ein Vermögen dafür ausgeben. Aber leider gibt es eine solche Formel nicht.

Jahrelang habe ich mit den Tatsachen des Lebens gehadert. Ich konnte mich darüber streiten, ein Baum sei kein Baum, wenn ich mir in den Kopf gesetzt hatte, er sei etwas anderes. Ich wollte nicht der Tatsache ins Auge sehen, daß manche Menschen mehr als andere essen können und nicht dick werden. Nachdem ich jahrelang mit der Ungerechtigkeit des Lebens gehadert hatte, mußte ich zu dem Schluß kommen, daß es bei mir so war, daß ich einfach dick wurde, wenn ich soviel aß, wie ich wollte. Was andere essen oder nicht essen konnten, spielte für mich keine Rolle mehr.

Im Vorwort des Big Book heißt es, daß dieses Programm für jeden Menschen von Vorteil ist, nicht nur für Alkoholiker. Um durch das Programm glücklich zu werden, mußt du weder wahnsinnig sein, noch 100 kg Übergewicht haben, noch mußt du heroinsüchtig, ein Betrunkener in der Ausnüchterungszelle oder ein Spieler sein, der seine Existenzgrundlage verloren hat.

Ich weiß, daß ich nicht mehr zwanghaft esse und mir auch keine Sorgen mehr wegen Essen mache. Ich glaube daran, daß mir meine geistige Gesundheit wiedergegeben worden ist, so wie es das Programm verspricht, und daß ich geistig gesund bleiben werde, solange ich das Programm „in allen meinen Lebensbereichen" anwende. Im Big Book steht außerdem, daß „uns halbe Sachen nichts nützten". Ich bin davon überzeugt, daß ich überhaupt nicht im Programm arbeite, solange ich nicht bereit bin, es an jedem Tag nach besten Kräften auf alle meine Lebensbereiche anzuwenden. Das Programm wirkt nicht, wenn man es nur zum Abnehmen benutzt – obendrein werden wir nicht dadurch glücklich, daß wir abnehmen. Ich garantiere dir, daß sich bei mir durch Abnehmen gar nichts geändert hatte, bis ich bereit war, mich selbst ganz anzunehmen.

Du kannst beispielsweise keinen Menschen lieben, der sich selbst nicht liebt; du kannst nicht dem Programm derjenigen folgen, die selbst nicht im Programm leben. Du kannst auch nicht am Gewichtsverlust eines Menschen ablesen, wie gut er im Programm lebt, weil es genug schlanke verrückte und genug dicke gesunde Menschen gibt. Deine Lebensqualität entspricht der Qualität deines Einsatzes im Programm (und umgekehrt) – und nicht deinem Gewicht.

Ich habe gelernt, mich selbst zu mögen, auch wenn ich nicht perfekt bin. Auch mit diesem Programm versuchen wir, körperlich, emotional und spirituell perfekt zu sein. Es ist nicht wichtig, ob wir das erreichen. Mein Ziel ist es, jeden Tag mit Gott und den Menschen in Einklang zu leben.

Beurteile mich nicht nur nach dem, was ich sage, denn es ist leicht, etwas zu erzählen. Ich habe Sprecher Phantastisches reden hören, und wenn ich sie dann in ihrem Privatleben sah, gab es überhaupt nichts mehr, was ich von ihnen hätte haben wollen.

Wenn mich jemand als Sponsor haben will, schlage ich vor, daß er mich einen Tag lang begleitet, mich in meinem täglichen Leben beobachtet und feststellen kann, daß ich kein Gott, nicht einmal ein perfektes menschliches Wesen bin. Ich habe eine Menge Fehler, die ich bereit bin anzuerkennen; genauso bin ich bereit, meine guten Seiten zu bestätigen.

Ich esse nicht mehr zwanghaft, und ich lebe ein spirituelles Leben – was ich darunter verstehe. Die Beziehung zu meiner Höheren Macht ist mir kostbar. Ich weiß, wie man Menschen liebt, und ich bin jetzt jeden Tag zehnmal glücklicher, als ich früher jemals war. Wenn ich durch einen Unfall oder eine Laune meines Körpers morgen 50 kg zunähme, würde ich mich doch immer noch lieben, auch wenn ich mich dann fragen würde, ob ich meinen Körper mißbraucht hätte.

Ich kann unglücklich sein, wann ich will, und manchmal will ich das immer noch. Heute gehe ich aber anders damit um. Ich lebe im Programm, gestehe mir zu, so zu sein, wie ich bin, und lasse andere, wie sie sind. In diesem Programm habe ich für mich ein neues Leben gefunden.

Nimm das Big Book und lies es. Lege es unter dein Kopfkissen, vielleicht dringt seine Botschaft dadurch in dein Bewußtsein. Das Big Book tritt für eine Lebensweise ein, von der ich glaube, daß sie gottgegeben ist (und uns allen zusteht).

Wenn du dieses Programm lebst, nimmst du ab. Das ist alles, was man dazu sagen kann. Wenn du dir diejenigen im Programm ansiehst, die erfolgreich abgenommen haben, dann höre nicht nur auf das, was sie im Meeting sagen. Beobachte sie, schau', wie sie leben, schau', ob sie das haben, was du haben willst – nicht nur Schlanksein, sondern ein Lebensprogramm, das du ebenfalls für wert genug hältst, um es für dich anzustreben.

Würdest du deinem Kind sagen, daß du möchtest, daß es so wird, wie du jetzt bist? Ja, ich werde meinen Kindern das sagen; ich möchte, daß sie werden, wie ich bin, weil ich mich jetzt mag. Vor einigen Jahren hätte ich das nicht gesagt. Heute sage ich es, weil ich nun etwas Wertvolles für sie habe. Ich habe einen Lebensweg, den mir dieses Programm geschenkt hat.

Suchtverlagerung

Mein zwanghaftes Überessen ist in erster Linie geistiger Natur. Ich kann dick sein, ohne ein Gramm zugenommen zu haben. Ich erinnere mich, daß ich einmal mit meiner Frau zusammen Bilder aus der Zeit ihrer frühen Jugend ansah, und sie sagte: „Liebe Zeit, war ich häßlich!" Aber sie meinte, daß sie das nie bemerkt habe, weil ihre Eltern ihr immer wieder gesagt hatten, wie nett sie sei. Sie hatte eine wunderbare Art und viele Freunde. Sie war sich überhaupt nicht bewußt, daß sie durch eine schwierige Entwicklungsstufe ging.

Vielen von uns ist nicht bewußt, daß wir dick sind, bis wir *glauben*, wir seien dick. Manchmal fühle ich mich dick, wenn ich morgens aufstehe. Das hat nichts mit meinem Körper zu tun, sondern damit, wie ich im Programm lebe.

Gewöhnlich wachte ich schon unglücklich auf und gab anderen die Schuld dafür. Wenn es ein bewölkter Tag war, erwartete ich, daß es mir schlechtgehen würde. Und natürlich wurde es ein elender Tag, und ich fühlte mich schlecht und niedergeschlagen. Wenn ich jetzt morgens aufwache und es ist ein wolkiger Tag, dann sage ich: „Schau dir diese Wolkenbildungen an!" Ich freue mich an allem den ganzen Tag, sogar an den Wolken. Wenn ich früher ein Problem hatte und mich morgens nicht wohlfühlte, dann mußte ich immer herausbekommen, *weshalb* ich mich nicht gutfühlte. Ich bemühte mich ständig, dieses Problem loszuwerden. Ich mußte immer einen Grund für meine Unbehaglichkeiten finden. Wir suchen dafür die Schuld bei anderen – bei unseren Kindern, unserer Arbeit, unseren Partnern, beim Verkehr oder beim Wetter.

Als ein großer Sportfan war ich niedergeschlagen, wenn meine Mannschaft verlor. Das dauerte einige Minuten, und dann ging ich zur Tagesordnung über. Umgekehrt fühlte ich mich großartig, wenn sie gewannen. Ich hatte dem Sportverein die Macht darüber gegeben, ob ich mich gut- oder schlechtfühlte. Das ist nur ein kleines, harmloses Beispiel. Die meisten von uns sind sich dessen nicht bewußt, daß wir *nichts und niemandem* erlauben sollten, Macht darüber zu haben, ob wir uns gut- oder schlechtfühlen. Aber statt einfach nur „na und?" zu sagen, ziehen wir dieses Gefühl durch den ganzen Tag und ruinieren ihn damit. Da wir Meister von Gedankenspielereien sind, brauchen wir nur einige Sekunden, um etwas zu finden, was wir als Grund für unser schreckliches Gefühl benutzen können: irgendwohin gehen, wo wir nicht sein wollen; eine Rechnung, die wir zahlen müssen; eine notwendige Autoreparatur. Obgleich nichts in der Welt die Macht hat, uns ein schlechtes Gefühl zu machen, es sei denn, wir geben ihm diese Macht, können wir doch Tausende von Entschuldigungen finden, um uns schlechtzufühlen.

Wir rufen einen Freund an, jammern ihm was vor und erwarten eine Bestätigung für unsere schlechten Gefühle. Dieser pflichtet uns vielleicht sogar bei: „Oh ja, das ist wirklich scheußlich!" Wenn andere mit uns übereinstimmen, scheint das unseren Wahnsinn zu bestätigen. Die meisten Leute wollen die Wahrheit nicht hören. Sie wollen lieber, daß jemand ihren schlechten Gefühlen zustimmt. So unterstützen wir uns gegenseitig in unangebrachter Weise. Entweder mache ich mit meinen täglichen Aufgaben weiter und bin ein bißchen deprimiert, oder ich kann in meinen Depressionen schwelgen. Tatsache ist, daß ich das lange Zeit in meinem Leben so gemacht habe, um meine schlimmen Lebenserfahrungen zu überwinden. Ich tat, was anstand, irgendwie. Morgen werde ich auch überleben. Eines Tages bin ich 85 Jahre alt, blicke auf mein Leben zurück und sage: „Gott sei Dank! Ich hab's geschafft!" Wir werden alle das Spiel beenden: reich oder arm, dick oder schlank. Wir alle werden sterben. Das ist alles. Das Spiel wird aus sein. Der einzige Unterschied zwischen uns ist das Ausmaß an Zeit, das wir jeden Tag glücklich zugebracht haben.

Verlagern Menschen tatsächlich ihre Süchte? Wahrscheinlich nicht. Sie werden vielleicht nur raffinierter. Suchtverlagerung bedeutet einfach nur mehr Gedankenspielerei. Ich habe über einen Alkoholiker gelesen, der seit 18 Jahren trocken war und der nie wirklich im Programm gearbeitet hatte. „Was habe ich denn überhaupt erreicht?" fragte er sich eines Tages. Er war zwar nicht mehr betrunken, dafür aber verärgert, feindselig und deprimiert. Als er mit dem Saufen aufhörte, ging er dazu über, sich an Ärger hochzuziehen und mit Depressionen niederzudrücken. Auf diese Weise hinderte er sich jetzt am Leben und an der Lebensfreude. Er fand, daß Trinken ein leichteres Mittel gewesen war, um sich herunterzuziehen. Jetzt, da er nicht mehr trank, mußte er Leben und Glück in einer ausgeklügelteren Weise vermeiden, auf weniger offensichtliche Art und raffinierter.

Wir sind alle anders. Ich wollte bestimmt nie ein zwanghafter Überesser werden. Ich wollte, ich wäre fähig, auszugehen und alles essen zu können, was immer ich will. Mein Sohn ißt wie ein Scheunendrescher und nimmt nie auch nur ein Gramm zu. Wenn ich ihn frage, wie die Dinge so laufen, sagt er: „Gut, aber ich kann anscheinend nichts zunehmen." Naja, Gott machte mich so und ihn so, und ich weiß nicht, wieso.

An manchen Tagen fühle ich mich „dick in meinem Kopf". Dann weiß ich: Wenn ich mich unglücklich oder dick fühle, muß ich „tun als ob" ich das nicht wäre, und nicht dagegen ankämpfen. Kurz danach ist das Gefühl vorbei. Wenn ich abwarte, wird das Gefühl wirklich vergehen, vorausgesetzt, daß ich meine negativen Gefühle nicht auslebe.

Wenn wir mit Trinken oder Überessen aufhören, werden wir ausgefallener und raffinierter in unseren Methoden und manchmal verlagern wir die Sucht. Weil wir weder trinken noch uns überessen, sieht es so aus, als ob wir im Programm lebten. Du wirst sehen: Jedesmal, wenn wir an den springenden Punkt in unserem Programm kommen, wenn wir anfangen, uns zu verändern, bevor wir einen großen Durchbruch haben, widersetzen wir uns und machen einen Rückzieher. Wir bauen einen Rückfall und weigern uns, jene letzten Pfunde abzugeben, oder wir gehen mit dem Gewicht abwechselnd immer wieder rauf und runter.

Schließlich aber kommt für jeden von uns der Augenblick, an dem wir diesen letzten großen Durchbruch erleben, wenn wir unserem früheren Selbst Lebewohl sagen, unserer Abhängigkeit und unserem Zwang. Du wirst es wissen, wenn du durch diese letzte Veränderung gehst, weil das ein ganz bestimmtes Gefühl ist – wie das Abschiednehmen von einer alten Liebe. Und das ist es auch wirklich.

In unserer alten Wahnsinnskrankheit waren wir nur zum Überleben fähig, nicht zu einem eigenen Leben. Wenn wir damit anfangen, das Leben wirklich zu leben, müssen wir auch dieser alten Art, einfach nur mit dem Leben fertigzuwerden, „tschüs" sagen. Wenn unser Irrsinn keinen Wert oder keinen Nutzen mehr für uns hat, kann es sein, daß wir von tiefer Traurigkeit erfüllt werden.

Gewöhnlich warst du aufgeregt, wenn du zu einer Party gingst. Jetzt fragst du dich: „Wieso kann ich mich deswegen nicht mehr so aufregen? Wieso machen mich die Sachen nicht mehr so an?" Nach dieser Traurigkeit kommt eine Leere, ein Nichts. Was immer so anregend für dich war, ist es nicht mehr. Dies ist der entscheidende Punkt: Entweder gehst du dann zurück zu deiner früheren Verrücktheit oder du verlagerst deine Sucht – oder – das hoffe ich für dich – du gehst durch diese Phase durch und füllst die Leere mit gesunden Aktivitäten aus. Wenn du durchgehst, ist das der Punkt, an dem das Programm zu wirken beginnt. Du siehst, geistig gesund sein ist eine Menge Arbeit. Sie endet nie.

Wenn du dich irgendwann einmal – in 25 Jahren oder so – selbstzufrieden zurücklehnst und sagst: „Ich habe jetzt 25 Jahre lang mein Gewicht gehalten, ich muß also für mein Glück nichts mehr tun" – zack: Ein einziger Tag nur würde genügen, und du könntest genau dort sein, wo du hergekommen bist.

Es ist nur zu leicht, uns selbst zu belügen und unsere Sucht zu verlagern; d. h., unser Spiel zu verändern, das wir spielen. Ich wurde einmal nach Diätgetränken und Kaugummi gefragt: „Ist das nicht genauso ein Zwang, daß ich jetzt statt zu essen alle Diätsäfte trinke und eine Menge Kaugummis kaue?" „Du hast eine Sucht durch eine andere ersetzt" habe ich geantwortet. „Du mußt es aushalten, einfach nur dazusitzen, ohne irgendeine Bewegung in Deinem Mund zu fühlen, ob es nun Essen, Trinken, Kaugummikauen oder sonstwas ist." Wenn wir dieser unglücklichen Leere ausweichen wollen, laufen wir Gefahr, unsere Sucht zu verlagern.

Vor einigen Jahren, nachdem ich schon eine Weile abstinent gewesen war, dachte ich eines Nachts, daß ich ein Freßgelage halten müßte und ging zum Kühlschrank runter. Ich sagte mir: „Das ist's. Ich bin hungrig, ich werde was essen." Ich saß auf dem Fußboden vor dem offenen Kühlschrank, schaute alle die Nahrungsmittel an und sagte zu mir: „Du bist wirklich ein Dummkopf! Endlich hast du dein ganzes Übergewicht verloren und hast alles, was du dir nur wünschen kannst – ein großartiges Programm, eine tolle Familie, gute Freunde, genug Geld und keine wirklichen Probleme – und was du am liebsten willst, ist essen. Du weißt doch, daß es dich umbringt!"

Ich stand auf, suchte mir etwas zu schreiben und fing an, eine Phantasieliste von allem aufzustellen, was ich jetzt gern tun würde oder wovon ich je gedacht hatte, es gern zu tun. Außerdem fügte ich alles hinzu, wovon ich meinte, jeder normale, vernünftige, gesunde Mensch würde Spaß daran haben. Ich schrieb sogar solche Sachen auf, von denen ich wußte, daß sie manche Leute zu ihrem Vergnügen tun, wovon ich aber weiß, daß ich sie nicht mag – wie Sporttauchen. Ich sah die Liste noch einmal durch und stellte fest, daß ich bisher vieles von alledem noch nie getan hatte. Statt dessen hatte ich Essen und Dicksein gewählt. Das war um einiges leichter gewesen.

Wenn Leute, die ich sponsere, mich besuchen, frage ich sie: „Was tust du, um dir selbst Spaß zu verschaffen?" Sie denken lange nach und geben dann zu, daß sie es nicht wissen. Und das ist die Wahrheit. Wir glauben nur selten, daß wir es wert sind, uns Glück zu gönnen. Wir machen etwas mit anderen Menschen zusammen, um *sie* glücklich zu machen. Dabei verlieren wir die Fähigkeit, menschliche Wesen einfach nur für uns selbst zu sein.

Nachdem ich alles nur Erdenkliche auf meine mitternächtliche Liste gesetzt hatte, strich ich die Aktivitäten durch, die ich für undurchführbar hielt – zum Beispiel mit Sophia Loren schlafen. Ich meine, das war niemals im Bereich des Möglichen gewesen, aber es war immer noch eine tolle Phantasie! Dann ging ich die Liste noch einmal durch und strich drei oder vier Sachen durch, die ich absolut nicht mochte. Schließlich wählte ich sechs Dinge aus, die möglich waren beziehungsweise die ich schon einmal ausprobiert hatte. Ich entschied mich, sie alle zu tun. Ich war dabei, zu leben, glücklich zu sein und Abstand vom Essen zu gewinnen. Es war nicht wichtig, ob ich diese Aktivität mochte oder nicht. Ich würde es jedenfalls tun und dabei bleiben.

Als ich anfing, Tennis zu spielen, konnte ich dem überhaupt nichts abgewinnen. Ich hielt es für den langweiligsten Sport, den ich je gesehen hatte – in kurzen Hosen rumrennen und diesen kleinen blöden Ball treffen zu wollen. Ich fand das so widerlich, daß ich mir selbst sogar einredete, daß ich dafür keine Zeit hätte oder mich untergrub, indem ich mir sagte, ich hätte keinen Spaß daran. Ich nahm Übungsstunden und vergaß sie, so daß der Lehrer anrief und fragte, wo ich bleibe. Trotzdem machte ich weiter damit, denn ich wußte: Wenn ich nicht rausging und das Leben anpackte, um jene Leere in mir mit guten, gesunden Erlebnissen zu füllen, dann würde ich sie – auf diese oder jene Weise – mit schlechten Gefühlen anfüllen. Jahrelang blieb ich beim Tennis, und heute kann ich endlich sagen, daß es genausoviel und sogar noch mehr Spaß macht, als es Essen jemals gemacht hat. Und ich hatte meistens gedacht, daß nichts je die Freude ersetzen könnte, die Essen mir bedeutete. Aber Tennis tut's, und Skifahren könnte es; sogar Sporttauchen könnte mir Spaß machen.

Ich wollte Autorennen fahren und fand eine Rennstrecke, wo man Eintritt zahlt und wie ein Rennfahrer seine Runden drehen kann. Ich hab's gemacht. Ich habe alles mögliche gemacht, wovon ich nie gedacht hätte, es zu können – weder körperlich, noch daß ich die Mittel dazu hätte aufbringen können. Wenn deine Phantasie dich nach Frankreich zieht – du kannst jetzt anfangen, monatlich zehn Dollar dafür zu sparen! Fang an zu planen, und vergiß nicht, daß die Reise schon jetzt mit deiner Vorfreude anfängt. Es geht nicht nur darum, daß du monatlich die zehn Dollar weglegst; jedesmal, wenn du es tust, bist du für diesen kurzen Moment schon in Frankreich.

Untergrabe dich nicht selbst, indem du herauspickst, auf welche Weise du dich deines Lebens *nicht* freuen kannst. Lebe kein wertloses Leben, das mit schlechten Gefühlen vollgestopft ist!

Schlanksein wird so lange einen Kampf für dich bedeuten, bis du dir erlaubst, daß dein Lebenskarussell sich drehen und mit guten Erlebnissen angefüllt sein darf.

Ich muß mir noch immer alle Mühe geben, um mir selbst Glück zu verschaffen, mich meines Lebens zu freuen. Immer, wenn ich sage: „Ich mag das nicht tun" oder „Das ist mir zu viel Arbeit" oder „Ich fürchte mich davor", dann habe ich einen Fuß in der Tür zum Rückschritt, dorthin, woher ich gekommen bin – mich schlechtfühlen, statt mein Leben zu leben und es zu genießen. Dann stehe ich schon mit einem Fuß auf der Bananenschale und bin in Gefahr, auszurutschen, wenn ich Schuld, Frustration oder Angst erlaube, daß sie mich hin- und herwirbeln mit Gedankenspielereien über meinen Entschluß, mich meines Lebens zu freuen. Ich kann einfach nicht glauben, daß Gott auch nur einen von uns auf diese Erde getan hat, um sich elend zu fühlen. Ich durchkreuze seinen Willen und seine Absicht, wenn ich an Lebensweisen festhalte, mit denen ich mich elend und unglücklich fühle.

Wenn ich über Lebensfreude rede, meine ich nicht jenen vorübergehenden Spaß, für den du später einen hohen Preis bezahlen mußt. Du könntest sagen, daß Nahrungsaufnahme für uns eine Freude sein kann – für einen Augenblick. Ich meine auch keine Ersatzmittel für unsere Sucht. Und mach' bloß kein Problem daraus, es dir gutgehen zu lassen! Freude zu haben, sollte kein Problem sein.

Stelle eine Liste möglicher Aktivitäten auf, um dich selbst zu befreien, um herauszukommen und dein Leben für *dich* zu leben. Alle die Entschuldigungen wie „Ich habe keine Zeit" oder „Ich habe das Geld nicht dazu" sind lächerlich. Du bist auch nie zu alt für Spaß! Ich kenne viele Leute, die 70 Jahre und älter sind und die rausgehen und sich ihres Lebens freuen. Ich spreche über persönliche Erfüllung, nicht nur über solche Dinge, die du leicht haben kannst wie einen Kinobesuch, sondern was andere aktive Leute immer schon getan haben, um sich Vergnügen zu bereiten. Versuche die Sachen nicht nur, tu sie 100mal, und fühle dich gut mit ihnen.

Du hast deine Aufregung aus dem zwanghaften Essen und von anderen süchtigen Menschen bezogen. Eine andere Sucht ist es, schlechte Beziehungen zu haben. Mit jemandem auszugehen, der mies oder gemein ist, bietet dir eine Menge Aufregung. Wenn irgendwo tausend Leute in einem Raum wären, würde jeder von uns wahrscheinlich jenen einen Alkoholiker oder Eßsüchtigen oder Spieler ganz zielsicher aus der Masse herausfinden.

Vor allem fürchten wir uns vor dem Risiko, allein zu sein. Wir verhaken uns in lausige Beziehungen; wir haben lieber eine elende Beziehung als gar keine. Wir fühlen uns lieber schlecht, als uns gar nicht zu fühlen. Was wir nicht verstehen, ist, daß wir es uns gutgehen lassen können; die Wahl *haben* wir.

Du lebst nur einmal. Ich weiß nicht, ob die Welt in 50 Jahren untergeht. Ich weiß nicht sicher, ob es ein Jenseits gibt. Aber ich weiß, daß mir dieses Leben gegeben wurde, und ich will das Beste daraus machen. Ich bin dabei, mich nicht weiter in schlechte Beziehungen reinziehen zu lassen.

Wenn du mit jemandem verheiratet bist, der verrückt oder krank ist – sagen wir ein Trinker, der nicht zu AA gehen will –, nimm die Tatsache an, daß er seit 20 Jahren so ist und sich wahrscheinlich nicht mehr ändern wird. Hör damit auf, ihm für dein Unglück die Schuld zu geben, denn er ist mit Sicherheit nicht dessen Ursache. Er ist nicht die Ursache deiner Gefühle; deshalb hör auch auf, sein Opfer zu sein. Du kannst ein glückliches Leben führen, unabhängig davon, wer dein Partner ist oder wer deine Eltern oder Kinder sind. Sie können dein Unglück niemals verursachen, es sei denn, du gestattest es ihnen.

Du kannst schlechte Beziehungen oder Geld zu einem Problem für dich machen, genauso, wie du Essen zu einem Problem machst. Höre damit auf, alles und jeden in deiner Umgebung zu deinem Gott zu machen. Du bist ein Mensch. Höre auf, wie eine Aufziehpuppe zu sein und dich von außen bestimmen zu lassen, so daß du Dinge tust, die dich unglücklich machen. Einer der schlimmsten Zwänge ist, sich in anderer Leute Verrücktheiten reinzuhängen und zuzulassen, daß das deine Gefühle bestimmt. Hör auf damit, anderen das Recht einzuräumen, dich aufzuziehen und dich irgendwohin zu schicken, wo du nicht wirklich hin willst, und dich zu jemandem zu machen, der du überhaupt nicht bist.

Genau jetzt mußt du mit dem Leben anfangen. Wenn du das nicht von diesem Programm lernst, weiß ich nicht, wo du das noch finden könntest. Überall werden uns Aussichten auf ein glückliches Leben gemacht – dieses Programm ist der einzige Weg, auf dem ich es gefunden habe. Du mußt die Kleinarbeit machen: Inventur schreiben, Wiedergutmachungen leisten und den Kontakt zu deiner Höheren Macht suchen, als ob dein Leben davon abhinge – was es buchstäblich tut. Wenn du das Programm nicht wirklich erarbeitest, wirst du immer ausgeklügelter darin werden, dich selbst zu belügen. Du wirst deine Methoden verfeinern, um deinen Wahnsinn auszuleben. Du wirst das als solches nicht erkennen, bis du dich ganz diesem Programm überlassen hast.

Sehr selten habe ich erlebt, daß sich Leute mehr als einen Bruchteil in Richtung auf eine wirkliche Veränderung zubewegen. Es sieht so aus, als ob du dich geändert hättest. Wenn du das wirklich wissen willst, frage dich selbst: Wieviele Stunden am Tag bin ich glücklich? Das ist ein echtes Merkmal für Veränderung. Wenn ich morgens aufwache und beim Blick in den Spiegel feststelle, daß ich schlank bin, dann bin ich nur einige Sekunden glücklich: „O ja, ich bin schlank!" Das ist alles. Kein wirkliches, bleibendes Glück. Schlanksein verschafft mir nur zwei Minuten mehr Glück, als ich ohnehin am Tag erlebe.

Die Welt bleibt nicht stehen, nur weil ich einige Pfunde abgenommen habe. Der Verkehr hält nicht an, weil ich schlank bin. Satelliten funken nicht: „Bill hat abgenommen." Nein, nichts in der Welt hat sich dadurch geändert. Lange Zeit änderte sich bei mir auch nichts. Ich war lediglich ein dicker Mensch in einem schlanken Körper und wartete darauf, wieder dickzuwerden. Mein Kopf entschied sich noch immer für das Elend und war nicht bereit, dieses Loch in mir zu füllen. Ich wartete nur darauf, mein Leben wieder so zu gestalten wie zu meinen dicken, früheren Zeiten.

Solange du dich nicht völlig überzeugt hast und nicht bereit bist, dich selbst glücklich sein zu lassen, wirst du dich nicht ändern. Du wirst der gleiche geistig kranke Mensch bleiben und Essen wieder zu einem Problem für dich machen, zusammen mit den anderen Süchten, die ich erwähnt habe. Gleichgültig, wie unsinnig es dir erscheint: Arbeite nur für dich in diesem Programm. Tue es ohne Angst. Tue es in dem Vertrauen, daß es wirkt. Es ist nie zu spät, damit zu beginnen. Freue dich des Lebens. Fang an, indem du eine Liste machst über Sachen, die man zum Spaß tun kann. Verpflichte dich selbst, einiges davon für dich zu tun – nicht für deinen Mann, deine Eltern oder deine Kinder, sondern für dich. Wenn du eine Sache beherrschst, fange mit einer anderen an; und wenn du die bewältigt hast, knöpfe dir eine andere vor und bleibe dabei. Wenn andere Leute gern Rollschuhlaufen, muß es wohl seinen Reiz haben. Wenn *du* das nicht magst, muß bei dir etwas schiefliegen. Also, versuche es solange, bis das Rollschuhlaufen dich geistig gesund macht – oder was immer es ist, das du zu unternehmen dich entscheidest.

Ich habe mit Rollschuhfahren angefangen; dann kam Eislaufen und Skilaufen dran. Glaubt mir, ich sah aus wie ein ausgestopfter Teddybär, der den Berg herunterkommt. Jetzt mag ich Skilaufen. Ich gehe auf den Berg und sage: „Gut, dies hier ist ein Hügel, auf dem ich mindestens sechsmal hinfallen werde." Ich werde niemals ein großartiger Skiläufer sein; aber wenn ich nur viermal falle, bin ich schon erfolgreich. Ich muß kein As sein, um das zu genießen. Ich hatte auch nie gedacht, daß ich einmal Fahrrad fahren würde. Jetzt gehe ich raus und fahre 30 km am Meer entlang. Ich mache das nicht für meine Kinder oder für meine Frau. Ich mache es für mich. Ich verweigere mich nicht mehr meinem gottgegebenen Leben.

Wenn du nicht für dich lebst, dann wirst du von der Eßsucht auf andere Zwänge umsteigen, die wirklich Sackgassen für dich sind und dir niemals Glück schenken können. Glück ist immer das Nebenprodukt von Arbeit, ein Geschenk, das auf indirekte Weise kommt. Auf unsere krankhafte Weise denken wir, daß Freude unmittelbar zu erreichen sei, und verpfuschen uns das, indem wir es übertreiben. Wenn wir zu unseren alten Tricks und Entscheidungen greifen, stellen wir uns selbst ein Bein. Es erfordert Mühe, mit diesen alten, ausgelatschten Wegen, die nie hingehauen haben und nie Gutes bringen werden, zu brechen. Wenn du immer noch auf andere Süchte verlagerst, arbeitest du nicht in diesem Programm. Du mußt deine Süchte mit gelebtem Leben ersetzen – und das Zwölf-Schritte-Programm wird dir zeigen, wie du das machen kannst.

Wut

Im Big Book steht:

Wenn wir leben wollen, müssen wir frei von Wut sein. Wut und Groll sind für uns ungeeignet. Sie sind der zweifelhafte Luxus normaler Menschen, für den Alkoholiker (oder den Eßsüchtigen) sind sie Gift.

Wie können wir es vermeiden, auf andere wütend zu sein? Wie können wir anerkennen, daß jemand, der unverschämt und beleidigend ist, spirituell krank ist und wir deshalb tolerant und geduldig sein sollten?

Mit Wut und Groll umzugehen, gehört zum Schwierigsten, das es gibt. Lange Zeit wollte ich nicht wahrhaben, daß ich überhaupt Zorn oder Ärger in mir hatte. Ich gehörte nicht zu den Leuten, die Wut in irgendeiner Form zeigen. Ich erlaubte mir nie, überhaupt meine Gefühle zu zeigen – und ganz gewiß nicht meinen Zorn.

Wenn ich wütend auf dich bin, gestehe ich damit ein, daß du mich geärgert hast. Ich wollte aber nicht einmal zugeben, daß du mich überhaupt tangierst. Ich habe herausgefunden, daß ich es so anstellte, daß man zwangsläufig auf mir herumtrampeln mußte. So konnte ich sagen, daß ich einfach ein netter Typ sei, der niemals wütend wird. In Wirklichkeit hieß das: „Bitte, trete auf mir herum."

Nach einiger Zeit aber wurde mir klar, daß es außer der Unterdrückung meines Zorns oder dem anderen Extrem, jemanden zusammenzuschlagen, noch einen weiteren Weg gibt: *Ich kann meine Wut oder meinen Groll spüren und diese Gefühle dann loslassen.* Ich kann meine Gefühle zur Kenntnis nehmen, aber ich muß sie nicht ausleben.

Anscheinend meinen wir Eßsüchtigen, daß wir immer handeln, immer etwas tun müssen. Uns fällt es schwer, die Dinge einfach sich selbst zu überlassen. Als ich noch zwanghaft aß, konnte ich kein Kuchenkrümelchen auf dem Teller liegenlassen, ich brachte es nicht fertig, es wegzuwerfen. Ein Stück Kuchen wegzuwerfen ist wie einen Arm verlieren. Es ist wie der Tod! Manchmal halte ich immer noch irgendwo zwanghaft an, um Nahrungsmittel zu kaufen. Anschließend sitze ich mit den nicht angerührten Sachen da, gehe irgendwann zu einer Mülltonne und werfe sie fort. Es zerreißt mich fast.

Mit Wut und Groll dazusitzen und *nichts* zu machen, ist eine beinahe nicht auszuhaltende Tortur. Es ist Teil unserer geistigen Krankheit, daß wir Arrangierer und Macher sind.

Hast du schon einmal nörgelnde und übermäßig beschützende Eltern gefragt: „Warum lassen Sie Ihr Kind nicht einfach in Ruhe"? Diese Eltern versuchen ständig, das gesamte Leben ihrer Kinder zu bestimmen. Wenn du – als Elternteil oder sonstwer – erkennst, daß jemand das macht oder irgend etwas anderes, was du für falsch hältst, dann fällt es dir schwer, das einfach so stehenzulassen und dich nicht auf selbstgerechte oder bewertende Weise einzumischen. Wieder müssen wir Zwanghaften „etwas tun".

Es kann eine schreckliche Erfahrung sein, Wut, Ärger und Groll aufzugeben. Wenn du nicht wütend werden *mußt*, obwohl jemand etwas tut, das dich ärgert, hinterläßt das in dir eine tiefe Leere. Jedesmal, wenn ein Charakterfehler, mit dem du dich auseinandergesetzt hast, von dir genommen ist, hinterläßt das dieses Loch, diese Leere. Es ist so, wie wenn ein alter Freund stirbt. Dieser Fehler ist wie die besagte letzte Bohne, die du auf deinem Teller liegenläßt; wie das letzte Glas, das vor dem Alkoholiker steht und weggekippt wird.

Was mache ich nun ohne meine Wut? Wir alle fürchten uns vor dieser Leere, vor diesem Loch in uns, das uns ängstlich und schutzlos sein läßt. Ein Verwandter zeigt beispielsweise wieder das bekannte ärgerliche Verhalten, das du seit eh und je von ihm kennst. Diesmal läßt du jedoch los und sagst dir: „Ich werde mich darüber nicht mehr ärgern." Was machst du statt dessen? Wenn dir deine Kinder eröffnen, daß sie von zu Hause fortgehen, und du sagst einfach „geht nur", statt verärgert zu sein – was gibt es dann noch zu sagen? Dein Ehepartner droht dir einmal zu viel, aber diesmal wirst du nicht zornig. Was soll's? Du fängst deswegen nicht an zu essen (das war früher immer deine Wahl); du brüllst und schreist deshalb nicht herum. Was tust du?

An diesem Punkt setzt der geistig-spirituelle Teil unseres Programms an. Solange du nicht an diesem Punkt angelangt bist, ist das Programm noch nicht das Richtige für dich. Plötzlich gibt es keine extremen Höhen und Tiefen in deinem Leben mehr, alles beruhigt sich. Auf einmal fällt dir auf: „Da dämmert mir doch gerade ... Hat da nicht dieser Schlawiner vor zwei Wochen das und das gesagt? Und ich habe ganz vergessen, wütend deswegen zu werden!"

Deine „berechtigte" Wut ist verschwunden. An ihre Stelle sind die Gewohnheiten und Freuden des Lebens getreten – solche profanen Überlegungen wie beispielsweise, wie du dir ein angenehmes statt ein lausiges Leben machen kannst; wie du gute Beziehungen haben kannst, statt dich mit den üblichen Blödmännern zu verabreden. Du überlegst, ob du Tennis spielen, Fahrrad fahren, joggen oder ins Theater gehen willst. Alle diese guten Alternativen zum Überessen! Mein sogenannter „Spaß am Leben" – außer vor dem Fernseher sitzen und mampfen – war immer von Übel. Entweder fand ich ihn, indem ich meine Wut auslebte, oder indem ich ihn mit Groll unterdrückte.

Was ich anderen verübelte, waren Verhaltensweisen, die ich auch an mir feststellte oder auf die ich neidisch war. Am meisten grollte ich Menschen, die nicht meinen weiten Weg zurücklegen mußten, um die Sucht zu überwinden. Erst vor kurzem bin ich den Groll gegenüber jenen losgeworden, die im Programm leben und eine Freßtour machen. Wie können sie das tun und damit ungeschoren davonkommen? Sie leben trotzdem. Doch ich weiß: Wenn ich ein Freßgelage halte, stirbt ein Teil von mir. Ich nahm es Menschen übel, wenn sie beliebter waren als ich und war auch ärgerlich über jene, denen es gleichgültig zu sein schien, ob ich sie mochte oder nicht.

Wenn du Gott erlaubst, daß er deinen Ärger von dir nimmt, dann siehst du die Leute, denen du gegrollt hast, in einem neuen Licht. Gott hat manchmal eine seltsame Art, mir einen Streich zu spielen: Mitunter stellt sich jemand, über den ich ärgerlich war, als ausgesprochen nett heraus. Ich weiß jetzt, daß ich Groll hatte. Ich erkenne auch, daß er mich völlig gehemmt hat. Ärger hält mich davon ab, konsequent im Programm zu leben. Als ich Zorn und Groll losgeworden war, langweilte ich mich. Ich fühlte mich wie ein leeres Gefäß, das darauf wartet, gefüllt zu werden.

Das Gefühl, das hinter allen anderen zu sein scheint, ist Angst. Wenn du wütenden und grollenden Menschen begegnest, dann kannst du davon ausgehen, daß sie damit ihre Ängste verdecken. Ich glaube niemandem, der sagt, er hätte keine Angst. Zwanghaftes Überessen, verrückte Vorstellungen über Sex, falscher Umgang mit Geld – all das sind handfeste Probleme. Das Hauptproblem aber, das ihnen allen zugrundeliegt, ist Angst. Mancher fragt, ob es Unterschiede zwischen Wut, Zorn, Groll, Ärger und Haß gibt. Für mich ist das alles dasselbe, lediglich das Ausmaß ist verschieden.

Gewöhnlich hasse ich Menschen, die man unbesehen hassen kann – Hitler zum Beispiel. Wir gestehen uns nur selten unsere Haßgefühle ein. Manchmal hassen wir unsere Eltern, Lehrer, Partner oder sogar unsere Kinder. Es ist in Ordnung, solche Gefühle zu *haben*. Was du mit diesen Gefühlen jedoch *machst*, entscheidet darüber, ob sie angemessen sind, und zeigt, wie reif du bist.

Ich kann ehrlich sagen, daß ich meistens – wenn auch nicht vollkommen – ohne Wut und Groll bin. Unser eigentlicher Zorn und unser wirklicher Groll rühren oft nicht von dem, was andere gerade tun und worüber wir uns anscheinend ärgern, sondern von den Entbehrungen unseres eigenen Lebens.

Die Grundrichtung ist, daß wir unsere Umgebung kontrollieren wollen. Wir wollen die Welt kontrollieren – unsere Kinder, die Sonne, den Mond, das Essen und natürlich unser Gewicht. Wir wollen Gott sein. Unsere größte Angst ist, selber gelenkt zu werden, uns nicht unter Kontrolle zu haben. Wenn du tot bist, hast du nicht länger Verantwortung; deshalb haben wir auch alle Angst davor.

Wir müssen die Angst davor verlieren, außer Kontrolle zu sein. Bist du vielleicht einer von denen, die schwimmen gelernt haben, indem sie ins Wasser gestoßen wurden und jemand sagte: „Jetzt leg' dich einfach auf den Rücken und laß dich treiben"? Plötzlich bist du auf dem Wasser geschwommen und dabei nicht untergegangen. Du ließest einfach zu, daß es geschah. So sollten wir mit dem Programm umgehen – die Kontrolle aufgeben und es für uns arbeiten lassen.

Über unseren Groll und unsere Wut zu schreiben ist so ähnlich, wie wenn wir unsere Ängste auflisten. Manchmal wirst du bei deiner Inventur im Vierten Schritt entdecken, wie wütend, ärgerlich und voller Angst du wirklich bist. Vielleicht findest du es hilfreich, speziell eine Inventur über Wut und Ärger zu schreiben.

Ziehe auf einem Blatt Papier in der Mitte einen senkrechten Strich. Liste auf der einen Seite auf, worüber du wütend bist, und auf der anderen, was du als Ursachen und Gründe dafür ansiehst.

Greif dir ein Ereignis aus deinem persönlichen Leben heraus. Ich bin wütend auf den Hotelangestellten, der das Zimmer nicht für mich reserviert hat. Oder ich ärgere mich über meine(n) EhepartnerIn, weil sie/er vergessen hat, bei einem bestimmten Geschäft vorbeizufahren. Vielleicht hast du sofort mehrere Punkte gleichzeitig, weswegen du dich über jemanden ärgerst – das macht nichts. Wenn wir den Grund dafür nicht herausfinden, ist das auch in Ordnung. Vielleicht kennen wir die Ursache auch, wollen sie aber nicht wahrhaben. Der Grund für deinen Zorn ist bei weitem nicht so wichtig wie die Anerkennung deines Gefühls.

Wir sehen allmählich, daß wir mit Wut wie mit jedem anderen Charakterfehler auf diese Weise umgehen können. Wenn wir eine Bestandsaufnahme von Wut, Angst und Schuldgefühlen machen und an diese Fehler mit der Ehrlichkeit und Bereitschaft herangehen, sie loszulassen, dann werden auch sie von uns genommen werden.

Die Versprechen des Programms erfüllen sich immer, nicht nur hinsichtlich Nahrungsmitteln oder Alkohol, sondern in allen Bereichen unseres Lebens. Dabei ist wichtig, daß wir Fehlverhalten – einschließlich Zorn – als Hindernis erkennen. Sie sind unsichtbare Mauern zwischen dem, was wir jetzt sind, und dem neuen Menschen, der wir gern werden wollen. Wie können wir die Freiheit haben, uns selbst und die Welt um uns herum zu genießen, wenn wir uns nur durch die verzerrenden Schranken von Wut, Haß und Groll sehen können? Wenn wir unsere Charakterfehler nicht als Schlechtigkeiten bewerten, sondern als Hindernisse ansehen, als dazwischentretende, störende Faktoren, dann werden wir auch wissen, wie wir diese Barrieren abbauen können. Das Programm der Genesung zu leben und Gott, wie wir ihn verstehen, anzunehmen, wird uns helfen, die Hindernisse aus dem Weg zu räumen. Als Folge davon wird die Wut einfach nicht mehr da sein.

Die Energie, die wir zum Ausleben von Angst und Wut gebraucht haben, kann nun in fruchtbarere und positivere Bestrebungen umgesetzt werden, die auf ihre Art genauso anregend und mit Sicherheit erfüllender sein werden.

Angst und Depression

Meine Eßsucht hat mein emotionales Wachstum und meine Gefühlsreifung gehemmt und mein körperliches Wohlbefinden beeinflußt. Nachdem jedoch der Zwang zu essen von mir genommen war, begannen andere Probleme an seine Stelle zu treten. Es war leichter, mit Essen umzugehen. Ein Blick in den Spiegel genügte, und ich konnte mich darüber aufregen, wie dick ich war und mich schuldig fühlen, weil ich soviel aß.

Mit anderen, weniger auffälligen Problemen und Gefühlen zurechtzukommen, ist schwieriger, weil die Folgen oft nicht so augenfällig sind. Es traten viele emotionale Probleme zutage, mit denen ich mich nun befassen mußte. Ich fand heraus, daß ich z. B. Wut hatte, von der ich nie etwas ahnte; Ängste, die mein ganzes Dasein durchdrangen. Ich entdeckte, daß mir Kontakte zu Einzelpersonen ein Problem waren. Ich hörte endlich auf meinen Sponsor, der mir letzteres schon jahrelang gesagt hatte. Wenn man oft mit Gruppen arbeitet, einen viele Leute zu lieben scheinen und man selbst sie liebt – was besonders in diesem Programm der Fall ist –, kann man leicht vergessen, wie man Kontakt zu einzelnen herstellt und aufrechterhält.

Der springende Punkt bei der Sache ist folgender: Wenn du die Zwölf Schritte in allen deinen Belangen lebst, wirst du *von selbst* abnehmen. Du wirst dabei auch vieles andere verlieren: Wut, Ärger, Groll, Niedergeschlagenheit, Feindseligkeit usw. Sie alle und dein Hunger werden verschwinden. Du wirst nicht einmal bemerken, daß das alles vorbei ist. Eines Tages stehst du da und bist nicht zornig.

Alle die Jahre hatte ich Fettschichten und zugleich Schichten von einseitigen Beziehungen und Schichten von Tricks mit Geld gehabt. Als ich mit dem Programm anfing, wurden alle diese Mängel von mir genommen, und es kam das Grundgefühl unter alledem zum Vorschein: Angst.

Ich habe genausoviel Angst, Frustration, Furcht und Zwanghaftigkeit wie jeder andere – und ich habe absolutes Vertrauen, daß dieses Programm mir helfen wird und daß es da draußen irgendwo einen Gott gibt. Dieser Gott hat nichts anderes zu tun, als mich überallhin zu begleiten und meine Angst von mir zu nehmen, wie auch meine Furcht, meine Eßsucht, die Begrenzungen in meinen Beziehungen und jegliche anderen Probleme, die ich habe.

Ich möchte geheilt werden – selbst wenn ich es manchmal bequem finde, deprimiert zu sein; selbst wenn ich mich oft lebendig fühle, wenn ich Angst habe oder wütend bin (besonders, wenn der Ärger berechtigt ist). Deswegen will ich nicht immer ohne diese Gefühle sein; aber um geheilt zu werden, bin ich bereit, sie aufzugeben und im Programm zu arbeiten.

Angst und Depression greifen irgendwie ineinander. Wenn du Angst hast – hast du dann schon mal das Gefühl gehabt, zu Eis zu erstarren, fast, als ob du gelähmt wärst? Diese Erstarrung ist ein Rückfall in die Urzeit des Menschen, als die erste Verteidigung gegen Gewalt das Totstellen war – so, wie die meisten Tiere instinktiv erstarren, um nicht bemerkt zu werden und sich durch Verschmelzen mit der Umgebung zu tarnen. Eine der „besten" Arten des Totstellens ist es, in den gefühllosen Zustand der Depression zu flüchten.

Früher schätzte ich Depressionen, denn dadurch konnte ich vor dem Leben fliehen. Als ich ein kleiner Junge war, diente das zwei verschiedenen Zwecken: erstens beschützte sie mich vor der Außenwelt, und zweitens zog ich damit Aufmerksamkeit auf mich. (Ein Teil unseres Wahnsinns fordert, daß wir beachtet werden.)

Manchmal sagte ich meiner Sekretärin über die Sprechanlage: „Ich brauche eine Viertelstunde. Ich will für mich sein." Dann stellte sie keine Telefongespräche durch, und ich genehmigte mir einen schönen, depressiven Zustand. Depression war wie eine alte Freundin. Es war, wie wenn ich „heim zu Muttern" ginge. Ich fühlte mich wirklich wohl in meinen altvertrauten Gefühlen der Niedergeschlagenheit.

Heute habe ich diese Gefühle nicht mehr. Ich kann mich nicht erinnern, wann ich das letzte Mal deprimiert war – ich weiß, es ist lange her. Das bedeutet nicht, daß ich nicht zeitweise unglücklich bin, aber ich gehe so damit um, daß ich es einfach geschehen lasse, statt die Depression aktiv herzustellen und sie zu genießen. Es gibt keine Regel, die verlangt, daß alles immer großartig sein muß. Wenn ich einen Strafzettel für falsches Parken bekomme, bin ich darüber nicht besonders glücklich. Wenn mir jemand einen Scheck gibt, der dann platzt, springe ich nicht in die Luft vor Freude. Trotzdem reagiere ich auf diese Situationen nicht mehr mit Depression.

Jeder von uns hat unterschiedliche Ängste, aber einige sind für alle Menschen von grundlegender Bedeutung – zum Beispiel die Angst vor dem Tod. Wenn jemand stirbt, der uns nahegestanden hat, bleiben oft Schuldgefühle in uns zurück – weil wir weiterleben oder nichts getan haben, um den Tod zu verhindern.

Wir müssen angeblich auch mit sogenannten Versagensängsten leben. Ich bin aber zu dem Schluß gekommen, daß meine Angst vor Versagen ein Trugschluß ist. In Wirklichkeit habe ich Angst vor Erfolg, denn wenn ich erfolgreich bin, werde ich Dinge tun müssen, die erfolgreiche Menschen tun, zum Beispiel erwachsen werden.

Ich fürchte mich kaum noch. Das bedeutet nicht, daß ich keine Muffen vor furchterregenden Dingen habe: Ich habe Respekt vor dem Finanzamt und vor Autos, die fürchterlich aufdrehen. Ich lege mich mit keinem von beiden an, aber ich fürchte mich vor nichts und niemandem mehr.

Ich habe sogar herausgefunden, daß ich nie vor etwas oder jemandem Angst hatte, das oder der in dem Moment wirklich da war. Ich hatte vor Dingen Angst, die lange vorbei oder die noch nicht geschehen waren. Ich fürchtete mich nie wirklich vor dem, was jetzt war. Darüber hinaus benutzte ich meine Ängste, um mich schlechtzufühlen und mich davon abzuhalten, irgend etwas fertigzubringen. Heute tue ich das nicht mehr, weil ich mich mag. Wenn du dir selbst gute Gefühle entgegenbringst, kannst du keine Angst haben.

Wir alle haben verschiedene Ängste, und unserer tiefsten sind wir uns oft überhaupt nicht bewußt. Angst hält einige von uns davon ab, ein Flugzeug zu benutzen, einen Berg zu besteigen oder einen Raum voller Menschen zu betreten. Uns alle kann Angst sehr lähmen – und tut es gewöhnlich auch. Angst, die uns behindert, wird einfach eine weitere Barriere, die wir benutzen, um uns am Erwachsenwerden zu hindern.

Ich weiß nicht, wie du jetzt mit deinen Ängsten umgehen kannst, aber ich weiß, daß es für mich am wichtigsten ist, daß ich zunächst erkenne, *daß* ich überhaupt Angst habe.

So lange ich mich erinnern kann, hatte ich Angst. Als ich ein kleiner Junge war, hatte ich Angst vor großen Kindern und vor meinen Eltern. Ich hatte Angst davor, geschlagen zu werden. Ich hatte Angst vor Schmerz. Ich hatte Angst davor, meine Gefühle zu zeigen.

Heute übersetzen wir diese Kindheitsängste in Erwachsenenängste. Ich würde mir dumm vorkommen, wenn ich herumliefe und sagte, ich hätte Angst vor der Dunkelheit. Das ist für einen Erwachsenen nicht angemessen – und doch trifft es auf mich immer noch zu. Du siehst, ich habe noch immer die Ängste meiner Kindheit, nur benutze ich heute Wörter dafür, die einem Erwachsenen entsprechen. Zum Beispiel sagt ein Erwachsener nicht: „Ich habe Angst, wenn es dunkel ist"; er sagt vielleicht statt dessen: „Ich habe Angst, überfallen zu werden", „Ich habe Angst, angegriffen zu werden" oder „Ich habe Angst vor dem Alleinsein".

Angst, die mich behindert und mich lähmt, stört mein Wachstum. Weil ich mein Wachstum nicht mehr behindern will, möchte ich meine Ängste loswerden. Meine Angst ist ein Fehlverhalten, und im Programm steht, daß ich nichts gegen diesen Mangel tun kann. Wenn mich jemand anruft, den ich sponsere, und der mir sagt: „Dieser Mangel in meinem Charakter hat mich eingeholt, und ich fürchte, daß mich mein Freund verlassen wird – was kann ich da tun?", dann sage ich: „Da kannst du überhaupt nichts tun." Schau dir den Sechsten Schritt an. Da steht klar und deutlich, daß wir völlig bereit sein müssen, daß *Gott* alle unsere Fehlhandlungen von uns nimmt; und im nachfolgenden Siebten Schritt heißt es: „Demütig baten wir ihn, unsere Fehler von uns zu nehmen."

Angst ist einer meiner grundlegenden Fehler. Also muß ich zuerst meine Angst erkennen und dann bereit werden, sie loszuwerden. Bei vielen Ängsten bin ich nicht bereit, sie loszuwerden, weil sie mir mein ganzes Leben lang gute Dienste erwiesen haben. Ich habe ein Leben lang mit meinen Charaktermängeln gelebt. Wenn mir heute ein toller, aufregender Charakterfehler weggenommen wird, fühle ich mich leer.

Es gibt nichts Langweiligeres, als keine Angst zu haben. Versuche es mal! Wenn du mit Menschen zusammen bist und alle außer dir haben Angst vor dem Tod, dann halten sie dich für einen seltsamen Kauz. Aber das bist du nicht! Es nützt niemandem, wenn du vor lauter Angst vor deinem Tod oder dem eines anderen vergehst; oder wenn dich die Angst davor, daß dein Freund, Liebhaber oder Partner dich verlassen könnte, halb umbringt.

Nachdem ich eine Liste meiner Ängste aufgestellt hatte, wurde ich bereit, sie loszuwerden. Es ist manchmal schwer, diese Bereitschaft zu erreichen, weil wir Druck von den Menschen um uns herum bekommen, unsere Ängste *nicht* loszuwerden.

Ich erinnere mich, daß mich als Kind jene Menschen am meisten aufregten, die sich um nichts scherten. Hast du schon mal ein Kind erlebt, dem es gleichgültig ist, ob du sein Freund bist oder nicht? Das raubte mir immer den letzten Nerv, weil ich als Freund anerkannt sein wollte. Diejenigen, die anscheinend die meisten Freunde hatten, waren diejenigen, denen es egal zu sein schien, ob sie welche hatten. So sind auch die, die am meisten vom Leben zu haben scheinen, diejenigen, die sich am wenigsten mit Ängsten herumschlagen. Wenn ich Angst habe, ist die einzige Möglichkeit, damit umzugehen, daß ich *nicht* damit umgehe.

Wir sagen alle, daß wir keine Angst mehr haben wollen. Doch wenn du es mal recht überlegst: Willst du wirklich deine Ängste alle loswerden? Bestimmt wollen wir sie nicht alle auf einmal loswerden. Ich meine, wenn ich ein Mensch ohne jede Angst wäre, wenn ich plötzlich perfekt wäre, worüber sollte ich dann mit meiner Familie und meinen Freunden reden? Wenn dir jemand sagt: „Die Aktienkurse sind gefallen", „Ich bin arbeitslos geworden" oder „Mein Kind ist mit einem Rauschgiftsüchtigen weggelaufen" und du erwiderst: „Ja, ich weiß, aber mir machen solche Dinge keine Angst" – worüber würden wir dann noch reden? Wir hätten keinen Diskussionsstoff mehr.

Angst ist für die meisten Menschen ein bequemer Punkt, auf den sie sich konzentrieren können. Das trifft insbesondere für solche zu, die abnehmen und wieder zunehmen. Es gibt eine Angst vor dem Abnehmen und allem, was damit verbunden ist. Wie wird das Leben sein, wenn man schlank ist?

Ich habe meine Ängste zuerst dadurch kennen- und anerkennen gelernt, daß ich eine Liste darüber zusammengestellt habe. Der nächste Schritt war, die mich am wenigsten belastende Angst herauszusuchen und bereit zu sein, sie von Gott beseitigen zu lassen. Als letzten Schritt ließ ich Gott diese bestimmte Angst von mir nehmen. Danach ging ich zur nächsten Angst auf meiner Liste über.

Auf lange Sicht gibt es nichts, was wir selbst bezüglich unserer Charaktermängel tun können. Was mich angeht: Ich muß weder dich noch mich noch andere heilen. Ich muß kein großes Aufhebens mehr davon machen, wie ich abnehmen werde – was mein offensichtlichster Mangel war, als ich zum Programm kam.

Welch eine herrliche Entlastung stellt es doch dar, es einer Macht zu erlauben, daß sie da ist und daß sie sich für mich um alle diese Bürden kümmern darf. Diese Macht an Gott abzugeben, hat mich von der Last befreit, meine eigene Macht ausüben zu müssen. Ich muß keine Diät mehr einhalten. Ich habe absolutes Vertrauen, daß Gott sich um dieses Fehlverhalten kümmert. Ich muß mir auch keine Gedanken mehr wegen meiner Ängste machen. Ich habe völliges Vertrauen, daß Gott sich um eine Angst nach der anderen kümmert. Es kann natürlich sein, daß eine neue Angst oder zwei neue Ängste auftauchen, während er sich um die erste kümmert, aber was soll's. Ich kann morgens aufstehen und Angst haben – und ich weiß, daß sie im Laufe des Tages vergehen wird.

Das Programm kann sehr schwierig und unlogisch sein. Es ist unlogisch, bereit zu sein, etwas loszulassen, was mir mein Leben lang gute Dienste erwiesen hat, zum Beispiel meine Angst. Es ist unlogisch, auf etwas zu vertrauen, das ich nicht sehen kann und an das ich nie geglaubt habe: an einen Gott, der nun auch noch nichts anderes zu tun haben soll, als meinen Hunger und meine Ängste wegzunehmen. Ja, genau das ist es, woran ich glauben soll, und ich tue das. Nach und nach werden meine Ängste (ich kann sie glücklicherweise jetzt erkennen) von mir genommen. Das heißt nicht, daß die Probleme, die meine Ängste zu verursachen scheinen, wirklich gelöst sind. Das sind sie nicht. Aber meine Angst ist beseitigt.

Ich habe viel Angst in meinem Leben gehabt und meinte immer, sie verheimlichen zu müssen. Und obwohl sich die Welt um mich herum nicht verändert hat, fühle ich mich jetzt glücklich und voller Freude und bin fähig, mit meinem Leben klarzukommen. Zu der Zeit, als ich noch litt, gab es nichts, was meinen Schmerz besser abtöten konnte, als mich maßlos zu überessen. So mußte ich mich meinen Ängsten nicht stellen.

Ohne Ausnahme wird der Trinker, der nichts tut, außer mit dem Trinken aufzuhören, irgendwann wieder damit anfangen. Der Rauschgiftabhängige, der aufhört, Drogen zu nehmen, wird wieder anfangen, welche zu nehmen. Und ein Eßsüchtiger, der *nichts anderes* tut, als kontrolliert zu essen, wird wieder mit dem Überessen anfangen.

Solange du nicht schlimm genug leidest, werden die Schritte bei dir nichts ausrichten. Es kann sein, daß du lange brauchst, bis du diesen Punkt erreichst. Das ist auch in Ordnung. Denn es ist besser, eine Schlankheitskur in einer Gemeinschaft zu machen, als es allein zu tun. Ich bin lieber mit vielen Freunden zusammen, die mich verstehen und die mich unterstützen und die mir wieder aufhelfen, wenn ich einen Rückfall habe.

Wenn du gelähmt bist, gibt es nichts, was du selbst tun kannst. Es gibt wahrscheinlich keine menschliche Kraft, die uns von unseren Ängsten befreien kann, ebensowenig wie eine menschliche Macht unsere Eßsucht heilen kann. Warum mühst du dich also damit ab, es allein zu versuchen? Welche Befreiung von einer Last ist doch das Wissen, daß du Angst haben kannst und nicht das Geringste deswegen unternehmen mußt.

Das Problem an dieser widersprüchlichen Idee ist, daß es das Gegenteil von allem ist, was wir bis dahin gewohnt waren zu tun. Unser ganzes Leben lang ist uns gesagt worden: „Hör' auf damit!",

„Tu' dies!", „Tu' das!", „Mach' schon weiter damit!", „Komm' schnell hierher!" Durch dieses Programm wird uns klar, daß wir nichts tun können, außer *bereit zu sein, daß Gott uns befreit – von was auch immer.*

Kleinarbeit muß gemacht werden, aber nicht in den speziellen Problemen wie Angst, Depression, Groll und so weiter. *Die Kleinarbeit, die zu tun ist, ist die Arbeit im Programm.* Wenn ich in diesen Zwölf Schritten arbeite, wird Gott meine Angst von mir nehmen, er wird *alle* meine Fehlhandlungen von mir nehmen. Aber ich werde dazu nicht bereit sein, bis diese Charakterfehler genug Schmerzen verursachen.

Das Programm verlangt uns eine ganze Menge Vertrauen und Glauben ab, besonders, wenn wir sichtbare Beweise haben, daß wir jedesmal hereingefallen sind, wenn wir vertraut haben. Jedesmal, wenn ich glaubte, jemandem vertrauen zu können, wurde ich enttäuscht. Jetzt kommt da ein Programm daher, das von ein paar Trinkern begründet worden ist, und darin wird von mir verlangt, daß ich wieder vertrauen soll.

Die meisten von uns kommen zum Programm, um es ein wenig anzutesten. „In Ordnung, ich probiere mal euer Programm; aber wenn ich nicht diese Woche noch zehn Pfund abnehme, dann zum Teufel mich Euch. Ich werde Euch eine Chance geben, aber wenn ich nicht sofort die Liebe und die Zuneigung spüre, wovon ich gehört habe, und mein Übergewicht verliere – nun, dann werde ich mich wieder an meine Diäten halten."

Ab und zu verliere ich immer noch etwas von meinem Glauben und meinem Vertrauen. Wer bin ich denn schon, daß ich denken darf, daß Gott nichts Besseres zu tun hat, als sich zum Beispiel um mein Büro zu kümmern, wenn ich unterwegs bin? Ich muß glauben, daß er nichts anderes zu tun hat. Früher hatte ich immer schreckliche Angst, in meiner Abwesenheit könnten Katastrophen ausbrechen. Wenn ich diese Angst hochkriechen merkte, rief ich meine Sekretärin erst recht nicht an. Für mich ist das wie mit dem Überessen – es bedeutet, meiner Angst nachzugeben und mich von ihr überwältigen zu lassen. Gott hat diese Angst von mir genommen. Heute habe ich keine Angst. Ich rufe einfach an und stelle natürlich fest, daß alles in Ordnung ist.

Die einzige Magie, die ich kenne, ist das Wunder dieses Programms. Die einzige Möglichkeit, die ich kenne, wie man dieses Wunder finden kann, ist die Arbeit in den Schritten. Im Big Book steht folgendes über Angst:

Dieses kurze Wort berührte so ziemlich jeden Aspekt unseres Lebens; sie zog sich wie ein schlimmer, zerstörerischer roter Faden durch alles hindurch. Das Gewebe unserer Existenz war davon durchwirkt. Sie brachte eine ganze Reihe von Umständen in Bewegung, die uns Unglück brachten, das wir nicht zu verdienen meinten.

Aber wir selbst brachten den Stein ins Rollen. Im Big Book wird uns geraten, unseren Ängsten auf den Grund zu gehen und sie aufzuschreiben, und zwar selbst dann, wenn sie scheinbar nichts mit unserem Groll zu tun haben. Das ist dann eine Inventur unserer Ängste. Für diejenigen, die Angst davor haben, eine Inventur zu schreiben, möchte ich sagen: MACHE SIE TROTZDEM!

Wir fragen uns, warum wir diese Ängste haben. Unser Selbstvertrauen hat uns nichts genützt. Es war brauchbar, solange alles glatt ging; aber es ging nicht weit genug, um unsere Ängste oder andere Probleme zu lösen. Als unser Selbstvertrauen uns großspurig werden ließ, wurde alles nur noch schlimmer.

Wir haben nun eine Vertrauensgrundlage und verlassen uns auf einen unendlichen Gott statt auf unser begrenztes Selbst. Wir sind auf der Welt, um jene Rollen zu spielen, die Gott für uns bestimmt hat. Wir tun das, wovon wir glauben, daß er es will. Im Big Book können wir wie folgt lesen:

Wir entschuldigen uns niemals bei jemandem dafür, daß wir uns auf unseren Schöpfer verlassen. Wir können uns mit Humor darüber hinwegsetzen, daß manche Spiritualität für einen Weg der Schwäche halten; paradoxerweise ist sie aber der Weg der Stärke. Das Urteil der Geschichte ist, daß Glaube ein Zeichen von Mut ist. Alle Menschen mit Glauben haben Mut. Sie vertrauen ihrem Gott. Wir entschuldigen uns niemals für Gott. Statt dessen lassen wir ihn durch uns zeigen, wozu er in der Lage ist. Wir bitten ihn, unsere Angst von uns zu nehmen und unsere Aufmerksamkeit auf das zu lenken, was er mit uns vorhat. Und sofort fangen wir an, unserer Angst zu entwachsen (S. 68).

Im letzten Satz steht nicht, daß Gott wirklich die Angst *wegnimmt*; er besagt, daß wir ihr *entwachsen*. Angst erfüllte einen Zweck für uns. Solange wir nicht bereit sind, sie aufzugeben, wird sie nicht vergehen. Es ist diese Kluft zwischen unserer Reife und unseren Gefühlen, die Angst hervorruft, und wir benutzen unsere Angst, um sie zu verdecken. Im Laufe unseres Wachstums reifen wir emotional so weit, daß diese Kluft überbrückt wird. So wird der Schmerz nicht mehr verdeckt, sondern er hört auf.

Für mich ist Angst etwas schrecklich Lästiges. Sie vergeudet meine Zeit, und ich will mich ihr nicht hingeben. Ich habe inzwischen zu viele wichtigere Dinge zu tun, als meine Zeit mit Ängsten zu verplempern. Deshalb entwachse ich meiner Angst – immer nur für heute.

Schreibe eine Inventur über deine Ängste. Teile mit anderen Menschen die Erfahrungen, die du mit Angst gemacht hast, und wie du ihr entwachsen bist – wenn du es bist –, und wie du dazu die Hilfe des Programms genutzt hast. Diejenigen, die noch immer mit ihrer Angst kämpfen, können dann durch eure Erfahrungen weiterkommen. Manchmal hören wir anderen zu, die sich nicht einmal bewußt sind, was sie tun und wie sie uns helfen. Vielleicht hören sich ihre Erfahrungen unbedeutend an, aber manchmal sind sie entscheidend für das Wohl eines anderen, der zuhört.

Wenn du eine Inventur schreibst, ist es wichtig, daß du dir klarmachst, wie du sie nutzen kannst. Es ist wichtig, daß du die Worte „erlaube Gott, sie von dir zu nehmen" hörst, damit du anfangen kannst, deiner Angst zu entwachsen. Weder deine Angst noch deine Eßsucht dienen weiterhin einem sinnvollen Zweck. Wenn du also die Inventur deiner Ängste schreibst, kannst du deine Fehlhandlungen in ihren vielfältigen Aspekten sehen und wirst deine seit langem bestehende Verquickung mit den Ängsten entdecken – mit den kleinen und mit den großen.

Die kleinste Angst stellt sich oft als eine sehr große heraus, und riesige Ängste entpuppen sich manchmal als ein Nichts. Manchmal benutzen wir kleinere Ängste, um unsere wirklichen zu verschleiern, um uns nicht mit dem auseinandersetzen zu müssen, wovor wir in Wirklichkeit Angst haben.

Wenn Gott erst einmal deine Angst von dir genommen hat, wirst du feststellen, daß es wichtigere Dinge gibt, denen du dich zuwenden willst. Der Zweck einer Inventur ist nicht nur, dir deine Fehlhandlungen aufzudecken und dir aufzuzeigen, wie du damit umgehst, sondern auch, daß du sehen kannst, wie du Menschen damit geschadet hast. Dir wird bewußt, daß du dir selbst am meisten durch deine Ängste geschadet hast. Aber vielleicht bist du auch erstaunt, wie vielen anderen Menschen du durch deine Angst Schaden zugefügt hast.

Geld

Geld! Schon lange wußte ich, daß ich Probleme mit Geld hatte, aber ich glaubte immer, daß es daran läge, daß ich nicht genug verdiente. Ich war sicher, daß es einen Wandel meines Lebens bewirken und sich damit alles andere von selbst ergeben würde, wenn ich mehr Geld besäße – genauso, wie ich geglaubt hatte, daß ich nur schlank sein müßte, um glücklich zu sein.

Als ich mein Übergewicht verloren hatte, kamen andere Probleme zutage, mit denen ich fertig werden mußte. Ich redete mir ein, daß ich jetzt in ein teures Geschäft gehen und mir passende Kleidung kaufen sollte. Als ich schlank war, sagte ich mir: „Wenn ich nun auch noch reich wäre, dann hätte ich alles, was ich mir im Leben gewünscht habe." Aber sogar die Tatsache, daß ich nie genug Geld hatte, hielt mich nicht davon ab, in teuren Läden einzukaufen. Wenn ich etwas wollte, dann mußte ich es haben. Ich wäre lieber barfuß gegangen, als mir billige Schuhe zu kaufen. Ich verzichte immer noch lieber darauf, bis ich mir die besten leisten kann. Wie bei den meisten Eßsüchtigen gewinnt das Kind in mir oft die Oberhand. Das ist noch immer Teil meiner geistigen Krankheit; ich kaufe, was ich will und weigere mich, mich mit weniger abzufinden. Auch wollte ich nicht Tennis mit irgend einem alten Schläger; ich mußte mir einen teuren neuen kaufen. Es hat meine Spielweise nicht im Geringsten verbessert, aber ich fühlte mich wohler, weil ich einen guten Schläger besaß.

Ich fing an, auf meinen Umgang mit Geld zu achten. Es ist doch echt Wahnsinn, wenn jemand Mahnungen bekommt und das Geld *hat*, um seine Rechnungen zu bezahlen! Aber ich saß da mit meinem Geld auf der Bank und wollte es nicht hergeben. Wenn ich sofort bezahlt hätte, wäre das Problem erledigt gewesen. Ich wollte aber nichts erledigt haben. Bis ich mit solchen Sachen aufhörte, war mir nicht klar, wie ähnlich dieses Problem meinem kranken Verhalten bezüglich Nahrungsaufnahme oder jedem anderen meiner Charakterfehler war. Offensichtlich *wollte* ich Probleme nicht abhaken. Was würde ich ohne meine Angst vor unbezahlten Rechnungen machen? Wie sollte ich diese Leere ausfüllen? Jeder, der seine Abstinenz vom zwanghaften Essen aufschiebt, wird verstehen, was ich meine. Das gleiche ängstliche Gefühl hatte mich überfallen, wenn ich vom Essen aufstand oder etwas auf dem Teller liegenließ; mir kam es vor, als würde meinem Tag etwas fehlen.

Ich unterwanderte mich selbst, indem ich Rechnungen stapelte und mir vornahm, mich am Freitag um sie zu kümmern. Am Freitag hatte ich dann viel zu tun und sagte mir: „Was macht es schon für einen Unterschied, ob ich nun die Überweisungen heute noch in den Briefkasten werfe oder nicht? Sie kommen ja ohnehin nicht vor Montag oder Dienstag an. Also kann ich sie genausogut am Montag bezahlen wie am Freitag." Wenn dann der Montag kam, nahm ich mir fest vor, die Rechnungen am Abend zu erledigen ... oder am Dienstag ... oder am Mittwoch. Ich trieb dieses Verhalten so weit, daß schließlich nicht nur unbezahlte Rechnungen über 80 oder 100 Dollar aufgelaufen waren, sondern für beinahe 1.000 Dollar.

Wenn ich meine Sekretärin bat, Schecks auszustellen, versuchte ich, nicht mehr auf die Rechnungen zu sehen. So konnte ich mir vormachen, daß es sie überhaupt nicht gäbe. „Wenn Sie die Post öffnen" sagte ich ihr, „dann geben Sie mir nur die Briefe." Sie aber blieb standhaft und erwiderte: „Wir wollen uns lieber um die Rechnungen kümmern. Sie belaufen sich jetzt schon auf 1.000 Dollar." „Tausend Dollar! Aber es waren doch nur ein paar Rechnungen da!" „Sie haben die Bezahlung wochenlang aufgeschoben!" antwortete sie mir. Plötzlich bekam ich furchtbare Angst – in die ich mich selbst hineinmanövriert hatte! Daran kannst du erkennen, daß es mir wehtut, einen Scheck zu unterschreiben. Die Tatsache, daß ich für etwas Geld schuldete, hatte nichts mit meinen Gefühlen zu tun.

Ich fing an zu begreifen, daß Geld keinen Wert hat, wenn es auf der Bank liegt. Es war wie mit den Nahrungsmitteln, die ich im

Kühlschrank aufbewahrte: Gut, daß sie da waren. So konnte ich mich den ganzen Tag lang darauf freuen, abends vor dem Fernseher zu sitzen und mein Vorratslager an von mir bevorzugten Lebensmitteln zu vertilgen. Der Abend war öde, wenn ich nicht essen konnte.

Seitdem habe ich viele andere Möglichkeiten gefunden, um mein Leben auszufüllen. Als ich zum Programm kam, ging ich in zahlreiche Meetings. Ich wußte nicht, wie ich hätte zu Hause bleiben können, *ohne* fernzusehen und zu essen. Statt dessen hätte ich ja meine Umgebung oder meine Gefühle wahrnehmen oder mich mit anderen unterhalten müssen. Ich hätte sogar mein Gehirn anstrengen müssen, um meine Zeit totzuschlagen. Es wurde alles zunächst sehr traurig, als ich abends nicht mehr ständig aß. Es war, wie wenn dir jemand ein spannendes Buch wegnimmt, wenn du gerade beim letzten Kapitel angekommen bist.

Mit Beziehungen ging es mir genauso. Wenn du keine unangemessenen und verrückten Beziehungen mehr lebst, vermißt du die Aufregung, die das mit sich brachte. Wenn du mit einem ganz normalen Menschen ausgehst, der nicht versucht, sein Leben zu zerstören, ist es weit weniger aufregend.

Die gleichen Gefühle hatte ich in Verbindung mit Geld. Als ich damit aufhörte, Schulden zu machen, vermißte ich meine Angst – die Aufregung – wegen des aufgehäuften Stapels Rechnungen. Aber selbst als ich schon Licht am Ende des Tunnels sah, sabotierte ich mich noch. Ich behandelte mich wie ein Baby – und das *war* ich ja in finanziellen Dingen wirklich. Wenn ich 200 Dollar in meiner Brieftasche hatte, fühlte ich mich reich. Ich verlor das Augenmaß beim Umgang mit Geld. Mir war nicht wichtig, was ich mit dem Geld kaufen konnte; wichtig war, daß es anscheinend als Symbol für meine Macht stand. Und wenn ich Macht besaß, hatte ich Kontrolle.

Menschen gehen auf unterschiedlichste Weise mit Geld um. Die einen können sich nicht überwinden, Geld auszugeben, andere geben zuviel aus; ich kannte beide Extreme sehr gut. Solange ich derart mit Geld herumspielte, mußte ich mich nicht mit meinen Ängsten, meiner Wut und meinem Groll auseinandersetzen, weil ich diese Gefühle mit dem Geldgewirbel verdeckte. Meine Sekretärin hat jetzt Unterschriftsberechtigung für mein Konto, damit sie Schecks für mich unterschreiben kann und meine Rechnungen sofort bezahlt werden. Ich möchte nicht mehr mit diesen Geldängsten leben.

Jeder, der dazu neigt, seine Schwierigkeiten mit Geld – oder mit Nahrungsmitteln, Beziehungen oder anderen Angelegenheiten – auf morgen zu verschieben, fühlt sich ohne sein Problem sehr allein. Es fällt uns sehr schwer, zu verstehen, daß unser eigentliches Problem nichts mit Lebensmitteln, Geld oder Beziehungen zu tun hat, sondern damit, daß wir nicht erwachsen werden wollen. Wenn ich mich nämlich zum Erwachsensein entscheiden würde, könnte ich möglicherweise feststellen, daß es langweilig ist.

Hast du schon mal bemerkt, daß kleine Kinder zwischen acht und zehn Jahren niemals stillsitzen können? Ständig müssen sie etwas tun, herumlaufen und rennen; selbst wenn sie versuchen, stillzusitzen, bewegen sie ihre Beine. Genauso ging es mir immer innerlich. In mir war ein kleines Kind, das nicht damit glücklich war, einfach nur dazusitzen und das Leben an sich vorbeiziehen zu lassen. Soweit es sich um Geld handelte, konnte ich nicht einfach eine Rechnung bezahlen und es dabei bewenden lassen. Manchmal ließ ich sogar einen Scheck platzen, obwohl ich das nötige Geld zur Deckung hatte – ich schaffte es einfach nicht, das Geld aufs Konto zu tun.

Wie viele von uns schieben etwas vor sich her, wenn sie eine Aufgabe oder eine Arbeit zu tun haben! Dieses Aufschieben erzeugt ein gewisses Angstniveau in uns; wir müssen uns dann beeilen und werden hektisch, was wiederum dazu führt, daß wir etwas verpfuschen; oder wir tun es überhaupt nicht, so daß wir beschimpft oder angeschrien werden und Schuldgefühle haben deswegen.

Ich schob ständig etwas vor mir her. Wenn ein Klient dabei ungeduldig wurde und sich einen anderen Anwalt suchte, wurde ich damit „belohnt", daß ich nun berechtigt war, ärgerlich zu sein. „Wieso? Sehen Sie sich an, was ich alles schon gemacht habe!" Der Klient (nun mein Ex-Klient) fand durchaus, daß ich meine Arbeit gutgemacht hatte, aber eben etwas spät.

Hast du schon einmal ein Abendessen für eine ganze Gesellschaft gekocht und dann zum Schluß festgestellt, daß du das Gemüse vergessen hast? Während der ganzen Vorbereitungen hattest du nur daran gedacht, daß das Gemüse noch fertig werden mußte. Dann hast du mit dem edelsten chinesischen Porzellan aufgewartet – und plötzlich fragt jemand: „Wo sind denn die Broccoli?" Du konntest nur noch antworten, daß du sie vergessen hast.

Das Geld an sich ist ebensowenig das Problem wie Nahrungsmittel eines sind. Aber beide erleben wir als willkommene alltägliche Situationen, um uns schlechtfühlen zu können. Wir rechtfertigen unser Verhalten, aber im tiefsten Inneren wissen wir, was wir tun.

Es ist heimtückisch, mit Geld zu spielen. Eine Frau, die kilometerweit fährt, um einige Pfennige zu sparen, rechtfertigt diesen Ausflug, indem sie denkt: „Was bin ich doch für eine gute Ehefrau! Ich bin ja so sparsam!" Ein Ehemann, der seiner Frau das Geld auf Heller und Pfennig einteilt, rechtfertigt seinen Geiz damit, daß er ihr nicht trauen könne.

Wahrscheinlich könnten wir alle gut mit unserem Geld auskommen, wenn wir es nur wollten. Ich kann mich an meine erste Zeit als Anwalt erinnern. Damals kündigte ich an: „In der Woche, in der ich hundert Dollar verdiene, gehen wir aus und feiern." Als ich das verdient hatte, mußte ich so viele Rechnungen bezahlen, daß überhaupt kein Geld mehr für eine Feier übrig war. Jetzt, wo ich endlich soviel Geld verdienen kann, wie ich will, setze ich mir immer noch manchmal Grenzen. Wir begrenzen uns alle selbst.

Wer mit Geld herumspielt, spielt mit dem Feuer. Normalerweise sind die Folgen nicht so offensichtlich wie im Falle von Nahrungsmittelmißbrauch, weil es nicht so etwas wie Dickwerden dabei gibt. Du kannst zum Beispiel immer sagen, daß du deine Rechnungen nicht bezahlst, weil du nicht genug Geld verdienst. Als ich noch krank war, gab es auf der ganzen Welt nicht genug Geld, um meinen Wahnsinn zu befriedigen. Es war völlig gleichgültig, wieviel Geld ich verdiente, ich fand immer eine Möglichkeit, abgebrannt zu sein. Wenn man – wie ich – mit den Geldern anderer Menschen zu tun hat, dann erkennt man, wie sehr sie damit herumspielen, um sich selbst Angst zu machen.

Im Zwölften Schritt wird uns empfohlen, „diese Grundsätze auf alle Bereiche unseres Lebens anzuwenden". Immer wieder erlebe ich Leute, die erfolgreich abgenommen haben und dann später wieder zum Essen greifen. Sie machen es, weil sie ihren Umgang mit Nahrungsmitteln, mit ihren finanziellen Problemen oder mit ihrer Arbeit (was oft auch Geld beinhaltet) nicht geklärt haben.

Sie weigern sich, erwachsen zu werden. Warum? Wenn wir erwachsen wären, müßten wir uns mit handfesten Problemen auseinandersetzen – was nicht sonderlich aufregend ist.

Für uns alle ist es an der Zeit, erwachsen zu werden. Das gilt sogar auch für Neue im Programm. Als ich dazukam, war beinahe jeder neu. In den ersten drei bis vier Jahren sprachen wir über nichts anderes als darüber, was, wann und wieviel wir essen sollten. Dann hörten wir nach und nach mit diesem Thema auf und entdeckten plötzlich, daß das Zwölf-Schritte-Programm wirklich ein spirituelles Programm ist. Also sprachen wir fortan viel über Gott. Mittlerweile haben viele von uns herausgefunden, daß es nicht darauf ankommt, über Gott zu *sprechen*, sondern ein spirituelles Programm zu *leben*. Das bedeutet, sich an jedem Tag, in jedem Augenblick in bewußtem Kontakt mit Gott zu befinden. Wenn du z. B. an einer Parkuhr stehst, wirfst du einen Groschen (oder was immer sonst verlangt wird) ein. Du bringst auch rechtzeitig Geld auf die Bank, damit dein Konto ausreichende Deckung aufweist, kaufst vernünftig ein und „nährst" nicht etwa deinen Wahnsinn damit, daß du einen Großeinkauf machst. Es heißt auch, sich ohne Zögern um finanzielle Angelegenheiten kümmern. Das Programm ist weiter geworden – und wir sind hoffentlich auch bis zu dem Punkt gewachsen, an dem wir mit solchen Schwierigkeiten umgehen können.

Wenn du demnächst, in drei oder sechs Monaten, in einem Kaufhaus einem Verkäufer deine Kreditkarte gibst, dann könnte es sein, daß du innehältst und nachdenkst. Du könntest sagen: „Nein, ich bezahle das jetzt bar" oder „Wissen sie was? Ich kann mir das eigentlich gar nicht leisten; ich kaufe es doch nicht." Hoffentlich fühlst du dich anschließend mit deiner Entscheidung wohl. Dann kannst du dir sagen: „Ich spiele nicht mehr mit meinem Geld herum."

Was können wir mit unserem Leben anfangen, jetzt, wo wir unsere Fehlhandlungen geklärt haben oder dabei sind, es zu tun? Wir können vieles tun. Du wirst ein neues Vergnügen und Freude daraus schöpfen, dir selbst Gesellschaft zu leisten, so daß du nicht mehr einsam sein mußt. Wenn du nicht mit dir selbst leben kannst, wirst du immer einsam bleiben. Es ist egal, wieviele Leute um dich herum sind oder wieviele Auszeichnungen du bekommst: Du kannst noch immer einsam sein. Oder du kannst allein sein und dich überhaupt nicht einsam fühlen. „Allein" und „einsam" ist nicht das gleiche. Ich fühle mich nie einsam; die ganze Zeit über ist mir die Gegenwart Gottes bewußt, genauso wie die Gegenwart anderer Menschen, die im Programm leben. Nachdem ich mich jahrelang nicht mochte, kann ich es nun genießen, mit mir alleinzusein.

Wir haben im Leben immer viele Möglichkeiten. Die Alternative zum zwanghaften Essen ist nicht, den Rest deines Lebens damit zu verbringen, den Umgang mit bestimmten Lebensmitteln zu *regeln*. Es kann sein, daß deine Wahlmöglichkeit darin besteht, daß du manche dieser Sachen gelegentlich wieder essen kannst; entscheidend ist, *daß du es nicht tun mußt*. Du mußt nicht einmal den Wunsch dazu verspüren.

Die Alternative zum Herumspielen mit Geld ist nicht, daß du für alle Zeiten nicht mehr in teuren Geschäften einkaufen darfst. Du kannst dort einkaufen, wenn du weißt, daß du es dir leisten kannst. Aber du kannst es auch lassen, wenn du weißt, daß du es dir nicht leisten kannst – *Du mußt es nicht mehr tun.*

Jetzt, wo ich weiß, daß ich sie bezahlen kann, muß ich keine teuren Sachen mehr kaufen. Ich fühle mich in einem billigen Hemd und in einer billigen Hose genauso wohl wie in einem 50-Dollar-Hemd mit Monogramm und einer maßgeschneiderten Hose. Ich habe immer noch Freude an teuren Schuhen, aber ich habe nicht mehr das Gefühl, sie zu benötigen.

Wenn wir im Programm arbeiten wollen, müssen wir an allen Bereich unseres Lebens, an unseren Beziehungen, unserem Umgang mit Geld, passender Kleidung und Sauberkeit, an unseren

Ängsten, unserem Zorn und unseren Depressionen arbeiten – oder wir greifen wieder auf Essen zurück. Dieses Programm erlaubt keine Halbherzigkeit; entweder du lebst es, oder du läßt es. Ich hoffe, daß du lange genug beim Programm bleibst, damit du jenes „spirituelle Erwachen" erfährst, von dem in den Schritten die Rede ist.

Dünnsein ist nicht die Antwort. Als ich zum Programm kam, waren die Schlanken, die ich dort traf, meine Idole. Was immer sie taten, ich tat es auch. Sie machten Diät, ich auch. Wenn sie dann nach ihren Diäten wieder zunahmen, bekam ich es mit der Angst zu tun, denn das wollte ich ganz bestimmt nicht. Glücklicherweise fürchtete ich mich so sehr, daß der Gedanke daran, ich könnte zunehmen, schlimmer für mich war als der Gedanke daran, hart im Programm zu arbeiten, um herauszufinden, worum es dabei ging.

So ging ich meinen Weg weiter und gehe ihn immer noch. Immer wenn das Ende eines Weges in Sicht zu sein scheint, zeigt sich hinter der nächsten Kurve ein anderes Tal oder ein Berg – dies gilt es zu bewältigen. Immer wenn ich eine Schwierigkeit bewältigt hatte, ging ich um die Ecke und fand ein Hinweisschild, das mich für weitere zwanzig Kilometer auf den Weg schickte.

Wenn ich mit Frauen über Geld spreche, stelle ich fest, daß viele von ihnen meinen, daß Geldangelegenheiten außerhalb ihrer Kontrolle liegen, weil sich ihre Ehemänner traditionellerweise darum kümmern. Das ist aber nichts typisch Männliches, sondern etwas Kindisches. Wenn deine Ehe auf der Angst basiert, ohne sie vielleicht in wirtschaftlicher Unsicherheit zu leben, dann prostituierst du dich wie irgendein Callgirl oder ein Straßenmädchen. Wenn du deinen Anteil an diesem kranken Verhalten nicht siehst, hast du gute Aussichten, dein Leben so zu ruinieren, wie du es vorher mit deinen Gewichtsschwankungen gemacht hast.

Im Big Book wird uns empfohlen, uns diesem Programm mit strikter Ehrlichkeit zu nähern, mit einer redlichen Suche nach dem Kern der Wahrheit. Die größte Lüge, zu der wir Eßsüchtigen neigen, ist die, als jemand zu erscheinen, der wir nicht sind. Es ist eine Lüge, so zu tun, als seiest du eine Frau, wenn du innerlich ein kleines Mädchen bist.

Frauen müssen genauso wie Männer Verantwortung für finanzielle Angelegenheiten übernehmen. Das muß nicht bedeuten, daß du das Scheckbuch einzustecken hast oder das Bezahlen von Rechnungen übernehmen mußt. Du mußt aber deinen Mann fragen, wieviel er verdient, oder was mit seinem Geld geschieht. Du sagst z. B. zu ihm: „Bevor wir ein neues Auto kaufen, möchte ich mit dir darüber reden" oder „Ich brauche einiges; darüber will ich mit dir sprechen." Wenn dein Mann sagt, das ginge dich nichts an, weil er derjenige sei, der das Geld verdiene, dann entgegne ihm: „Dann kannst du ja kochen und saubermachen."

Gott hat das Geldproblem für mich auf seine ihm eigene Art gelöst. Das Zwölf-Schritte-Programm wirkt auch bezüglich Geldproblemen. Wenn wir ehrlich sind, werden wir feststellen, daß diese Probleme mit Geld bei den meisten von uns vorkommen. Indem wir sie miteinander teilen, tun wir vielleicht anderen einen Dienst, und sie sehen, daß sie nicht allein sind.

Viele von uns haben Geld zu ihrem Gott gemacht, so wie wir Essen zu unserem Gott gemacht haben. Aber in diesem Programm – wie auch in unserem Leben nicht – gibt es keinen Platz für mehr als einen Gott.

Beziehungen

Wenn wir über Beziehungen sprechen, geben wir Eßsüchtigen oder Alkoholiker als erstes zu, daß wir *krank* sind. Das ist es, was uns in diesem Programm verbindet. Wir haben eine dreifache Krankheit. Zunächst einmal sind wir körperlich krank – das ist ganz offensichtlich, weil die meisten von uns dick sind. Außerdem sind wir emotional krank, denn Menschen, die keine emotionalen Probleme haben, essen und leben nicht so, wie wir es tun. Das Wichtigste aber ist, daß wir spirituell krank sind. Ein Teil in uns hat den Glauben an alles verloren, und genau deshalb essen wir.

Jedesmal, wenn wir mit unseren Familien, Arbeitgebern, Angestellten oder Freunden zu tun haben, erkennen wir, daß *wir* uns nur um *unsere* Krankheit kümmern sollten. Es mag sein, daß sie auch krank sind, aber *wir* sind diejenigen, die wir ändern wollen.

Ich hatte immer geglaubt, daß ich glücklich sein würde, wenn ich nur genug Liebe bekäme. Doch jetzt habe ich soviel Liebe in diesem Programm, wie ich fassen kann – und manchmal ist es immer noch nicht genug. Ich ertappe mich dabei, daß ich nach jemandem Ausschau halte, den ich nicht leiden kann. Wir müssen einfach damit aufhören, nach jemandem zu suchen, der uns verletzt oder uns dazu bringt, daß wir uns schlechtfühlen. Ich wurde gebeten, in einem Meeting zu sprechen. Es war mit 12 : 1 Stimmen abgestimmt worden, mich einzuladen – und ich fragte mich, wer diese eine Gegenstimme wohl gewesen war. Dann dachte ich: „Mein Gott, *das* ist doch heller Wahnsinn!" Man könnte der beliebteste Mensch auf der Welt sein und hält sich an dem einen auf, der einen nicht mag. Diesen Irrsinn kennen die meisten von uns wahrscheinlich von sich selbst.

Jemand, der auf der Suche nach einer Beziehung ist, hält meistens Ausschau nach Herrn oder Frau Perfekt – du weißt schon: Aussehen wie ein Filmstar, mit einer Million Dollar in der Tasche, freundlich und aufmerksam. Doch wenn ich dir diesen idealen Menschen bringen würde, sagtest du wahrscheinlich: „Na ja, er/sie ist ja ganz nett, aber ich stehe nicht auf sie/ihn." Weißt du, worauf du stehst? Auf deinen Wahnsinn, auf deine eigene Krankheit.

Wenn wir zum Programm kommen, gestehen wir ein, daß wir krank sind. Wir hoffen, daß uns unsere geistige Gesundheit im Laufe der Zeit wiedergegeben wird – das ist das Ziel des Programms. Wir nehmen die Tatsache an, daß wir krank sind – das gilt mit Sicherheit für unsere Eßgewohnheiten, doch wahrscheinlich auch für andere Bereiche unseres Lebens.

Im Big Book steht auf Seite 115, daß das Trinken für die meisten Leute unbeschwerte Heiterkeit, Kameradschaft, Erleichterung von Sorgen und Langeweile, Nähe mit Freunden und das Gefühl bedeutet, daß das Leben gut ist. Für die Mehrzahl derer, die normal essen, trifft das auch zu, aber für Alkoholiker und Eßsüchtige stimmt das nicht. Als wir noch Freßanfälle hatten und Nahrungsmittel zum wichtigsten Bestandteil unseres Lebens machten, konnten wir dem Essen nur wenig Vergnügliches abgewinnen – nur Gefühle des Versagens, der Angst, der Verwirrung und der Frustration aufgrund unserer fehlenden Kontrolle.

Wenn wir bereit sind zuzugeben, daß wir hinsichtlich des Essens verrückt sind, wie kommen wir dann plötzlich dazu zu glauben, daß wir hinsichtlich Beziehungen geistig gesund sein könnten? Nach einiger Zeit fragen wir uns, wie es um die geistige Gesundheit der anderen Familienmitglieder bestellt ist. Wir glauben, daß unsere Partner uns niemals geheiratet hätten, wenn sie auch nur einigermaßen geistig gesund wären. Wenn wir Kinder haben, denken wir, wir müßten unseren Irrsinn doch an sie weitergegeben haben. Bezüglich unserer Eltern sind wir überzeugt, daß sie uns diese Krankheit übertragen haben, auch wenn wir es ihnen heute nicht mehr vorhalten. Wenn wir von jemandem eingestellt werden, fragen wir uns, weshalb, und wenn wir jemanden beschäftigen, fragen wir uns, wieso jemand wie er/sie bei einem so verrückten Arbeitgeber bleibt. Wir fragen uns auch, warum unsere Freunde mit einem solchen verrückten Menschen zusammensein wollen. Warum tun sie es? Weil alle diese Menschen von etwas angezogen werden, was sie von sich selbst kennen.

Wenn wir geistig gesund werden, müssen das auch die Menschen um uns herum – wenn sie wirklich verrückt sind. Andernfalls müssen sie sich jemand anderen suchen, mit dem sie zusammen verrückt sein können. Wenn du das Niveau deines Lebensprogramms anhebst, kommt alles andere auch auf dieses Niveau. Wenn dein Ehepartner auf der vorherigen Stufe bleiben will, muß er jemand anderen auf der Ebene finden, mit dem er seine alten Spiele spielen kann.

Deine Ehe wird niemals mehr die gleiche sein, nachdem du zum Programm gekommen bist. Wenn du dich weiterentwickelst, entwickelt sich auch deine Ehe weiter, denn geistige Gesundheit ist ansteckend. Wenn du ihr eine Chance gibst, werden die Menschen um dich herum auch davon erfaßt. Wenn du freundlich, aufmerksam und nicht mehr voller Ärger bist, wenn es angenehm ist, mit dir zu leben und du nicht nur zu allen möglichen Leuten, sondern auch zu deiner Familie freundlich bist, dann werden diese Menschen auch liebevoll mit dir sein, wenn sie dazu bereit sind. Wenn nicht, dann werden sie andere finden, mit denen sie lieblos umgehen können.

Leuten, die anderen die Schuld für ihre Krankheit geben, sage ich immer, sie sollten einmal in den Spiegel schauen und sich überlegen, ob *sie* gern zu *sich* nach Hause kommen wollten. Wenn du auf denjenigen schlecht zu sprechen bist, mit dem du in einer Beziehung lebst, dann denke daran, wer derjenige ist, mit dem *dieser Mensch* eine Beziehung hat!

Wir Süchtigen sind es, die übergewichtig sind und die Schwierigkeiten des Lebens nicht bewältigen. Wir sind es, die nicht wissen, wie man eine normale Mahlzeit zu sich nimmt. Wir sind es, unter denen unsere Familien und Freunde gelitten haben. Vergiß, wer oder was unsere Krankheit verursacht hat – heute verursacht sie niemand mehr.

Einige von uns geben noch immer ihren Eltern die Schuld dafür, wie sie sind. Als ich mit über 30 Jahren zum Programm kam, gab ich noch immer meinen Eltern die Schuld für Dinge, die in meiner Kindheit passiert waren. Sie waren schon tot, und ich machte sie noch immer verantwortlich. Ich gab allem und jedem die Schuld, nur nicht mir selbst. Und doch war *ich allein* verantwortlich.

Manche von uns beschuldigen auch ihren Ehepartner für das, was sie sind. Hast du nicht schon mal jemanden etwa folgendermaßen reden hören: „Ich war nicht so, als ich ihn heiratete. Bis dahin war ich immer schlank gewesen, aber was sollte ich denn machen, wenn er vor dem Fernseher saß und sich Fußball ansah? Er hat mich zum Essen getrieben!"

Heute können wir nur uns selbst die Schuld für unsere Zwanghaftigkeit geben. Doch noch immer zeigen wir mit dem Finger auf alle möglichen Leute: „Hättest du dies nicht getan, müßte ich das nicht tun." Obwohl wir es besser wissen, wollen wir immer noch, daß andere für unsere Probleme verantwortlich sind. Das klingt logisch – und ich bin sagenhaft in Sachen Logik!

Natürlich sollte meine Frau verstehen, daß ich ihre Liebe daran messe, ob der Kühlschrank abends, wenn ich nach Hause komme, voll ist oder nicht. Wenn sie mich liebte, würde sie ihn füllen – das ist doch logisch, oder? Wenn sie mich wirklich liebte, würde sie *wissen*, daß ich einen bestimmten Film mag. Sie sollte meine Gedanken lesen können. Wenn du einem Menschen erst deine Wünsche und Meinungen mitteilen mußt, dann kann er dich nicht wirklich lieben. So „logisch" ging ich mit Beziehungen um, so krank arbeitete mein Verstand.

In diesem Programm haben wir herausgefunden, daß unsere geistige Verfassung das Dickwerden fördert. Unsere Sucht hat vor langer Zeit begonnen, und wenn wir nicht eßsüchtig geworden wären, hätten wir wahrscheinlich eine andere Art von Zwang. Das Programm vermittelt uns, daß es eine Lösung für uns gibt; wir können von diesem geistigen und körperlichen Zustand genesen. Aber wir brauchen Hilfe dazu. Sogar nachdem wir den Wert des Programms erkannt haben, bedeutet diese Hilfe, daß wir in viele Meetings gehen und viel Zeit außerhalb unserer Familien verbringen.

Hast du nicht schon Bemerkungen gehört wie: „Meine Mutter hat früher ständig gegessen, deshalb hatte sie keine Zeit für mich.

Jetzt hat sie damit aufgehört und ist schlank geworden. Sie geht abends zur Schule und hat sich eine Arbeit gesucht. Nun geht sie ständig in Meetings. Morgens um acht Uhr bekommt sie Anrufe und statt daß sie sich darum kümmert, daß die Kinder in die Schule kommen, telefoniert sie mit so irgendeinem dikken Typen. Wenigstens sagt sie mir, daß er dick sei. Und sie hat *immer noch* keine Zeit für mich." Manche Familienangehörigen glauben vielleicht, daß sie besser dran waren, als wir noch dick waren.

Wir möchten, daß auch die Familien verstehen, daß es schwierig für einen Menschen ist, plötzlich einen schlanken Körper zu haben. Es ist schwer zu hören: „Mensch, siehst du gut aus!", wenn wir uns unser ganzes Leben lang häßlich gefühlt haben. Manchmal wissen wir nicht, wie wir mit dieser Art Lob umgehen sollen. Wir möchten, daß unsere Familien wissen, daß wir gerade eine schwierige Zeit durchmachen. Sie sollen verstehen, daß das Programm für *uns* wichtiger ist als das Leben selbst.

Wir brauchen mehr als nur Verständnis von unseren Familien; wir wollen, daß sie mitmachen. Wir brauchen mehr, als daß unser Ehepartner sagt: „Ja, das ist prima. Meine Frau (oder mein Mann) trägt jetzt diese Kleidergröße statt jener. Sie (er) ist wirklich glücklich darüber, 20 kg abgenommen zu haben."

Wie bei einem Alkoholiker, dessen Frau zu seiner Saufkumpanin wurde oder die das Trinken ihres Mannes tolerierte, wurden viele unserer Angehörigen zu Eß-Kumpanen. Vielleicht grollen sie jetzt, weil sie allein essen, während du im Meeting bist, oder weil sie sehen, daß du nur bestimmte Nahrungsmittel ißt; oder sie nehmen nicht wahr, daß es dir keine Freude macht, etwas zu kochen, was du nicht essen kannst.

Nachdem wir abgenommen haben und das Gewicht halten, sagen wir zu unseren Partnern: „Bitte, sagt uns nicht sowas wie: ‚So, nun mußt du ja nicht mehr zu diesen Meetings gehen, oder?' oder ‚Jetzt solltest du doch ab und zu mal wieder ein Stückchen Kuchen essen können!' Wir wissen, daß diese Bemerkungen gut gemeint, ja sogar liebevoll sind; wir wissen aber auch, daß ein Nachgeben tödlich für uns sein kann. Wir wollen nicht die Eßgewohnheiten von anderen ändern – ihr könnt tun und essen, was ihr wollt. Doch weil wir unseren Körper mißbraucht haben, billigt uns das Recht zu, das zu tun, was wir für uns tun müssen.

Hilfe heißt nicht, daß ihr uns ständig begleiten müßt. Nur manchmal brauchen wir euch an unserer Seite, und manchmal ist es wichtig, daß ihr uns allein laßt. Aber eines müssen wir geradeheraus sagen: Unsere Ehen sind uns wichtig, genauso wie unsere Arbeit, unsere Eltern, unsere Kinder und unsere Freunde. Aber es gibt nichts Wichtigeres für uns als diese Lebensweise. Das mag selbstgerecht und egoistisch klingen; aber wir wissen, daß wir ohne dieses Programm weder unsere Familien noch unsere Freunde haben werden.

Ganz gleich, welche Art Beziehungen wir hatten – mit unseren Kindern, Eltern, Ehepartnern, Freunden –, viele von uns haben herausgefunden, daß es keine vollwertigen Beziehungen waren, weil wir nur halbe Menschen waren. Wir waren keine vollständigen Menschen. Doch jetzt wollen wir uns ändern, wir wollen erwachsen werden.

In meinen Beziehungen bin ich jetzt anderen Menschen gegenüber offen. Sie brauchen sich keine Gedanken mehr zu machen, wenn sie auf mich zugehen. Ich werde sie weder verletzen, noch werde ich sie belügen, denn ich weiß, daß alles, was ich anderen antue, zehnfach auf mich zurückfällt. Ich werde nichts mehr tun, womit ich *mich* verletze. Wir sind hinsichtlich unseres Schlankseins so selbstsüchtig, daß wir schon allein deshalb ehrlich sind, um nicht dick zu werden. Ehrlichkeit ist schwierig für uns, weil wir uns so viele Jahre selbst belogen haben. Wir bitten nicht um Vergebung, sondern um Nachsicht, Geduld, Liebe und Unterstützung. Wenn wir etwas wieder gutmachen, tun wir das für uns. Werden die Entschuldigungen akzeptiert, ist das großartig, aber es ist nicht notwendig. In diesem Sinne sind wir noch immer egoistisch.

Wir, die wir im Programm sind, haben nur ein Lebensziel: Wir wollen anderen Menschen und Gott dienen. Das mag übertrieben und hochtrabend klingen, vielleicht sogar lächerlich. Aber halte nicht unseren Dienst für Schwäche; sehe es für das an, was es ist – unglaubliche Stärke. Denke nicht, daß wir unzuverlässig seien, weil wir uns auf Gott verlassen. Auf uns kannst du dich *in jeder*

Hinsicht verlassen, weil wir jetzt etwas haben, was wir nie zuvor hatten – die Kraft Gottes in uns. Weil wir einer Höheren Macht vertrauen, müssen wir uns auf niemanden sonst verlassen, was Stärke, Hoffnung oder Gefühle angeht. Unsere Höhere Kraft gibt uns die Fähigkeit, schlank zu sein, wann immer wir es wollen; sie gibt uns Freude und Glück weit über alles hinaus, was wir jemals in unserem Leben gekannt haben.

Manchmal glauben Familienangehörige, sie hätten versagt. Sie sagen: „Wir sollten in der Lage sein, Dir zu geben, was ein Buch, das ein Haufen von Trinkern geschrieben hat, Dir zu geben scheint. Es ist nicht Dein Fehler, daß Du dick bist, es ist unserer." Unseren Familien und engen Freunden können wir dann sagen: „Damit Ihr unsere neue Lebensweise verstehen könnt, gibt es Programme für die Familien von Eßsüchtigen, die Euch helfen, die Schritte auch auf Euer Leben anzuwenden. Selbst wenn Ihr sagt, daß Ihr kein Problem habt: *Wir* sind Euer Problem. Ihr könnt lernen, wie Ihr mit uns Süchtigen umgehen könnt. Wir empfehlen Euch ein solches Programm; ob Ihr dann hingeht, ist ganz allein Eure Sache."

Im Big Book, Kapitel 8 (An die Ehefrauen), Kapitel 9 (Die Familie danach) und Kapitel 10 (An die Arbeitgeber) steht alles über die Beziehungen des Alkoholikers (des Eßsüchtigen) zu anderen Menschen. Diese Kapitel sollten von anderen gelesen werden, um den zwanghaften Menschen zu verstehen. Wenn wir im Meeting an diesen Kapiteln im Big Book arbeiten, laden wir oft unsere Ehepartner, Freunde, Freundinnen, Eltern, Kinder, Angestellten/Kollegen und Chefs – alle die, mit denen wir ständig zu tun haben – zu „Beziehungs-Meetings" ein. Vielleicht protestieren sie und sagen: „*Ich* kann doch ein Butterbrot liegenlassen" oder „*Ich* muß doch nicht trinken", oder „*Ich* spiele doch nicht". Für sie mag das stimmen, aber wir wissen, daß *wir* es nicht können und daß wir es tun. Wir brauchen ihr Verständnis; wir brauchen es, daß sie die Natur unserer Zwanghaftigkeit verstehen.

Es gibt nichts auf der Welt, was unser süchtiges Verhalten aufhalten könnte – nicht das Androhen einer Scheidung, nicht der Verlust von Kindern oder Eltern, nicht einmal der Tod. Wir *können* mit dem zwanghaften Essen aufhören, aber wir *können es nicht aus eigener Kraft*. Wir können es nur durch Glauben und Gottvertrauen. Glauben und Vertrauen bekommen wir durch dieses Programm. Es basiert auf einem ganz einfachen Prinzip: Wir bekommen, was wir geben; je mehr wir anderen geben, um so mehr bekommen wir zurück. Für uns ist nur noch ein Weg offen – alle anderen haben wir uns versperrt: anderen Menschen und Gott dienen.

Ihr, unsere Familien, seid „die anderen". Ihr seid berechtigt, unseren Dienst in Anspruch zu nehmen. Wir dienen nicht immer gern – Ehemännern, von denen wir glauben, daß sie uns Grund zum Essen gegeben haben; Ehefrauen, die uns aus dem Haus gejagt haben; Kindern, die uns daran erinnern, wie wir waren, oder Eltern, von denen wir glauben, daß sie uns zu dem gemacht haben, was wir sind. Trotzdem tun wir es.

Unser Programm fängt zu Hause an. Wenn wir es dort nicht praktizieren, sondern meinen, es nur im Meeting oder am Telefon anwenden zu können, dann machen wir einen Fehler. Overeaters Anonymous ist kein Diätclub, sondern eine Gemeinschaft von leidenden Menschen, die nicht mehr leiden wollen. Wir müssen das Programm in *allen* unseren Lebensbereichen anwenden – auf der Arbeit, in der Freizeit, bei unseren Familien und Freunden. Wir können es nicht wahlweise anwenden, beispielsweise nur hinsichtlich unseres Gewichtsproblems.

Wenn wir den Menschen um uns herum dienen, heißt das nicht, daß wir ihre Sklaven sind. Wir haben es hinter uns, immer anderen Menschen gefallen zu wollen. Wir dienen anderen nicht, weil sie es fordern oder weil sie darum bitten, sondern weil das der einzige Weg ist, der uns noch geblieben ist. Wir werden inneren Frieden genau in dem Maße erreichen, wie wir inneren Frieden in das Leben anderer bringen.

Wir bitten unsere Familien und Freunde um ihr Verständnis, ihre Rücksicht und ihre Unterstützung, wenn wir uns von Tag zu Tag verändern. Wir wollen, daß sie verstehen, daß dies ein spirituelles Programm ist. Es zeigt Menschen nicht, wie sie essen sollen, sondern es wird darin eine Vorgehensweise angeboten, durch die sie von der Art Mensch genesen können, die sie einmal waren. Wir sind davon überzeugt, daß Genesung nicht durch andere

Menschen, sondern durch eine Höhere Kraft geschieht, die *ich* Gott nenne.

Als ich zum Programm kam, wurde über Gott gesprochen; aber davon wollte ich nichts hören; ich will meistens nichts von Dingen wissen, die wehtun. Ich bin dazu gekommen, Gott zu kennen und an ihn zu glauben, weil mein Leben zu einem Wunder geworden ist.

Als ich herausfand, daß es einen Gott der Hoffnung und des Vertrauens gibt, und daß er, wenn ich meine Hoffnung und mein Vertrauen auf ihn setze, meinen Hunger von mir nimmt, geschah genau dies. Die Beziehungen zu meiner Familie und zu meinen Freunden klärten sich. Ich wurde zu einem anderen Freund, weil ich ein anderer Mensch wurde. Zum ersten Mal wurde ich überhaupt zu einem menschlichen Wesen. Jetzt habe ich Gefühle. Ich habe Angst – aber anders als früher; heute kann ich weinen – früher wußte ich nicht, wie das geht; ich kann lieben – früher konnte ich das nicht; früher konnte man mich nicht verletzen, weil ich meine Gefühle leugnete.

Wir sollten weder unsere eigenen Gefühle noch die anderer Menschen verleugnen. Wenn du zu jemandem sagst: „Weine nicht", dann entkräftest du die Gefühle des anderen. Sprich anderen nicht das Recht ab, Gefühle zu haben.

Versuche nicht, es allen rechtzumachen; sei bereit, eine Freundschaft aufs Spiel zu setzen; sei vor allem ehrlich zu anderen wie auch mit dir selbst. Habe Beziehungen nicht aus Angst oder Not heraus, sondern weil du dich dafür entschieden hast. Lerne den Unterschied zwischen deinem Bedürfnis und deinem Vergnügen kennen. Das wichtigste, was ich über Gefühle gelernt habe, ist, sie nicht als gut oder schlecht zu bezeichnen. Einige sind sehr unangenehm, sogar die sogenannten guten Gefühle.

Wir sagen beispielsweise alle, daß wir geliebt werden wollen. Und doch hatte ich früher eines der unangenehmsten Gefühle – und in gewissem Maße geht es mir noch immer so –, wenn mich jemand umarmen wollte. Versuche es einmal: Laß die Hände hängen und laß dich von jemandem umarmen.
Vielleicht fühlst du dich von der Zuneigung eines anderen völlig erdrückt – auch wenn Zuneigung angeblich ein gutes Gefühl ist.

Trotz dieses Unbehagens werden wir geistig gesund werden, wenn wir uns erlauben, geliebt zu werden. Ähnlich verhält es sich damit, wenn wir uns anschauen und sagen: „Ich kann heute sehen, daß ich nicht mehr so dick bin, wie ich einmal war. Ich kann buchstäblich sehen, daß ich geistig gesund werde."

Wenn wir über irgend etwas wütend sind, was ein Ehepartner getan oder gesagt hat, dann fragen wir Gott jeden Tag, was wir für diesen Menschen tun können. Wenn also das nächste Mal jemand aus deiner Familie gereizt oder ungeduldig mit dir ist, dann frage: „Was kann ich für dich tun?" – und meine auch, was du sagst. Der andere schaut dich vielleicht befremdlich an und meint, daß du nun wahrscheinlich *wirklich* verrückt geworden bist. Dann kannst du eindeutig sagen: „Nein, ich bin dabei, gesund zu werden."

Dein Leben hängt davon ab, daß du für diesen Menschen und für andere etwas tust; und zwar nicht so, wie er/sie das will, sondern wie Gott es will. Was du in deinen Beziehungen anbietest, ist ein besserer Mensch – dich. Das ist es, was du für andere und für dich tun und sein kannst.

Deshalb an unsere Familien und Freunde: Wenn wir zunehmend geistig gesund werden, wollen wir entsprechend auch bessere Beziehungen haben. Kämpft nicht mit uns, sondern macht mit. Zusammen können wir die glückliche Straße des Schicksals vorwärtsgehen. Gott wird auch euch schützen und behüten.

Genesung

Ich leitete einmal eine Besinnungs-Freizeit in einer wundervollen Berggegend. Nachdem das vorbei war und wir den Berg hinunterfuhren, spürte ich, daß mein Hochgefühl, dieses gute, lebendige Gefühl, das durch die Gemeinschaft und durch das Teilen entsteht, mich allmählich verließ. Mir war, als ob ich etwas essen wollte – ein Gefühl, das ich lange nicht gehabt hatte. Wenn ich mich gutfühlte, brauchte ich nicht zu essen. Aber wenn dieses Hochgefühl wegging, wollte ich anscheinend eine Belohnung. Das gute Gefühl hielt an, wenn ich an Nahrungsmittel dachte und mich damit in Stimmung brachte.

Diese Begebenheit hinterließ in mir die Erkenntnis, daß ich als Eßsüchtiger mein ganzes Leben lang zwischen extremen Gefühlen – guten oder schlechten – hin- und hergeschwankt hatte. Solange ich mich nicht an dem einen oder anderen Ende des emotionalen Spektrums befand, fühlte ich mich nicht lebendig. Ich fand es nicht sehr spannend, mich auf einer mittleren Gefühlsebene zu befinden, also hielt ich mich nie längere Zeit ausgeglichen.

Als Kind habe ich oft die Menschen um mich herum mit meiner Niedergeschlagenheit manipuliert. Selbst in meinen Beziehungen ordnete ich die Menschen schnell danach ein, wie ich auf sie reagierte. Wenn ich einem Menschen begegnete und diese besondere Aufregung positiver oder negativer Art nicht spürte, dann war er meine Zeit nicht wert. Wenn ich überhaupt kein Gefühl spürte, gab ich mich mit diesem Menschen erst gar nicht ab.

Mittlerweile bin ich im emotionalen Gleichgewicht, und das hat mich von einer unbeschreiblichen Last befreit. Ich habe diese angstauslösenden Extreme losgelassen. Ich muß mich nicht schlecht fühlen. Ich muß mich nicht großartig fühlen. Ich muß auch nicht der Beste sein. Früher meinte ich, der Schlechteste sein zu müssen, wenn ich nicht der Beste sein konnte. Wenn ich nicht dick war, mußte ich dünn sein. Wenn ich keinen Freßanfall hatte, mußte ich hungern. Als ich zum ersten Mal abnahm, erlebte ich ein euphorisches Hochgefühl; wir nennen das Flitterwochen. Dem folgte ein Absturz, bei dem ich zum Glück nicht wieder zunahm. Ich habe jetzt für mich das Gleichgewicht zwischen den Extremen gefunden, wobei ich nicht genau weiß, auf welche Weise. Wie es im Programm versprochen wird: Das kam so sehr von alleine, daß ich es nicht einmal bemerkt hatte.

Früher hatte ich die Angewohnheit, zu spät zu kommen. Ich war dauernd unruhig, weil ich ständig an zwei Orten zur gleichen Zeit sein mußte. Ich mußte mir eine Reihe von Lügen einfallen lassen, um mein Zuspätkommen zu entschuldigen. Heute sehe ich rechtzeitig in meinen Terminkalender nach. Wenn ich dabei feststelle, daß ich zwei Verabredungen zur gleichen Zeit habe, rufe ich lieber am Tag vorher an, um einen der beiden Termine zu verlegen.

Ich war davon überzeugt, daß jemand bestürzt, ein Klient zornig und mein Tag ruiniert sein würde, wenn mein Zeitplan durcheinander geriete. Heute nehme ich zur Kenntnis, daß ich mich gelegentlich verspäte und deshalb vielleicht einen Klienten verärgere und daß möglicherweise auch schlimme Folgen eintreten können – oder auch nicht. Nachdem ich das akzeptierte hatte, hatte ich keine Angst mehr.

„Loslassen" ist eine Kunst, die mehr beinhaltet, als Dinge nur geschehen zu lassen, mehr, als lediglich zu sagen: „Jetzt kümmere ich mich nicht mehr um dieses Problem." Es ist die Bereitschaft *zuzulassen*, daß etwas geschieht. Nehmen wir beispielsweise an, daß du befürchtest, deine Frau oder dein Mann könnten dich ausschimpfen und du könntest nicht damit umgehen. Damit baust du dir wirklich eine Angstsituation auf. Der entscheidende Punkt ist: Du akzeptierst einfach nur die Tatsache, daß das geschehen *kann*, daß dein Partner *vielleicht* schimpft, schreit und dich aus der Fassung bringt, und du weißt, daß du es überleben wirst. Auf die eine oder andere Weise wirst du den Tag überstehen.

Mein ganzes Leben lang habe ich mich darauf eingerichtet, heruntergemacht zu werden oder mich selbst herunterzumachen, wenn es niemand sonst tat. Ich habe all die Monster in meinem Leben selbst geschaffen und mit ihnen gelebt. Wo ich diesen Ungeheuern zu verschwinden erlaubte und mir selbst die Freiheit gab, unvollkommen zu sein, da sind sie auch verschwunden. Die Zwölf Schritte umfassen diesen Prozeß, der mich so befreite. Wir müssen weitergehen und die Schritte tun, diese Zwölf Schritte, genauso wie andere praktische Schritte in unserem Leben.

„Unser Leben zu übergeben" ist für uns ein äußerst wichtiger Akt; es ist schwer, die Zukunft loszulassen. Wir leben so sehr in der Erwartung dessen, was geschehen könnte, oder in Schuldgefühlen oder Groll darüber, was vorbei ist, daß das *Heute* für uns überhaupt nicht existiert. Ständig beleben wir die Vergangenheit neu oder versuchen, die Zukunft zu kontrollieren. Und doch können wir überhaupt nicht wirklich wissen, was morgen geschehen wird. Selbst wenn ein Ereignis bisher 1000mal geschehen und deshalb anscheinend vorhersagbar ist, kann es sein, daß es sich nicht zum 1001mal ereignet. Jede Regelmäßigkeit kann ein Ende haben.

Ich habe Dinge getan, die ich mir nie zugetraut hatte und habe spektakuläre Veränderungen in meinem Leben zustandegebracht. Wenn *ich* das kann, ist jeder andere auch dazu in der Lage.

Im Big Book ist die Rede davon, unser Leben mit „absoluter Ehrlichkeit" zu betrachten und Gott „mit Leib und Seele" zu suchen. Du mußt dich fragen, ob du bereit bist, deine Eßsucht ein für allemal aufzugeben. „Bin ich bereit, all die Nahrungsmittel aufzugeben, die mich mein ganzes Leben lang dick gemacht haben? Bin ich bereit, meine zwanghaften Gewohnheiten aufzugeben, die mich mein Leben lang gequält haben? Bin ich bereit, Gott für dieses Problem Sorge tragen zu lassen und absolutes Vertrauen zu haben, daß er es auch kann und wird?" Das ist die „völlige Hingabe", von der die Rede ist. Bin ich bereit, unvollkommen zu sein? Bin ich bereit, andere Menschen das sein zu lassen, was sie sind (da sie ohnehin so sind, wie sie sind)?

Du trägst Probleme in deine Beziehungen, wenn du glaubst, daß andere sich verändern werden, daß z. B. deine Eltern plötzlich zu den wundervollsten Eltern werden. Vielleicht sind sie es manchmal auch, aber manchmal sind sie es eben nicht; dein(e)

PartnerIn wird sich genausowenig ändern, und deine Kinder werden so schwierig sein wie eh und je. Deine Arbeit wird so unbefriedigend sein wie immer, vielleicht sogar noch schlimmer werden. Der Unterschied aber ist, daß du jetzt ein Programm hast; du hast Hoffnung – wir alle haben Hoffnung.

Nach einem Flugzeugabsturz in Kalifornien schrieb ein (anderer) Pilot einen Zeitungsartikel, in dem er die Meinung vertrat, daß die Passagiere nicht sicher wußten, daß sie sterben würden. Auch wenn die Passagiere eines Flugzeuges, das sich in Schwierigkeiten befindet, vor Angst schreien, so haben sie doch immer noch einen Funken Hoffnung, daß sie überleben werden. Dieser Mann schrieb, daß die Besatzung wußte, daß sie sterben würde. Ihr blieb versagt, was die Passagiere hatten: Hoffnung. Für die Leute von der Besatzung müssen diese Momente vor dem Absturz schrecklich gewesen sein, als sie wie rasend damit beschäftigt waren, das Flugzeug in der Luft zu halten. Sie taten das, obwohl sie genau wußten, daß sie in einigen Sekunden sterben würden, daß ihr Leben vorbei sein würde. Dem Pilot ging es in diesem Artikel um Hoffnung.

Für mich war das Leben eine solche Qual, daß ich dachte, es gebe keine Hoffnung. Meine einzige Hoffnung war, daß es eines Tages zu Ende sein würde; ich würde sterben und von meinem Schmerz befreit sein, befreit von allem Leiden und Kämpfen.

Gott sei Dank habe ich heute Hoffnung, weil ich die Werkzeuge dieses Programms, die Zwölf Schritte, habe. Ganz gleich, was ich tue, ganz gleich, wie trostlos das Leben erscheinen mag, ganz gleich, wie fürchterlich die Tatsachen in irgendeiner Situation auch sein mögen – ich habe Hoffnung. Wenn ich bereit bin, genug Gottvertrauen zu haben, wird er mich von meiner Angst befreien und mir Gelassenheit geben.

Heute weiß ich genau, wie ich inneren Frieden finden kann, selbst wenn ich dieses Wissen manchmal nicht anwende und immer noch die alte Angst durchlebe. Nichts um mich herum hat sich verändert. Vielleicht stürzt das Flugzeug ab – ich kann trotzdem inneren Frieden und Gelassenheit haben. In Gottes Armen fühle ich mich sicher und beschützt. Wenn ich mir aber selbst die Hoffnung vorenthalte, bin ich wie die Besatzung des Flugzeugs, ich steuere auf den Tod zu. Es ist beruhigend, davon überzeugt zu sein – und es nicht nur zu erwarten –, daß alles gutgehen wird. Um mich herum können Katastrophen geschehen, aber ich weiß, daß mir nichts passieren wird. Welch ein gelassenes Gefühl das ist!

Meine Gelassenheit erwächst daraus, daß ich die Schritte in allen Situationen anwende. Ich muß nicht mehr jedem Menschen gefallen; ich kann nein sagen, wenn das angemessen ist; ich kann ohne Angst ja sagen. Die Tatsache, daß ich mein Leben ohne diese schrecklichen Ängste leben kann, gibt mir Hoffnung.

Ich habe mich durch alle diese Erwartungsängste hindurchgearbeitet, und darunter bin ich sehr verwundbar. Meine Gefühle, meine wirklichen Gefühle, können nun an die Oberfläche kommen. Ich habe jetzt keine echte Angst mehr vor dem, was geschehen wird. Ich bin glücklich; ich habe Liebe, und ich bin bereit, alle Gefühle zuzulassen.

Als ich damit anfing, mich zu verändern und in meinem Leben weiterzugehen, sorgten sich die Menschen in meiner Umgebung darüber, was mit mir los war. „Du bist in einer depressiven Phase. Du bist nicht mehr der Mensch, der du warst. Was ist passiert?" Ich erwiderte ihnen: „Weiß ich nicht. Ich kann es wirklich nicht sagen." Manchmal saß ich einfach nur da und weinte. Ich verstand nicht, warum ich traurig war. Dann fand ich heraus, daß es deswegen war, weil ich dabei war, das kleine Kind loszulassen, das all die Jahre in mir gelebt hatte – das Kind, das den Schmerz dieser frühen Schläge spürte, das die Angst fühlte, als „verrücktes Kind" abgestempelt zu werden, und das die Depression spürte, die entsteht, wenn man vermeidet zu leben. Jenes Kind in mir, das mein ganzes Leben lang getreten worden war – jetzt war es gegangen. Die Traurigkeit kam vom Abschiednehmen. Ich mußte das Leben dieses Jungen in mir abschließen und ihn dann loslassen. Das war kein absichtlicher oder bewußter Akt, sondern er war plötzlich dorthin gegangen, wo er hingehört – in meine Vergangenheit.

Niemand erinnert mich mehr an meine Kindheit. In den Menschen, die mir begegnen, sehe ich nicht mehr die Widerspiegelungen meiner Vergangenheit und gehe deshalb auch nicht mehr dementsprechend mit ihnen um. Ich habe das Dasein dieses unglücklichen Kindes abgeschlossen, mir erlaubt, meine Teenager-Jahre hinter mich zu bringen und das zu werden, was ich bin – ein erwachsener Mann. Es war schwer, dieses Kind loszulassen. Aber nach vielen Jahren im Programm geschah es ganz von selbst.

Ich habe aufgehört, ein dicker Mensch zu sein. Eine Zeitlang war ich ein dicker Mensch in einem schlanken Körper, aber das ist jetzt vorbei. Seit Jahren bin ich nicht mehr dick, ich denke auch nicht mehr wie ein dicker Mensch. Ich habe auch die Beziehung zu meinen Eltern abgeschlossen, die jetzt beide tot sind. Ich habe losgelassen. Alles, was mir von der Vergangenheit geblieben ist, sind Erinnerungen – einige sind schön, andere sind schrecklich. Aber ich bin nicht mehr ihr Spiegelbild. Ich mußte die Vergangenheit loslassen und sie zusammen mit dem Bill sterben lassen, der einmal existierte, den es aber heute selbst in meiner Phantasie nicht mehr gibt. Darüber habe ich geweint.

Es ist so, als ob du einen ertrinkenden Menschen losläßt, der sterben will. Ich wollte dieses Kind loslassen, aber ich holte es immer wieder zurück und ließ die ganze unglückliche Situation wiederaufleben. Als ein achtjähriges Kind im Körper eines erwachsenen Mannes schuf ich dieses Kind täglich neu. Jeder Tag meines Lebens war davon bestimmt, dieses Kind wiederzubeleben, und natürlich verhielt ich mich wie ein Kind, das vorgibt, erwachsen zu sein, indem es die Kleidung eines Erwachsenen anzieht. Ich schauspielerte, ich spielte Erwachsensein.

Als ich Rechtsanwalt wurde, trug ich die Kleidung eines Rechtsanwalts und verhielt mich wie ein Rechtsanwalt; ich ahmte nach. Als ich Vater wurde, machte ich einen Vater nach. Ich konnte die Tatsache nie verwinden, daß ich Vater war. Ich war immer wie eines der Kinder und spielte gern mit ihnen auf dem Boden. Bei meinen beiden Frauen fühlte ich mich wie ein Kind und schuf eine Situation, in der sie die Rolle eines Elternteils übernahmen, während ich es nicht tat. Sie wurden ärgerlich, weil ich mich weigerte, diese Rolle auszufüllen. Daraufhin wurde ich meinerseits ärgerlich. Wenn sie mich lange genug bedrängten, tauchte das zornige Kind auf. All das ist vorbei, und es geschah von selbst.

Nur rebellische Kinder essen zwanghaft, Erwachsene tun es nicht. Deshalb ist es jetzt unmöglich für mich, weiterhin zwanghaft zu essen, weil ich nicht mehr das rebellische Kind bin, das es der Welt heimzahlt. Nun werde ich jeden Morgen mit dem Gefühl wach, wiedergeboren zu sein. Ich schulde niemandem etwas, nicht einmal der Vergangenheit. Ich schulde es nur mir, jeden Tag so zu leben, wie Gott es beabsichtigt hat. All diese Veränderungen geschahen durch die Hoffnung, die diese Schritte enthalten.

Eine Zeitlang, bis die erwähnte Veränderung vor sich ging, füllte ich meine innere Leere mit anderen Zwängen aus, weil ein Kind oder ein rebellischer Jugendlicher einfach zwanghaft sind. In der Zeit, in der ich zwischen Hoffnung und Hoffnungslosigkeit schwankte, kam der Hunger nach Nahrungsmitteln zurück. Wenn ich Hoffnung hatte, wurde er wieder von mir genommen. Ab und zu vergesse ich immer noch die Schritte und das Big Book; ich vergesse dann auch den Sinn meines Lebens und werde eigenwillig und egozentrisch. Manchmal halte ich mich für Gott – und es gibt keinen Platz für zwei. Dann aber packt mich meine Höhere Macht wieder, indem sie mir sagt: „Jedes Mal, wenn du die Regie übernehmen willst, dann tu's ruhig. Du weißt, daß du es mit deinem und dem Leben anderer Menschen so halten kannst, wenn du willst. Ich habe andere Dinge zu tun." Aber das geschieht immer seltener.

Manchmal möchte ich mich selbst kneifen, um zu spüren, daß ich noch lebe. Es ist ein großartiges Gefühl zu leben, *einfach nur zu leben*. Ich hatte immer Angst gehabt, die Freude am Leben zu verlieren, wenn ich die Hölle des Lebens verlöre. Aber die Freude am Leben ist immer da. Ja, es stimmt, ich erlebe nicht mehr diese Höhen, ich bin nicht mehr so ekstatisch. Wenn ich Marihuana rauchte, war das von Hitzewellen, Kichern und Ekstase begleitet. Aber ich war bereit, Ekstase für Glück aufzugeben. Wenn du unnatürliche Hochgefühle hast, erlebst du auch extreme Tiefs durch Gefühle von Wertlosigkeit, Hoffnungslosigkeit, Leere und nach innen gekehrter Wut.

Mein Leben war hoffnungslos, es war mir außer Kontrolle geraten; und was ich versuchte, war, es zu kontrollieren. Ich konnte nicht verstehen, daß mein Leben, wenn ich es einmal wirklich außer Kontrolle geraten ließe, wirklich loslassen würde, seinem eigenen, natürlichen Fluß folgen würde. Wenn du in einem reißenden Strom ein kleines Kanu steuern willst, wirst du entdecken, daß es ohnehin den Fluß herunterfahren wird, wenn du nur losläßt.

Ich habe mein ganzes Leben damit verbracht, in der falschen Richtung durch Einbahnstraßen zu fahren und zu versuchen, die Verkehrsschilder zu ändern. Ich war überzeugt, daß ich richtig lag und alle anderen falsch. Deshalb fand ich die Schritte anfangs auch so schwer. Ich hatte große Zweifel und meinte, diese müßten mir durch das Beispiel anderer Menschen im Programm widerlegt und überwunden werden. Wenn ich andere Menschen *erleben* würde, die mit Hilfe des Programms ihr Leben veränderten, dann würde ich wissen, ob es richtig war oder nicht. Jetzt würde ich erkennen, wenn ich wieder gegen den Strom schwimmen oder versuchen würde, die Verkehrsschilder zu ändern und mich in die falsche Richtung bewegte, während alle anderen das Richtige tun. Glücklicherweise sehe ich immer mehr Menschen, die bereit sind, Hoffnung, Zuversicht und Vertrauen ins Programm zu setzen, und die bereit sind, ihr Leben in vollkommener Hingabe an Gott zu übergeben.

Das heißt nicht, daß wir mit der Einstellung „ich bin heiliger als du" durch die Gegend laufen. Damit ist nicht gemeint, daß ich perfekt wäre; manchmal bringe ich mein Leben dadurch durcheinander, daß ich Dinge tue, die falsch, manchmal sogar kindisch sind. Noch immer gebe ich mir manchmal selber eins aufs Dach, aber das geschieht immer seltener.

Geheiltsein heißt, daß du dich selbst magst. Eines Abends hatten wir in einem Meeting, das ich leitete, bestimmt 1000 Leute. Als es schließlich um 2.30 Uhr in der Nacht zu Ende war, fühlte ich mich von all der Aufmerksamkeit, die ich bekommen hatte, so großartig wie nie zuvor. Als ich dann im Flugzeug nach Hause saß, stürzte ich aus meinem Hochgefühl ab, noch bevor es gelandet war. Da erkannte ich, daß wir uns den entscheidenden Stoß selbst geben. Das Hochgefühl, das durch viele, die dir in Aufmerksamkeit und Liebe zugewandt sind, außerhalb von dir kommt, ist nicht von langer Dauer. Wenn du dir selber Liebe gibst, bist du nicht von der Liebe anderer Menschen abhängig. Wenn du dich nicht selbst liebst, dann kannst du die Liebe der ganzen Welt in dich aufsaugen – es ist nie genug. Du bist derjenige, der die letzte Entscheidung trifft, was dein Leben soll, und es liegt an deiner Bereitschaft, Zuversicht, Hoffnung und Vertrauen aufzubringen.

Die Schritte sind nicht leicht; sie verlangen beinahe, daß wir Heilige sind. Offensichtlich erreicht aber niemand von uns geistige Vollkommenheit; der Weg dorthin ist jedoch herrlich. Ich las einmal einen Vergleich zwischen der „Straße zum Glück" (ein Bild aus „Der Zauberer von Oz" – Anm.d.Ü.) und dem Alkoholismus. Ich habe ihn für Eßsüchtige abgewandelt. Dorothy suchte nach dem Zauberer von Oz, weil er sie ans Ziel ihrer Wünsche bringen sollte. Als sie ihn schließlich fand, war er überhaupt kein Zauberer, er entpuppte sich als Schwindler. Aber er wies sie darauf hin, daß der feige Löwe *immer* schon Mut, der Zinnmann *immer* schon ein Herz und die Vogelscheuche *immer* schon ein Gehirn gehabt hatten. Er konnte ihnen zeigen, daß sie in Wirklichkeit immer schon hatten, was sie sich wünschten. Dorothy könne immer selbst nach Hause finden, sagte er ihr, der Weg sei immer da gewesen. Sie müsse es sich nur genug wünschen. Als sie das tat, fand sie zurück nach Hause. So ist es auch für uns – der Weg ist immer da.

Bill W. und jene genesenden Alkoholiker faßten das in Worte, was ihnen zugefallen war – ein Weg, der schon lange vorher dagewesen war. Menschen, die anfangen, in den Schritten zu arbeiten, sind schlank, ganz gleich, wieviel sie wiegen. Es ist nur eine Frage der Zeit, wann sie abnehmen werden.

Das Kapitel im Big Book, „Ärzte heilen sich selbst", handelt von einem Arzt, der AA fand und sehr aktiv in der Gemeinschaft wurde. Er stellte fest, daß er zwar ein hervorragender Sponsor in AA geworden war, aber noch immer nicht wußte, wie er das Programm mit seiner Familie leben sollte. Er vergaß einfach, mit seiner Familie Spaß zu haben. Deshalb ging er vom Meeting heim und sagte seiner Frau, daß er von jetzt an bereit sei, zu tun, was sie wolle – das würde ihn wirklich glücklich machen. Er sagte weiter zu ihr, daß er gemerkt habe, daß sie immer den Abwasch mache. Er versprach, ab sofort immer das Spülen zu erledigen. Von da an machte er jeden Abend den ungeliebten Abwasch.

Jeder, der einen Mann oder eine Frau hat, sollte sich darüber im klaren sein, daß Partner nicht wissen, was in einem Meeting geschieht, ganz gleich, wieviel ihr erzählt. Vielleicht werden sie eher panisch oder ärgerlich; vielleicht mögen sie auch die Veränderungen nicht, die sie bei dir bemerken, besonders dann nicht, wenn diese ohne ihre Hilfe vonstatten gehen. Geht auf eure Partner zu und sagt zum Beispiel: „Es war toll im Meeting. Jetzt möchte ich dir etwas Gutes tun. Was kann ich für dich tun?"

So wirkt unser Programm tatsächlich: Wir tun etwas für andere. Wir sind Menschen, die nach Gottes Ebenbild geschaffen sind; auf verschiedenste Weisen fangen wir an, uns mit unserer Unvollkommenheit zu versöhnen. Wir wollen von der Sklaverei frei sein und von den Gefängnissen, die wir um uns gebaut haben. Ehrlichkeit, Wahrheit und etwas für andere tun macht uns frei. Wir hätten die Freiheit auch durch eine Textstelle in der Bibel finden können: „Liebe deinen Nächsten wie dich selbst." Wir hätten es finden können in dem uralten Ausruf der Religionen: „Gott ist Einer." Aber wir haben es nicht getan, wir brauchen die Zwölf Schritte.

Lebe das Programm in deinem täglichen Leben. In dem Maße, in dem du anderen Menschen inneren Frieden bringst, wirst du ihn selbst haben. In dem Maße, wie du anderen Menschen eine Möglichkeit aufzeigst, abstinent von ihren Süchten zu werden, werden auch deine Süchte von dir genommen. Du hast die Pflicht, die Botschaft jetzt weiterzugeben. Macht dir das Angst? Sicherlich, das macht Angst, aber wenn wir schon am Anfang Selbstwertgefühl gehabt hätten, wären wir heute nicht hier.

Jetzt brauchen wir eine Menge Selbstwertgefühl, Verständnis und Entschlossenheit. Wenn du dein Leben lebst und frei wirst, dann billige das anderen auch zu. Mama und Papa verursachen dein Verhalten nicht mehr. Höre auf, ein Kind zu sein. Höre auf, dick zu sein. Wenn du einmal damit aufgehört hast, innerlich dick zu sein, wirst du auch äußerlich an Gewicht verlieren. Höre auf, verrückt zu sein und werde geistig gesund. Du schaffst es durch die Zwölf Schritte, durch Gott und dadurch, daß du anderen hilfst.

Schlank und gesund ist nicht dasselbe

Viele Menschen, ich eingeschlossen, kamen mit Vorbehalten zum Zwölf-Schritte-Programm. Ich wollte dem Programm unter der Bedingung eine Chance geben, daß ich abnahm; ich mußte wenigstens irgendein Anzeichen dafür bekommen, daß ich dünn werden würde.

Einige Leute kommen zum Zwölf-Schritte-Programm, wenn sie glauben, daß sie an ihrem „Tiefpunkt" sind. Sie haben alles verloren. Die Süchtigen wenden sich diesem Programm zu – ob es nun in AA, OA, Emotions Anonymous (EA/Menschen mit emotionalen Problemen), Narcotics Anonymous (NA/Medikamenten- und Drogenabhängige), Gamblers Anonymous (GA/Anonyme Spieler) oder wo auch immer ist – oft arbeitslos, vor einer Scheidung; sie sind am Ende, am Tiefpunkt, wie sie sagen. Auf mich traf das nicht zu. Ich war obenauf. Ich war in meinem Beruf anerkannt, verheiratet, hatte eine nette Familie, ein schönes Zuhause, eine florierende Kanzlei, ein dickes Auto – alle die äußeren Anzeichen für Glück. Ich hatte alles, aber eigentlich nichts von Bedeutung.

Mein ganzes Leben hatte ich damit verbracht, den Schlüssel zum Glück zu suchen, und ich war ganz sicher: „Wenn nur ..." irgend etwas passierte, würde ich glücklich sein. Mein Glück hing vollkommen von äußeren Ereignissen ab. Durch das Programm konnte ich meine „wenn nur"-Lebensweise aufgeben. Gewöhnlich dachte ich: „Wenn ich nur" dünn wäre, „wenn ich nur" verheiratet wäre, „wenn ich nur" *nicht* verheiratet wäre, „wenn ich nur" reich wäre, „wenn ich nur" sein könnte wie ..., „wenn ich nur" ... hätte oder „wenn ich nur" in ... lebte. Daran kannst du sehen, daß ich der Meinung war, es sei nur dieses „wenn nur", das zwischen mir und meinem Glück stünde. Aber die ganze Zeit, in der ich über dieses „wenn nur" nachdachte, entschied ich mich für das Dicksein: Ich nahm zu, als ich verheiratet war; ich wurde dicker als je zuvor, als ich einen wichtigen Rechtsstreit gewonnen hatte und wurde sogar noch dicker, als ich in ein neues Haus zog.

Ich versuchte, mich mit Essen glücklichzumachen; ich versuchte es auch mit Drogen, mit Geld und mit zwanghaftem Einkaufen. Ich glaubte die Geschichten, die mir erzählt wurden, nämlich, daß ich irgendwie fehlerhaft sei und daß es mir an dem mangele, was man zum richtigen Leben braucht. Ich lebte diese Fehlerhaftigkeit aus und kam zu dem Schluß, daß ich deshalb nicht glücklich war, weil ich dick war. Damit meinte ich, zu dem Geheimnis meines Unglücks vorgestoßen zu sein. „Wenn ich nur" abnähme, würde alles anders werden! Aber genau das Gegenteil war der Fall: Ich war nicht unglücklich, weil ich dick war, sondern ich war dick, weil ich unglücklich war.

Ich nahm ab, aber die Welt hat sich nicht für mich geändert, wird es nie tun. Die größte Offenbarung dieses Programms war für mich, daß sich an den äußeren Umständen nichts änderte. Ich arbeite im Programm, und *das* macht den Unterschied aus! Ich muß nicht mehr die Welt und andere Menschen verändern. Für mich gibt es kein „wenn nur" mehr.

Ich muß derjenige sein, der sich von der Stelle bewegt und zugibt, daß er nicht perfekt ist. Natürlich bin ich manchmal niedergeschlagen, und ich werde sicher auch in Zukunft Tage haben, an denen ich mich schlechtfühle – das ist in Ordnung. Gott ist unfehlbar, und dies ist sein Programm, das auf vollkommene Weise seine Wirksamkeit entfaltet. Die Tatsache, daß es mitten in Leid und Chaos einen vollkommenen Gott gibt, überzeugt mich davon, daß er in der gesamten Natur, einschließlich der Menschheit, Mängel akzeptiert. Wir sind bereits heil, weil Gott in uns ist. Unzulänglichkeiten scheinen Teil seines Plans zu sein, damit wir wissen, daß er bei uns ist. Dicksein ist nicht falsch, und Schlanksein ist nicht richtig. *Schlankheit wird dich nicht gesund machen, aber Gesundheit wird dich schlankmachen.*

Wenn du wirklich ehrlich zu dir bist, kannst du einfach nicht in den Schritten arbeiten und gleichzeitig damit weitermachen, andere Menschen beziehungsweise deinen Körper zu mißbrauchen, indem du zuviel ißt. Wenn du dich in diesem Programm engagierst, dann kannst du nicht lügen, betrügen, stehlen, Haschisch rauchen oder zuviel trinken. Wenn du dieses Programm erarbeitest, ist es unangemessen, ja sogar unmöglich, dich zu überessen und dich zugleich selbst zu lieben.

Du bist der einzige Mensch, der sich wirklich Sorgen darüber macht, ob du abnimmst. Wenn du morgen 50 kg weniger hättest, würdest du nicht einen Deut mehr oder weniger geliebt. In meinem Größenwahn glaubte ich, daß die ganze Welt es bemerken und darüber sprechen würde, ob ich dick bin oder nicht. Aber derjenige, der seinen Gürtel nicht zumachen und seine Knöpfe nicht zuknöpfen konnte, war ich. Wenn ich das eine oder andere Ziel nicht erreichte, dann nur deshalb (meinte ich), *weil* ich dick war. Ich war wirklich davon überzeugt, daß mein Unglücklichsein auf meinem Übergewicht beruhte; ich habe lange gebraucht, bis ich verstand, daß ich dick war, weil ich unglücklich war.

Wenn du dich aber *wirklich* entscheidest, in diesem Programm zu arbeiten, wirst du ein unglaubliches Leben haben und dir nie wieder Sorgen um dein Gewicht machen müssen. Nahrungsmittel werden zu etwas Normalem, Nüchternem, zur Routine („Ach ja, ich muß ja jetzt zu Mittag essen!"). Wenn du ein paar Pfunde zunimmst, wirst du nicht das Bedürfnis haben zu essen, sondern solange weniger essen, bis dein Übergewicht wieder verschwunden ist – ohne Schlankheitskur, ohne Theater, ohne Angst. Du wirst Nahrungsmittel nicht mehr zu einem Problem machen und wirst auch nicht mehr ständig über irgendwelche Speisen nachdenken oder darüber, was du wann und wo als nächstes essen wirst.

Süchtig sein ist verrückt – und hinsichtlich Lebensmitteln war ich wahnsinnig. Ich wäre niemals in meinem Leben weitergekommen, wenn ich damit weitergemacht hätte, Nahrungsmittel zu einem Problem zu machen. Wir werden niemals in der Lage sein, vernünftig mit Lebensmitteln umzugehen, und auch noch soviel Information wird diese Tatsache nicht ändern. Aber ich kann aufhören, eine Substanz – das Essen – und damit mich selbst zu mißbrauchen. Aus dem Big Book wissen wir, daß unsere Krankheit so weit zum Stillstand gebracht werden kann, daß wir uns als geheilt bezeichnen können. Jeweils für einen Tag können wir sagen: „Ich bin ein genesener Eßsüchtiger." Wir können frei und befreit Abstand von Nahrungsmitteln nehmen.

Wie dem auch sei: Damit wir frei und glücklich sein können, müssen wir diese Schritte gehen, um Gott unser Leben zu übergeben. Aber oft leisten wir Widerstand, weil wir die Kontrolle nicht aufgeben wollen. Wir sind in einem Übermaß an Kontrolle gefangen; dieses Muster besteht aus Angst, Starrheit und Gefühlsbetontheit; das gilt vor allem hinsichtlich unseres Umgangs mit Nahrungsmitteln. Wir sind damit beschäftigt, unsere Nahrung abzuwiegen und zu entscheiden: „Soll ich dieses oder jenes essen, oder soll ich überhaupt nichts essen?" Im Vergleich dazu ist geistige Gesundheit bei weitem nicht so aufregend und dramatisch. Es ist sogar ziemlich langweilig, sich keine Sorgen wegen des Essens zu machen, sondern eine Mahlzeit nur als Mahlzeit anzusehen, als etwas, das uns am Leben erhält. Wenn wir aber wirkliches Glück wollen, müssen wir einen Weg finden, um uns von unserer Eßsucht freizumachen.

Wir dürfen Nahrungsmittel nicht wichtig nehmen und müssen an dem kleinen Rädchen in unserem Kopf die Nummer „Nicht-ums-Essen-Kümmern" wählen, dann werden wir anfangen, erfolgreich zu leben. Das hat nichts damit zu tun, ob wir uns als dick oder schlank bezeichnen oder ob wir eine Schlankheitskur machen.

Im Big Book steht, daß unsere Sucht von uns genommen wird, also warten wir darauf, daß der Wunsch nach Essen von uns genommen wird. Ich habe drei ganze Jahre dazu gebraucht, um zu verstehen, daß *ich* derjenige bin, der es in der Hand hat, mein Leben für mich arbeiten zu lassen und meine Süchte loszulassen. Statt Gott dafür die Schuld zu geben, daß er meine Gier nicht von mir nimmt, hatte ich endlich begriffen, daß die Arbeit im Programm einen Prozeß in Gang setzt, in dessen Verlauf ich meinen Wahnsinn *loslassen* darf.

Geistige Gesundheit ist vielleicht nicht die auf Anhieb attraktivste Weise, wie wir unser Glück finden können, aber Verrücktheit schafft das erst recht nicht. Unangemessenes Verhalten verwirrt dich jedesmal. Wenn ich ohne Grund wütend oder niedergeschlagen bin oder wenn ich zwanghaft esse, dann verhalte ich mich unangemessen. Für eine 30jährige Hausfrau ist es völlig unvernünftig, wie ein zehnjähriges Kind reihenweise Schokoriegel, Eis oder drei Portionen Nachtisch zu essen. Wir Erwachsenen mit den Gefühlen von Kindern sind unersättlich; wir kriegen nie genug!

Wir müssen uns und unsere Krankheit – die Eßsucht – akzeptieren. Wenn du dick bist und zwanghaft ißt, dann kämpfst du ständig gegen *Tatsachen* an – auch wenn es dir nicht gefällt, daß du eine unheilbare Krankheit hast. Durch dieses Programm bin ich von der Besessenheit geheilt worden, den ersten Suchtbissen zu mir nehmen zu müssen. Die körperliche Seite meiner Sucht ist noch immer da, aber sie wird nur zu einem Problem, wenn ich sie auslebe. Es ist nicht die Schokolade, die mich dick macht, sondern meine mangelnde Bereitschaft, so zu sein, wie ich bin. Wenn ich jenes erste Stück Schokolade esse, dann habe ich im gleichen Augenblick gesagt: „Ich bin ein normaler Mensch." Aber ich bin kein normaler Mensch, und das ist eine körperliche Tatsache. Ich bin ich – richtig oder falsch, gut oder schlecht, groß oder klein, mit blauen oder grünen Augen, mit oder ohne zwanghaftes Eßverhalten. Ich muß es nicht *mögen*, ich selbst zu sein, aber ich muß mich so annehmen, wie ich bin – ich bin eßsüchtig. Nur darum geht es im Ersten Schritt.

Nimm an, wer du bist, aber paß auf, daß du „eßsüchtig" nicht als Etikett verwendest, um verrücktes Verhalten zu erklären und zu rechtfertigen. Es kann ein neues Spiel werden, um unser Verhalten zu entschuldigen. Versuche beispielsweise nicht, deinen Zorn oder deine Gier damit zu begründen, denn eine solche Rechtfertigung kommt letztlich als Bumerang wieder zu dir zurück.

Warte nicht darauf, daß Gott dafür *sorgt,* daß du *Lust* dazu hast, im Programm zu arbeiten. Mache weiter und lebe es auf jeden Fall, auch wenn es dir unbequem erscheint. Der unbequeme Weg ist normalerweise der Weg Gottes und jener, der letztlich zum Glück führt. Ein Alkoholiker muß herausfinden, wie er leben kann, ohne zu trinken, und wir müssen lernen, ohne übermäßigen Nahrungsmittelkonsum auszukommen. Die Antwort für uns Süchtige ist das Zwölf-Schritte-Programm.

Wenn ich diese Schritte tue und der Richtung folge, die sie mir angeben, dann muß ich nicht mehr süchtig sein. Als ich anfing, Flugstunden zu nehmen, erklärte der Lehrer die Gesetze der Aerodynamik. Wenn du steigen willst, läßt du den vorderen Teil des Flugzeugs nach unten zeigen, und wenn du fallen willst, ist es umgekehrt. Als ich dann alleine flog und ein Berg vor mir auftauchte, fand ich, daß ich gut daran täte, dem Lehrer zu vertrauen. Ich mußte einfach davon ausgehen, daß das stimmte, was er mir gesagt hatte – und das war riskant.

Heute freue ich mich, wenn jemand Neues im Programm erzählt, daß er seine Waage weggeworfen hat. Es macht mich auch glücklich, eine Blume ganz langsam aufblühen zu sehen. Früher warf ich Sachen nach den Vögeln vor meinem Schlafzimmerfenster – sie machten mir zuviel Lärm; heute lausche ich ihrem Gesang. In einem Meeting kann ich größeres Glück finden als bei jedem Festessen oder bei irgendwelchen Trinkgelagen.

Kannst du dir ein Leben ohne Angst vorstellen? Wir sollten uns eigentlich „Anonyme Ängstliche" nennen. Viele von uns sind nämlich nicht bereit, Essen oder Angst aufzugeben, denn wir wissen nicht, was uns statt dessen erwartet. Aber das Leben ist herrlich, wenn wir einfach riskieren, unsere Ängste, das Essen und alles andere loszulassen, was uns davon abhält, zu leben und zu wachsen.

Ich kam im Dezember 1970 zum Programm und war der einzige Mann im Meeting. Ich wollte hier abnehmen, weil ich alles andere ausprobiert hatte, einschließlich Diätclubs, Ärzte mit ihren Spritzen und jede nur erdenkliche Diät. Alles hat Auswirkungen gehabt: Ich war stark genug gewesen, mich selbst zu disziplinieren, um Rauschgift aufzugeben und Arbeit zu finden, aber *ich konnte NICHT mein Gewicht halten. Immer*, wenn ich eine dieser Schlankheitskuren gemacht und Gewicht verloren hatte, nahm ich es auch wieder zu.

Als ich anfing, in die Meetings zu gehen, war ich mit allen meinen Diplomen und Titeln bewaffnet, um zu beweisen, wie toll ich war. Ich glaubte, alle Antworten zu kennen – aber ich hatte über 34 kg Übergewicht, und mein Leben war nicht zum Aushalten. Sollten mir diese Frauen hier das Geheimnis des Glücks verraten können? Mit ihrer ganzen Umarmerei und Klatscherei hielt ich sie allesamt für bescheuert.

Trotzdem blieb ich und kam dahinter, daß es da eine Macht gab – und es war nicht nur die Gruppe. Ich stellte außerdem fest, daß ich der gottgläubigste Mensch aller Zeiten war: Ich hatte mehr Götter in mir als Haare auf dem Kopf! Ganz sicher hatte ich das Essen zu meinem Gott gemacht, aber auch meine Kinder, meine Eltern, das Wetter und sogar den Typen, der mir den Parkplatz wegnahm. Alles, was größer ist als du, dem du Macht über dich gibst und das dich in irgendeiner Form kontrolliert – alles das ist dein Gott.

Heute habe ich den Leitspruch: „Vorfahrt lassen". Wenn du meinen Parkplatz willst – bitteschön. Wenn du vor mir in die Schlange einscheren willst – ich lasse dich rein. Ich gehöre nicht mehr zu denjenigen, die darüber diskutieren, wer zuerst kommt. Mir macht es nichts aus, wenn du gewinnen willst. Deine Gründe haben nichts mit mir zu tun, denn ich muß nicht mehr gewinnen. Wenn ich dich vorlasse, nutzt du mich nicht aus, weil ich es geschehen lasse. Ich bin verantwortlich, und ich bin ein Gewinner. Es ist wichtig für mich, nicht zu verlieren, weil ich in der Vergangenheit immer verloren habe, sowohl in Wirklichkeit als auch in meiner Vorstellung. Deshalb habe ich mein Vorfahrtsrecht aufgegeben. Wenn sie rechthaben oder die Ersten sein wollen – gut. Ich habe herausgefunden, daß es für Menschen, die immer gewinnen wollen, nichts Frustrierenderes gibt, als wenn jemand sie gewinnen läßt!

Eines Tages sah ich in den Spiegel und dachte: „In der Bibel steht, daß wir alle nach Gottes Bild geschaffen wurden. Wenn Gott in mir ist, wie komme ich dann dazu, mich selbst zu verleugnen? Das habe ich mein Leben lang getan; ich habe geleugnet, ein Wesen nach Gottes Ebenbild und ausgestattet mit seiner Liebesfähigkeit zu sein. Die Fähigkeit zum Glücklichsein war immer schon in mir."

Nachdem ich mein Übergewicht verloren hatte, kam ich lange Zeit einfach nur zurecht. Ich wollte nicht riskieren, wieder dick zu werden, aber ich dachte immer noch an Essen als einen Trost. Ich quälte mich ständig damit herum und kämpfte dagegen, obwohl ich schlank war. Einfach nur klarzukommen war nicht viel besser als sich zwanghaft zu überessen. Wir neigen dazu, ein ganzes Bündel an Regeln und Zielen aufzustellen und landen bald an dem Punkt – genauso wie diejenigen, die wir sponsern –, an dem wir wieder zunehmen, weil wir unsere Essensbesessenheit nur in eine Besessenheit, *nicht* zu essen, umgewandelt haben. Wir verbringen nun viel von der Zeit, die wir früher mit Essen und Nachdenken über Essen verbrachten, damit, darüber nachzudenken, wie wir *nicht* essen.

Das Leben war für mich immer eingeteilt in „richtig" und „falsch", meist in „falsch" – ich wollte es ja kontrollieren. Es war verkehrt, wenn es regnete, weil mir das nicht gefiel; es war falsch, daß mich Nahrungsmittel dickmachten, weil ich so essen wollte wie andere Menschen auch. Ich hatte immer recht; was nicht stimmte, waren die Regeln des Lebens. Heute muß mir nicht immer gefallen, was geschieht, aber ich habe gelernt, daß mich angemessene Reaktionsweisen letztlich glücklich machen. Nimm den Regen an. Akzeptiere das, was ist, und beurteile es nicht als richtig oder falsch.

Wir brauchen uns nicht mehr – wie früher – von irgenwelchen langfristigen Vorstellungen über uns selbst leiten zu lassen. Dieses Programm und diese Schritte helfen dir, dich von deinem Gestern zu befreien, damit du *im Heute* leben kannst. Du mußt nicht mehr in die Meinung anderer über dich hineinschlüpfen – in ihre Kritik oder ihre ablehnenden Einstellungen dir gegenüber.

Lebe nicht in deiner Vergangenheit. Die Botschaften, die wir von dort mitgeschleppt haben, haben keine Gültigkeit mehr. Ein knurrender Magen muß z. B. nicht bedeuten, daß wir etwas essen müssen. Für mich bedeutete früher ein knurrender Magen immer „Hunger". Aber es ist eine Lüge, wenn ich mir einrede, ich müsse etwas essen, weil mein Magen knurrt. Ich belüge mich selbst, um mir eine Ausrede dafür zu verschaffen, mich unangemessen zu verhalten.

Lerne es, auch mit Unbehagen zu leben. Sagst du etwa, daß du das zwanghafte Essen nicht aufgeben willst, weil du dich nicht unwohl fühlen willst? Dann sagst du also, daß du lieber das Unbehagen des Dickseins ertragen willst als das Unbehagen, kein Essen zu haben? Was stoppt meinen Hunger? Ihn loslassen hält ihn auf! Was hält meine Wut oder mein Selbstmitleid auf? Loslassen hält sie auf! Alle diese Dinge werden verschwinden, wenn du es geschehen läßt. Wenn du damit aufhörst, das Essen für ein Lebensproblem zu halten, hört es auf, eines zu *sein*. Fühlst du dich gerade niedergeschlagen? Gib das Gefühl augenblicklich auf. Steckst du gerade im Selbstmitleid? Laß es augenblicklich los.

Wir benutzen unser Übergewicht als Schranke zum Leben und zur Lebensfreude. Wut, Depression und Angst – wir suchen diese Gefühle geradezu. Ich bin überzeugt, daß dieses Programm von einer wichtigen Entscheidung handelt: Will ich geistig gesund oder will ich geistig krank sein? Ich bin der Ansicht, daß mein Wahnsinn, meine geistige Krankheit das Problem ist, nicht etwa die Eßsucht. Der Zweite Schritt lautet: „Wir kamen zu dem Glauben, daß eine Macht, größer als wir selbst, uns unsere geistige Gesundheit wiedergeben kann." Davon handelt meiner Meinung nach das Zwölf-Schritte-Programm – nicht vom Abnehmen, nicht von Trockenheit, nicht von der Freiheit vom Drogenmißbrauch. Ich lebte nach der Devise: „Jeder andere tut es, warum nicht ich"? Aber ich tat *alles*, was andere taten – alles Selbstzerstörerische – und alles auf einmal.

Was auch immer unsere Lebenserfahrungen sind – ob nun so schwerwiegend wie der Tod eines Angehörigen oder so offensichtlich unbedeutend wie die Weigerung deines Partners, eine Rechnung zu bezahlen – wir kommen zum Programm, weil unsere Reaktionen auf diese Umstände die gleichen sind: Wir überessen uns. Unsere schmerzhaften Lebenserfahrungen können wir in der Tat nicht miteinander vergleichen; aber wir können feststellen, daß das Ausmaß unseres Unglücks gleich ist. Mein Schmerz ist der gleiche wie deiner, denn meine Reaktion darauf ist die gleiche wie deine. *Keiner von uns wäre in diesem Programm, wenn es nicht ein gewisses Ausmaß an emotionaler Störung in unserem Leben gäbe.*

Nicht unser Übergewicht hat uns hierher gebracht, sondern der Wahnsinn unserer Sucht. Der einzige Unterschied zwischen unserem Wahnsinn und dem von Menschen, die deshalb eingesperrt werden, liegt darin, wieviel Zeit wir damit verbringen und wie unsozial unser Verhalten ist. Die Tatsache, daß wir uns absondern, wütend auf uns sind oder uns eine Depression genehmigen, läßt uns normalerweise nicht zu Anwärtern auf einen Platz in einer psychiatrischen Klinik werden. Wir werden nicht eingesperrt, weil wir drei Portionen Nachtisch verspeisen oder einen fünften Schnaps trinken (es sei denn, wir setzen uns danach ans Steuer). Es ist nicht gesetzeswidrig, uns selbst zu zerstören. Glaube mir, auch wenn wir nur selten etwas Illegales tun oder uns unsozial verhalten, so ist unsere Eßsucht doch ein Akt des Wahnsinns.

Mein Versagen bei dem Versuch, mein Leben unter Kontrolle zu bringen, hat mich zum Ersten Schritt des Programms gebracht. Je mehr ich versuchte, Kontrolle zu bekommen, um so weniger gelang es mir; je mehr ich versuchte, eine Diät einzuhalten, um so weniger gelang es mir. Als ich mich entschloß, mich auf dieses Programm einzulassen, *übergab ich meinen Willen Gott*. Dann gab Gott mir meinen Willen und die Kraft *zurück*, die mich zum Leben befähigt. Jetzt lebe ich mit Gottes Kraft, und er hat mir Kontrolle über Nahrungsmittel gegeben. Das kann Tag für Tag durch den Elften Schritt so sein.

Ich habe mich irgendwann entschieden, daß ich nicht mehr unglücklich sein will und daß ich alles dafür einsetzen würde, um geistig gesund zu sein. Für mich liegt der Unterschied zwischen süchtigem und geistig gesundem Verhalten in der Entscheidung, die du von der einen auf die andere Sekunde triffst. Bevor du daran gehst, deine Sucht auszuleben, entscheidest du dich in einem kurzen Moment, dich *nicht* zwanghaft zu verhalten – und das bedeutet geistige Gesundheit. Während dieses Bruchteils einer Sekunde übersiehst du die Situation und die Folgen und entscheidest dich dafür, deine Sucht *nicht* auszuleben. Der Unterschied zwischen meinem früheren und meinem heutigen Selbst ist der, daß ich früher schon in der Sucht war, ehe ich mich versehen hatte. Heute kann ich hinsehen, *bevor* ich in die Sucht hineinrutsche, und in dieser Sekunde habe ich die Wahl. Gottes Wille zeigt uns, welche Wahlmöglichkeiten wir haben. Mehr können wir nicht verlangen.

Wir lernen zu unterscheiden, welche Wege für uns gut sind und welche nicht. Wenn wir das eine tun, fühlen wir uns vielleicht unmittelbar, für den Augenblick, gut – langfristig aber schlecht. Tun wir etwas anderes, fühlen wir uns vielleicht nicht auf Anhieb gut, aber langfristig geht es uns großartig. Die erste Möglichkeit – etwas zu tun, womit es uns sofort gutgeht – läßt uns letztendlich uns schlechtfühlen und beschert uns Gefühle von Schuld und Angst, so daß wir schließlich nur noch essen, essen, essen, um diese zu verdecken. Die zweite Möglichkeit – das momentane Glücksgefühl aufschieben zugunsten des langfristigen Glücks – ist besser für uns. Keine dieser Herangehensweisen ist falsch oder richtig, sondern wir haben die Wahl, wie wir uns fühlen wollen.

Wir können uns dafür entscheiden, uns zu überessen oder nicht. Das Überessen verschafft mir sofortige Befriedigung, aber danach fühle ich mich schlecht. Wenn ich angemessen esse, ist das unmittelbar unangenehm, aber danach fühle ich mich gut damit. Mehr und mehr entscheide ich mich für die Möglichkeiten, die für mich gut sind; zunehmend entscheide ich mich dafür, geistig gesundzusein.

Wir Eßsüchtigen können von Glück sagen, daß wir mit körperlichen Anzeichen versehen sind, mit Symbolen dafür, daß etwas Schwerwiegendes in unserem Leben falsch läuft. Wir können sogar sagen, daß wir glücklich darüber sind, Alkoholiker oder dick zu sein. Diese äußeren Anzeichen innerer Störungen sind göttliche Geschenke. Das Programm lädt Menschen dazu ein, zu genesen und ihr Leben zu bejahen, statt weiter in ihrem alten Elend steckenzubleiben.

Niemand ist mit dem schicksalhaften Fluch belegt, dick zu sein. Wir brauchen nicht andere bestimmen zu lassen, wie wir uns fühlen. Wir müssen nicht erbittert und gefühllos sein, um unsere Ängste zu verstecken oder als jemand zu erscheinen, der wir nicht sind. Wenn wir unser wahres Selbst akzeptieren können, werden wir kein Bedürfnis haben, unecht zu sein.

Dieses Programm garantiert mir meine geistige Gesundheit, wenn ich mich ihm überlasse. Wir sind dazu geschaffen, glücklich zu sein; wenn wir uns aber dafür entscheiden, unglücklich zu sein, handeln wir gegen die Natur, indem wir unsere Probleme selbst schaffen. Das Symptom unseres Unglücks ist das äußerlich sichtbare Übergewicht. Wir zerstören das Leben, das Gott uns gegeben hat, weil wir unseren gottgegebenen Körper zerstören.

Um das nötige Gewicht abzunehmen und es dann auch zu halten, mußt du zwei entscheidende Erfordernisse berücksichtigen: Abstinenz und eine Höhere Macht. Wie es im Big Book steht, mußt du in einer „guten spirituellen Verfassung" sein, um dein reduziertes Gewicht zu halten. Das geschieht, indem du in stetigem vertrauten Kontakt mit deiner Höheren Macht stehst und *für andere da bist* (Zwölfter Schritt). Deine Spiritualität betrifft andere; du gehst auf sie zu und sagst: „Was kann ich heute für dich tun?" Das bedeutet es, in einer guten spirituellen Verfassung zu bleiben. Wenn du wirklich die Spiritualität für dich entdeckst, *kannst du nicht* dick sein.

Vom Verstand her weißt du vielleicht, wie du abstinent sein, wie du eine Höhere Macht finden und wie du in einer guten spirituellen Verfassung bleiben kannst; ob du aber diese Prinzipien befolgst oder nicht, bleibt dir überlassen.

Was mich zum Big Book brachte, war die Tatsache, daß ich mein Gewicht nicht halten konnte, genauso wie andere auch nicht. Wenn ich schlank bin, aber genauso verrückt in meiner Eßsucht stecke wie vorher, was hätte dann dieses Programm bewiesen? Nachdem ich das Big Book gelesen hatte, sagte ich: „Gott, mache mit mir, was du willst. Es macht mir nichts aus, wenn du mich wieder dick machst. Aber ganz gleich, ob ich dick oder dünn bin, ich möchte nicht mehr, daß Nahrungsmittel ein Problem für mich sind. Ich will nicht mehr daran denken, will mir keine Sorgen mehr deswegen machen oder auch nur *irgend etwas* damit zu tun haben. Ich kann mit dem Problem Nahrungsmittel nicht umgehen."

Sobald ich das gesagt hatte, stellte ich fest, daß ich zum ersten Mal dabei war, den Ersten Schritt zu machen. Ich war machtlos gegenüber Lebensmitteln; sie waren nicht mehr mein Gott. Der Kampf war vorbei und meine geistige Gesundheit wiederhergestellt. Das Programm verlangt jetzt von mir, daß ich die *Genesung* und die *geistige Gesundheit*, die diese Art zu leben darstellt, mit anderen teile.

Wenn wir völliges Vertrauen zum Programm und die Bereitschaft haben, geistig gesund zu sein, wenn wir uns demütig Gott überlassen, dann sind die Versprechen des Programms folgende: Wir werden ein neues Glück kennenlernen; wir werden Frieden und Gelassenheit kennen; Gefühle des Selbstmitleids werden vergehen; die Angst vor Menschen und vor Unsicherheiten wird uns verlassen; wir werden ganz von selbst damit aufhören zu kämpfen; wir werden uns sicher und beschützt fühlen; unsere Sucht wird von uns genommen sein.

Wir müssen unser Leben um zwei Dinge bereichern: Freude und Dienst. Wenn wir diese Dinge nicht an die erste Stelle setzen, werden wir wieder auf Essen zurückgreifen und dick sein. Aber erinnere dich daran, daß es in diesem Programm nicht darum geht abzunehmen, sondern darum, geistig gesund zu werden.

Wenn du die Entscheidung triffst, zu leben und in den Zwölf Schritten des Programms zu arbeiten, dann können alle diese Versprechen wahr werden. Entscheide dich dafür, durch Gott, wie du ihn verstehst, zu genesen.

Schlanksein bedeutet nicht unbedingt Gesundsein, aber wenn du gesund bist, dann wirst du schlank sein.

Die Zwölf Schritte*
Fassung für Menschen mit zwanghaftem Eßverhalten

Erster Schritt
Wir gaben zu, daß wir unserem zwanghaften Eßverhalten gegenüber machtlos waren und unser Leben nicht mehr meistern konnten.

Zweiter Schritt
Wir kamen zu dem Glauben, daß eine Macht, größer als wir selbst, uns unsere geistige Gesundheit wiedergeben kann.

Dritter Schritt
Wir trafen die Entscheidung, unseren Willen und unser Leben der Sorge Gottes – wie wir Gott verstanden – anzuvertrauen.

Vierter Schritt
Wir machten eine gründliche und furchtlose moralische Inventur in unserem Inneren.

Fünfter Schritt
Wir gaben Gott, uns selbst und einem anderen Menschen gegenüber die genaue Art unserer Fehlhandlungen zu.

Sechster Schritt
Wir waren völlig bereit, all diese Charakterfehler von Gott beseitigen zu lassen.

---

* Die Abdruckerlaubnis für die „Twelve Steps" wurde von Alcoholics Anonymous World Services, Inc. erteilt.

Siebter Schritt
Demütig baten wir Gott, unsere Mängel von uns zu nehmen.

Achter Schritt
Wir machten eine Liste aller Personen, denen wir Schaden zugefügt hatten und wurden bereit, ihn bei allen wiedergutzumachen.

Neunter Schritt
Wir machten bei diesen Menschen alles wieder gut – wo immer es möglich war –, es sei denn, wir hätten dadurch sie oder andere verletzt.

Zehnter Schritt
Wir setzten die Inventur bei uns fort, und wenn wir Unrecht hatten, gaben wir es sofort zu.

Elfter Schritt
Wir suchten durch Gebet und Besinnung unsere bewußte Verbindung zu Gott, wie wir Gott verstanden, zu vertiefen. Wir baten nur, daß der göttliche Wille für uns erkennbar sei und Gott uns die Kraft geben möge, ihn auszuführen.

Zwölfter Schritt
Nachdem wir durch diese Schritte ein spirituelles Erwachen erlebt hatten, versuchten wir, diese Botschaft an andere Menschen mit zwanghaftem Eßverhalten weiterzugeben und unser tägliches Leben nach diesen Grundsätzen auszurichten.

Danksagungen

Als ich 1970 zu OA (Overeaters Anonymous, im deutschen Sprachraum „Anonyme Eßsüchtige" – Anm.d.Ü.) kam, hätte ich nie gedacht, daß ich die Liebe und Inspiration finden würde, die ich gefunden habe, nicht nur um abzunehmen und das neue Gewicht zu halten, sondern auch, um dieses Buch zu schreiben. Ich habe auch andere Menschen gefunden, die Anteil genommen haben an meinem Wunsch, diese einzelnen Schriften in Buchform zusammenzufassen. Ich schätze *sehr*, was sie und Overeaters Anonymous mir gegeben haben. Ich kann sie nicht alle hier aufführen, aber sie wissen, daß ich sie meine. Besonders möchte ich aber erwähnen, wieviel Dank und Liebe ich für meine Sponsorin Doris S. empfinde, die immer für mich da war, wenn ich verzweifelt war (...), für Rozanne S., die Begründerin von Overeaters Anonymous und all die Tausende von OA-Mitgliedern, die kamen, zuhörten und mit mir ihre Erfahrungen, Kraft und Hoffnung teilten.

Ich bin der Gemeinschaft der Anonymen Alkoholiker besonders dankbar, die uns in OA jahrelang unterstützt hat und uns damit den Mut gab, weiterzumachen, und den Verfassern des Big Book, die meine Augen für die Wunder ihrer Freiheit geöffnet haben.

Außerdem hätte ich dieses Buch überhaupt nicht anfangen können ohne die Unterstützung, das Verständnis, die Begabung und die Liebe meiner Frau. Sie stand mir zur Seite in der Zeit meines Wahnsinns, weinte mit mir während der Genesung und teilt mit mir all das, was das Erreichte uns bringt.